日语创新模式教学研究

马丽丽 著

全国百佳图书出版单位
吉林出版集团股份有限公司

图书在版编目（CIP）数据

日语创新模式教学研究 / 马丽丽著. — 长春：吉林出版集团股份有限公司，2023.6
ISBN 978-7-5731-3624-4

Ⅰ. ①日… Ⅱ. ①马… Ⅲ. ①日语－教学模式－研究－高等学校 Ⅳ. ①H369.3

中国国家版本馆CIP数据核字（2023）第115252号

REIYU CHUANGXIN MOSHI JIAOXUE YANJIU
日语创新模式教学研究

著：	马丽丽
责任编辑：	朱　玲
封面设计：	冯冯翼
开　本：	787mm×1092mm　1/16
字　数：	290千字
印　张：	12
版　次：	2023年6月第1版
印　次：	2023年6月第1次印刷
出　版：	吉林出版集团股份有限公司
发　行：	吉林出版集团外语教育有限公司
地　址：	长春市福祉大路5788号龙腾国际大厦B座7层
电　话：	总编办：0431-81629929
印　刷：	河北创联印刷有限公司

ISBN　978-7-5731-3624-4　　　　　定价：72.00元

版权所有　侵权必究　　　　举报电话：0431-81629929

前　言

从长期以来的日语教学情况来看，日语课程的教学还是延续着传统，以应试教育为主，教学内容主要围绕日语过级考试而展开，大多数日语课堂仍处于一种知识灌输的状态，课堂互动也只是停留在单一的问答模式上，甚至还存在无课堂互动的现象。传统日语教学模式没有充分利用现代化教学手段和网络资源，教学内容主要来源于课本。从学生的日语实际应用能力来看，日语听、说、写的能力普遍较弱，日语的教学效果很不理想。随着信息技术的发展以及文化元素的渗透，信息传递已呈现多元化、多维度发展趋势。

伴随着大数据时代的到来、新理念和新技术不断出现，信息技术与课程的整合也日渐深化，与之相适应的教学改革也呼之欲出。如何在日语教学中培养学生的创新思维能力，是一个值得广大日语教师认真探讨的重大课题。笔者从倡导合作互动、活化教材、开拓创新思维空间，立足"学用结合"、激发创新思维潜能，鼓励立异标新、启发学生发散思维能力、增进创新思维深度等方面进行了尝试。为实现日语人才培养目标，深化教学改革，教学过程就变得越发关键，在日语教学中要培养学生的创新思维能力，激发他们的学习兴趣，尽快让他们形成自主、自觉学习的习惯，使培养出来的学生不仅能够掌握所学的知识，还能掌握学习知识的方法，学以致用，学能活用。

限于笔者水平，书中难免有许多不妥之处，恳请同行专家、学者和广大读者惠予批评指正。

目 录

第一章 导论 ·· 1
   第一节 日语教学的目标分析 ··· 1
   第二节 日语教学的基本原则 ··· 8
   第三节 日语教学法的内涵解读 ·· 20

第二章 日语语言学与日语教学概述 ··· 33
   第一节 日语语言教学现状 ·· 33
   第二节 目标式教学对日语教学的意义 ······································· 36
   第三节 认知语言学与日语语法教学 ·· 40
   第四节 社会语言学与日语教学 ·· 44
   第五节 对照语言学与日语教学 ·· 47

第三章 日语教学的相关理论及其应用 ·· 51
   第一节 认知语言学理论及其在日语教学中的应用 ······················· 51
   第二节 认知负荷理论及其在日语教学中的应用 ·························· 60
   第三节 建构主义理论及其在日语教学中的应用 ·························· 69
   第四节 语用学理论及其在日语教学中的应用 ····························· 77
   第五节 元认知理论及其在日语教学中的应用 ····························· 82

第四章 日语教学研究新视角——多模态教学模式实践 ····················· 90
   第一节 多模态研究的相关概念 ·· 90
   第二节 多模态话语各模态之间的协同关系 ································ 91
   第三节 多模态话语的认知过程及其对日语课堂教学的调控作用 ···· 97
   第四节 日语教学的多模态课件开发 ·· 104
   第五节 认知理论与多模态日语教学的整合与同构 ····················· 107

第五章 "互联网+"时代的日语教学模式创新探索 113

第一节 "互联网+"时代日语智慧教学模式探析 113

第二节 "互联网+"时代的多元化日语教学模式探析 116

第三节 基于混合教学模式的日语听力课程改革探究 118

第四节 翻转课堂模式与慕课在日语教学中的应用 123

第五节 "互联网+"时代协同教学创新方法在基础日语教学中的应用 129

第六章 多元实践型日语教学模式的创新应用 134

第一节 日语教师实践能力的发展途径 134

第二节 应用型商务日语人才培养模式 138

第三节 创新创业日语人才教育模式 142

第四节 信息技术与日语教学模式的整合 146

第五节 注重培养跨文化交际能力的日语教学新模式 147

第七章 创新思维与日语教学 156

第一节 创新思维与创新教育 156

第二节 创新思维方法 159

第三节 思维创新在日语教学中的应用 164

第八章 思维创新在日语教学中的应用 167

第一节 "图示理论+合作学习法"教学思维在日语课堂中的尝试 167

第二节 基于OBE理念的日语专业核心课程教学 170

第三节 新理念教学模式在日语教学中的应用 173

第四节 创新教育在大学日语教学中的应用 175

第五节 OPI在日语教学中的应用 178

第六节 体验式教学模式在高校日语教学中的应用 181

参考文献 184

第一章　导论

第一节　日语教学的目标分析

任何一种教学活动都是在一定的目标体系指引下进行的。日语教学论对日语教学的内容体系做了明确规定，但是内容教学还是以知识和技能为基本。

按照现代教育观念的要求，在学科教学中不仅要获取知识，掌握技能，还要从人的综合素质提升的角度，对日语教学提出相应的能力目标。在教学过程中，教师要关注培养学生的各种能力，促进日语知识与技能的掌握，从而促进学习者综合能力素质的提高，下面从内容目标与能力目标两个层面来揭示日语教学的目标体系。[①]

一、日语教学的内容目标分析

目前我国的日语教育是以社会力量办学和大中专院校的日语教育为中心开展的，基础教育中的日语教学不占据日语教育的主导地位。而在大中专院校的日语教育（包括日语专业）中，因为"零起点"学习者居多，专业的日语教育是从基础阶段教学和高级阶段教学两个层面开展的。

高等院校日语专业课的教学要求，因为受学校性质、学科培养目标等的限制，对专业课、必修课、选修课的划分各有特点。开设课程的门类不同，课程名称及开设的时间、周学时数也不同，各学年教学要求的制定也有所差异，总之，参考我国各级各类的日语教学纲要以及国际日语能力考试对于不同级别考试的要求，将日语语言和技能教学目标、要求按照基础阶段与高级阶段简单地归纳如下。

（一）基础阶段教学的内容目标

大学一、二年级的日语教学内容标准主要针对大学日语专业（零起点）一、二年级的教学，以及社会力量办学中的最初一两年内的日语教学。

日语专业基础阶段的教学基本要求如下。

---

① 李娜. 基于以应用型本科人才培养为目标的日语教学分析 [J]. 新一代, 2020(13): 5.

1.知识教学的目标分析

（1）学年教学要保证不低于500学时，两年内学生应该掌握现代日语语音、语法、词汇的基本知识，具备听、说、读、写日语的基本技能；能够在所学语言材料范围内正确、熟练运用日语进行口头、笔头交际，为进一步学习日语打下坚实的基础。

（2）掌握日语语音的基础知识，朗读或说日语时，发音、语调基本正确，合乎规范，没有明显的语音错误。

（3）掌握日语基础语法，概念清楚，对日语语法中的主要项目、难点理解透彻，在语言实践中能够正确运用，无大错误，不影响交际。

（4）接触日语单词8000个左右，基本句型250个以上，常用词组200个以上，其中积极掌握的应不少于一半。

2.语言技能教学目标分析

（1）在听方面，能听懂日本人一般性的讲话，听懂难易程度与所学课文接近的各种文章的录音。其中生词不超过3%，没有生疏的语法现象。

（2）在说方面，能较流利地进行日常生活会话，能与日本人进行一般交际性和事务性交谈，能在已学过的题材范围内进行3分钟以上的连贯性发言，无明显的用词与语法错误。

（3）在读方面，能朗读生词不超过3%、没有新的语法现象的各种题材的文章，要求读音正确，面带表情。能不借助词典快速阅读难易程度与所学课文接近的文章，内容理解明确，并能口头用日语叙述大意，能借助词典阅读非专业性的一般日文报刊。

（4）在写方面，能记述和改写听懂和读懂的文章，能在两小时内写出600字以上的应用文、记叙文，文理通顺，语法、用词基本正确。

（二）高年级阶段教学的内容目标

日语专业三、四年级的教学内容是一、二年级日语教学的延伸，与基础阶段的教学相衔接。在进一步练好听、说、读、写、译几项基本功的同时，还要扩大视野，拓宽知识面，学习有关日本文化、文学等方面的内容。参考《高等院校日语专业高年级阶段教学大纲》，对这一阶段的日语教学提出以下要求。

1.知识结构目标分析

按照高等院校日语专业高年级阶段教学大纲的要求，高级阶段的日语教学从语言知识教学转入语言理论、与语言相关的专业知识和理论的教学，需要结合专业选择教学重点和内容。所以课程的具体设置由各学校根据培养目标适当掌握，大纲只是对课程的目标本身做了详细的规定。

2.语言技能教学目标分析

高等院校日语专业高年级阶段教学大纲对于语言技能的培养目标也做了明确规定，

从听、说、读、写、译几个方面提出了具体要求。

（1）听的内容目标

第一，能听懂日本人用普通话以正常语速所做的演讲、谈话，反应快，理解正确，并能复述中心内容。

第二，对电视节目、现场采访的广播及带地方口音的日本人讲话，听后能抓住主要内容和重要情节。

（2）说的内容目标

第一，能用日语较正确地表达自己的思想、感情，能与日本人自由交谈。

第二，经过较短时间的准备，能用日语即席发言或发表学术见解，能就熟悉的内容进行讨论或辩论，阐述观点。

第三，日语语音语调正确、自然，表达通顺流畅，无影响内容理解的明显语法错误。

第四，能结合不同场合、不同对象正确选用不同的语言表达方式，特别是在词义的褒贬、敬语的使用及语气、色彩的把握方面基本无误。

（3）读的内容目标

第一，能读懂专业性很强的科技资料以外的现代日本文章，除了最新外来语、流行语及个别生僻词汇外，基本没有生单词。

第二，能读懂一般性日语文章，能理解作品的主要内涵和意境。

第三，能较好地归纳、概括其主要内容。

第四，能独立分析文章的思想观点、文章结构、语言技巧及文体修饰。

第五，对于古文、和歌、俳句等古典作品或文章，借助工具书、参考注释能读懂大意。

（4）写的内容目标

第一，能用日语写出格式标准、语法基本正确、内容明了的书信或调查报告等文体的文章。

第二，能写内容充实，具有一定广度和深度的说明文、议论文以及论文。

第三，在构思成熟的前提下，写作速度可达每小时600~700字，无明显语法错误，用词恰当，简敬体使用正确。

（5）译的内容目标

第一，口译时，能在无预先准备的情况下，承担生活翻译；经过准备后，能胜任政治经济、文化等方面的翻译；忠实原意，语言表达流畅，并能区别各种不同的语感和说话人的心态。

第二，笔译时，能翻译用现代日语撰写的各种文章、书籍、通过工具书和注释能翻译一般日文古文。

第三，汉译日时，能翻译与《人民日报》社论程度相似的文章，每小时能译

400~500 字（相当于 1000 日文印刷符号）。

第四，日译汉时，每小时能译 500~600 字，翻译文艺作品时，作品的预期意境及文体风格与原文基本相符，重要内容正确。

3.实践教学目标分析

日语专业高级阶段教学目标还包含毕业论文和毕业实习。

毕业论文的撰写主要是培养学生的书面语言运用能力，掌握论文的写作方法，提升思考、分析和解决问题的能力。毕业考试合格者可以撰写论文。论文的选题要在所学课程范围内，论文中要有自己独特的见解，引用观点等要注明出处，字数在 6000~8000 字。

毕业实习是为了使学生将所学的理论、知识切实地应用到实践中，弥补课堂教学的不足，强化课程所学的知识，提高学生在实践中独立思考和解决问题的能力，为毕业后走入社会做好准备。

随着高等教育人才培养质量与规格的改革不断深入，社会对外语人才的需要从研究型转向实践型。为适应社会对外语人才的需求，各高校也在实习实践课程计划、课程类型、课时量、模式、评价体制等方面做了积极的探索，增添了如见习、顶岗实习、海外实践、社会实践等新的模式。

有的高校日语专业提出了赴日本半年海外实习的计划，还有的高校把日语专业实习实践时间从过去的 6 周延长到 4 个月，把这些实习、见习的课程设置在大三和大四的各个学期，分阶段、分目标为学生创造接触社会的机会，搭建语言实践平台。对学生的实习、见习的成绩评定主要从工作态度、业务水平、工作成绩、实习或社会实践报告几方面考核，由实习岗位指导教师和学校的带队教师给出评价。

二、日语教学的能力培养目标分析

（一）日语语言知识能力培养目标

语言是一个整体系统，语言结构的三要素——语音、词汇、语法，构成日语知识教学的核心。语言理论知识的教学就是对语义的辨析、对语义概念的解读、对语言规则的介绍和使用方法的训练。

1.语音能力培养目标

日语语音能力培养主要是指培养学生有助于顺利掌握日语语音的所有能力，这个能力要素包括遗传生理的和后天培养的几个方面。

只针对一般正常学习者而言，它主要包括：能够区分日语语音（音位）的辨音能力，能够准确再现日语语音的发音能力，听觉和动觉的控音能力，发音动作的协调能力，具备自动化言语动作熟练的能力，感知和再现日语语调的能力等。

2. 词汇能力培养目标

日语词汇能力培养目标主要包括：有助于学生生成对词汇的感性认识的形象记忆力（听觉、视觉和动觉的）；迅速而准确地区分近似词的能力；迅速形成新的概念的能力，区别词义的能力，迅速理解词的具体（上下文的）意义的能力，识记各种日语词组、短语、成语的能力，在感知日语时迅速认知和理解词的能力，迅速找出必要的日语词来表达自己的思想的能力等。

3. 语法规则能力培养目标

日语语法规则教学的能力培养目标主要包括：具备分辨各种词类和句子成分的能力，察觉日语词汇结构及语法特征的能力，根据语法规则变化单词并将词汇连成句子的能力，迅速而准确地辨认和再现各种句法结构的能力，正确掌握词的一致性关系的能力，熟练地正写与正读的能力等。在修辞方面，要具备概括语体词汇和语法特点的能力，辨认和再现各种语体的能力。

（二）日语技能的能力目标

语言是用于交际的工具，人们通常采用听解、会话、阅读、写作的方式进行交际，因此，外语教学论将"听、说、读、写"称为外语学习的四项基本技能（以下简称"四技"）。

技能是指身体各部分的灵巧动作或感官的敏锐程度。外语的"四技"训练，实际就是对我们应用外语时的口、眼、耳、手等感觉、听觉、视觉、触觉器官进行的外语适应或外语熟练的训练。在训练这些语言技能的同时，也会逐渐提高各种言语能力。

1. 听解能力培养目标

听是获得日语知识和技能的源泉和手段之一。听解既是听觉器官的运动过程，也是一种复杂、紧张、富有创造性的智力活动，它要求听者在这种活动的过程中积极地进行感知、记忆、分析、归纳、综合等思维活动。所以，听力训练又是一种重要的智力训练。

根据听的心理特点，把听的能力概括为：快速、迅速捕捉和存储信息的能力，辨别各种语音的能力，适应日语语速的能力，长时间的听解能力，综合和概括的能力，判断力等。帮助学生了解听的心理特点，掌握提升听解能力的方法，是听力教学关于听解能力培养的目标。

2. 会话能力培养目标

会话又被称为"是一种积极的言语活动，是不经分析和翻译，迅速用外语表达思想的一种技能"，它不是简单地重复已经学习过的语言材料，而是创造性地组织已经学过的语言材料表达自己思想的一种行为方式。

会话能力是一种复用式言语能力，根据会话的特点，把会话能力概括为以下几个方面。

（1）自如地、创造性地运用已经学习过的语言材料表达思想的能力。
（2）注意力集中在会话的内容而不是语言表达形式的能力。
（3）敏捷思考和快速运用语言的能力。
（4）会话过程中的日语思维能力（或排除翻译的能力），应对无主题对白的语言交际能力等。

帮助学生了解说的特点，掌握会话能力提升方法，是会话教学关于会话能力培养的目标。

3. 阅读能力培养目标

阅读是获得语言知识的重要手段之一，人们通过阅读可以实现间接言语交际。特别是在当今，由于信息技术和现代化网络架起了通信桥梁，网络在线阅读已经普及，获取日语阅读材料的条件比过去成熟许多，通过阅读获取日语知识已经成为一种重要的学习方式，阅读能力是培养其他言语能力的杠杆，所以，对阅读能力的培养也是外语学习的一项重要任务。

阅读能力是指感知、识别和理解语言材料的能力。具体包括：辨认词、词组、句子结构的能力，把握段落中心思想和作者思想发展趋势的能力，弄清句、段之间的关系和诸如指示代词的实际内容等方面的能力，对文章整体的综合理解的能力等。帮助学生了解读的心理特点，掌握阅读能力提高方法，是阅读教学关于阅读能力培养的目标。

4. 写作能力培养目标

写作是借助文字符号传递信息的语言活动或语言交际形式，是一种语言输出过程，也是重要的语言交际活动。随着网络的不断普及，网上交流日益频繁，日语应用写作从书信、公文、科学论文、文艺作品等领域扩展到网络信息交际等领域，增强了写作的应用性，对写作能力的要求也逐步提升。所以对写作能力的培养也是日语学习的一项重要任务。

写作能力包括：书面造句能力、搜集素材能力、书面语言的运用能力、捕捉灵感能力、构思能力、组织和形成思想的能力等。帮助学生了解写的特点，掌握写作能力提高方法，是写作教学关于写作能力的培养目标。

5. 翻译能力培养目标

翻译是在准确、通顺的基础上，把一种语言信息转变成另一种语言信息的行为。其分类有许多种，如根据翻译者翻译时所采取的文化姿态，分为归化翻译（意译）和异化翻译（直译）；根据翻译作品在译入语言文化中所预期的作用，分为工具性翻译和文献性翻译；根据翻译所涉及的语言的形式与意义，分为语义翻译和交际翻译；根据译者对原文和译文进行比较与观察的角度，分为文学翻译和语言学翻译；根据翻译媒介，分为口译、笔译、视译、同声传译、机器翻译和人机协作翻译、电话翻译等。由于上述分类在语言表达形式上只包括有声语言和符号语言，所以，在讨论翻译能力时，只在口译、笔译两个大的概念下展开。

（三）日语情感教学的能力培养目标

达尼艾·格尔曼所著的《情感——心理智能指数》一书从五个方面剖析了情感学习能力，即自我认识能力、自我驾驭能力、自我修正能力、共鸣情感产生、社会协调性。

根据这一理论，把日语学习的情感态度能力归纳为：学习愿望与兴趣的培养能力，树立良好学习动机的能力，调节个人情绪的能力，勇敢、积极地参与语言实践的能力，与他人的协作能力，探索精神与毅力，培养克服困难的勇气和决心的能力，吃苦精神，人际交往能力。帮助学生适时地调整自我学习心理特点，是教师教学过程中对学生情感态度培养的目标。

（四）日语策略学习能力的培养目标

学习策略是学习者为掌握某种知识和技能所采用的一系列方式方法。通常从四个方面来理解：认知策略、调控策略、资源策略、交际策略。外语能力的形成除了受教学策略的影响外，还需要根据学生的学习实践活动来体现。日语能力形成的一个重要条件就是学习策略的选择。

日本名古屋大学教育学研究科伊藤崇达根据"失败的努力归属与学习动机没有关系"的结论，对原因归属、学习策略与自我效能感之间的关系进行了调查研究，得出了"与认知的学习策略相比，自我调整学习策略与自我效能感之间的相关更为显著。在诸多的学习策略中，学习者自我调整学习策略最为重要"的结论。

这一研究表明，自我调整学习策略对学习成就获得具有重要意义。假设将学习中遇到的困难看作学习的暂时性失败，那么相应地调整自我的学习策略就是克服困难的最重要的武器。

日语学习活动中策略学习的能力主要包括：选择有效感知、记忆、联想等方法的能力，选择合理预习、复习策略的能力，有效理解知识和概念的能力，主动探索符合日语学习规律的学习技巧的能力，调节学习中自我生理与心理机能的能力，正确评价自我学习的能力，监控自我学习的能力，管理自我学习的能力，在团队学习中发现及借鉴他人学习方法的能力，选择既适合自我个性心理特征又可有效促进交际的行为方式的能力。帮助学生了解学习过程的特点，掌握学习方法和策略，是学习策略能力培养的教学目标。

（五）日语跨文化能力培养目标

跨文化学习主要有跨文化接触、跨文化理解和跨文化交际三个过程。跨文化接触，就是个体通过有选择地借用母国文化来接触跨文化，对跨文化所做的富有个性特征的统合和再现，跨文化理解就是辩证地认识日本文化的内涵、思想观点。

学习者固有的价值观、思维方式会直接影响对跨文化的理解和认识。跨文化交际又被称为跨文化知识应用，主要是指与日本人进行交际时如何避免发生文化冲突，使交际朝着我们期待的目标发展，保障交际顺利进行。

日语教学关于跨文化的能力培养重点不在于跨文化接触，而在于对跨文化的理解和跨文化交际能力的培养。根据日语的学习特点，将跨文化能力概括为：意志决断能力，问题解决能力，创造性思考能力，批判性思考能力，有效的交际能力，人际关系能力，自我认识能力，共鸣能力，情感控制能力，对焦虑的处理能力（心理调节能力）。

意志决断能力，即确定自我究竟要做什么、想做什么这一目标意识，从而决定自我行为目标和方向；问题解决能力，包括目标设定，其中最重要的是发现问题和选择最恰当的解决问题的方法以及如何达到目标的企划能力；创造性思考能力，即把获得的信息进行创造性的组合，创造出独特的思考和计划的能力；批判性思考能力，即对获得的信息、经验以客观的方法进行分析的能力；有效的交际能力，即采用言语与非言语形式自我表达的能力；人际关系能力，即与他人保持良好人际关系的能力；自我认识能力，即对自我的性格、优缺点、愿望、好恶等的认识能力；共鸣能力，即对他人的意见、情感、立场、心情能够产生共鸣又不为其所左右的能力；情感控制能力，即对喜怒哀乐等情感的自我控制的能力；对焦虑的处理能力，即了解跨文化学习过程中产生的焦虑源，为解消焦虑而采取适当措施的能力，也称作心理调节能力。帮助学生了解跨文化理解和交际的特征，掌握跨文化学习的方法，是跨文化教学关于跨文化交际能力的培养目标。

第二节　日语教学的基本原则

教学原则对教学活动的顺利有效进行有着指导上和调节上的意义，能够为教师积极有效地开展教学活动提供依据。

普通教学原则包括有序性原则、教学最优化原则等。

有序性原则是指教学工作要结合学科的逻辑结构和学生的身心发展情况，有次序、有步骤地开展和进行，以期使学生有效地掌握系统的科学知识，同时有效地促进学生身心健康发展。[①]

教学最优化原则是指教学活动中，要对教学效果起制约作用的各种因素，进行综合调控，实施最优的教学，取得最优的教学效果。

日语教学原则是日语教学规律的反映，是在一定的教学原理指导下对学生掌握语言知识和语言技能的基本路子、途径的总说明，不同的外语教学法流派的理论依据不同，对外语教学规律的认识也不同，对反映教学规律的教学原则的认识也不一致。日

---

① 付方霞著．日语多模态化教学与学生多元能力培养研究 [M]．长春：吉林大学出版社，2020．

语教学不仅要遵循教学一般原则,还要根据语言学、心理学、教育学、生理学、系统论等科学的最新研究成果,吸取各教学法流派的优点,制定适合我国学习者开展日语教学的基本原则。

21世纪教育的终极目标就是培养全面、和谐发展的人才。作为国民教育的一个组成部分,日语教学也肩负着这个使命。人的发展包括内因和外因两个因素。内因是指正常的健康的个体身心内部发展要素,主要有两个方面:一是遗传素质,二是人的主观能动性。

遗传素质是生物因素,是人的发展的物质基础和前提条件,遗传素质的成熟程度,影响着人的身心发展过程和阶段。主观能动性属于心理范畴,人的主观能动性的性质、方向和水平都离不开教育的培养和塑造。

人的发展的外因是指影响个体发展的一切外部客观条件,包括自然条件和社会条件,在外语教学中常常称之为语言教学环境。人的发展的内部因素和外部因素是通过实践活动和教育活动实现和谐统一的。

人的发展是教育的宏观目标。外语教学的具体目标是掌握语言知识,培养语言技能,要想实现这一目标,必须通过教师的教学实践和学生的语言实践来完成。日语教学原则必须遵循教育方针,符合教学规律和语言学习规律,为完成语言教学的根本任务服务。从这个意义上,把日语教学原则体系归纳如下。

一、以提高学生综合素质为目标

人的素质是指人所具有的从事某种活动的生理、心理条件或身心发展水平,包括人的先天禀赋和被内化了的后天教育、影响等诸多因素。人的素质可分为个体(个人素质)的和群体的(民族素质等)。

就个体的人而言,其素质又有生理的(身体的)和心理的等。其中心理的既包括知觉、记忆、想象、思维、情绪、情感等与生俱来的心理特质,也包括被内化的属于文化范畴的政治的、思想的、道德的等社会性心理内容。

日语教学除了使学生掌握日语知识和技能外,还要使其通过对日语课内外的学习提高文化修养。它不但使学生受到思想教育、道德教育、人生观价值观的教育,同时还开启学生智力,培养能力,把日语教学与人的全面发展这一教育教养任务有机结合起来。

提升学生的综合素质,对教师有以下要求:

(1)在教学过程中要注重挖掘学生的智力潜能,发展学生的智力水平。外语学习的智力要素主要包括语言感知能力、观察力、记忆力、联想力、逻辑思维能力、创造力以及学生的自学能力。

（2）在教学活动中要注重对学生四项基本技能的培养，即外语学习的能力要素。它包括听解能力、会话能力、阅读能力、写作能力，有学者把翻译能力也纳入外语能力要素范围。

二、创设各种形式的语言学习环境

在我国开展日语教学活动的特点之一在于它是一种间接认识，学生在教学中以学习书本知识为主。

生活中的语言是鲜活的，有时候语言规则也不能完全解答现实中所使用的语言现象，更何况作为外语的日语语言与学生的生活和他们自己的个人经验存在相当的差距，有些对他们来说甚至是完全陌生的。而人的认识总是从感性上升到理性，从具体过渡到抽象，完全没有感性认识和具体形象做基础和支撑，是不可能真正掌握语言概念和文化背景知识的。

因为书本知识与学生之间客观存在的距离，学生在学习和理解的过程中必然会遇到各种各样的困难和障碍，创设多种形式的语言环境和语言学习环境，对学生的成长有重要意义。

创设语境可以采取以下措施：

（1）模像直观。模像直观是运用各种手段对实物的模拟，包括图片、图表、模型、幻灯、录音、录像、电影、电视等。实物直观虽然具有真实有效的特点，但往往因受到实际条件的限制而无法使用，而模像直观则能够有效地弥补实物直观的缺憾，特别是现代技术在教育领域的应用，使模像直观的范围更加广阔，无论是历史还是现实，都能够通过某种技术手段达到直观的效果。

（2）语言直观。语言直观是教师运用自己的语言，借助学生已有的知识经验进行比喻描述，引起学生的感性认识，达到直观的效果。

与前两种直观相比，语言直观可以最大限度地摆脱时间、空间、物质条件的限制，是最为便利和经济的。语言直观的运用效果主要取决于教师本人的素质和修养。

（3）完善教学条件设施。在科学技术高度发达的当代，日语教学外部环境已经达到一个相当高的水平，日语教学所需要的图书情报资料、影像设备、网络媒体资源为创设语言学习环境提供了可能。

在日语教学中切实有效地创设好语言环境和语言学习环境，对教师有以下基本要求：

（1）恰当地选择直观手段。教学课程内容、目标不同，教学任务不同，学生年龄特征不同，所需要的直观手段也不同。

（2）直观是手段而不是目的，一般来说，当教学内容对于学生来说比较生疏，学生在理解和掌握上遇到困难或障碍时，才需要教师运用直观手段。为直观而直观，只能导致教学效率的降低。

（3）在直观的基础上提升学生的认识。直观给予学生的是感性经验，而教学的根本任务在于让学生掌握理论知识，所以教师应当在运用直观时注意给予学生指导，比如通过提问和解释鼓励学生细致深入地观察，启发学生区分主次轻重，引导学生思考现象和本质及原因和结果等。

（4）合理选择教学优质资源，应用最有利于学生理解、掌握教学内容的教学技术手段和教学方法，不走形式，不浪费宝贵的课堂教学时间。

三、有效激发学生的学习动机

"有领导的认识"是教学活动的特点之一。没有教师的主导作用，学生是难以自行完成掌握陌生语言文化知识和技能的任务的。

教师对于教学任务能否完成和教学效果的优劣都负有主要责任。然而，学生才是教学活动的主体。教师的主导作用首先在于激发学生的求知欲和学习兴趣，建立积极的日语学习动机，使他们能够自觉主动地学习，离开了这一点，学生对于语言知识和技能的真正掌握、学生智力的发展、学生态度感情的成熟和提高都是不可能的。

学习动机是推动学生进行学习活动的内在原因，是激励、指引学生学习的强大动力。其心理因素包括：学习的需要，对学习的必要性的认识及信念；学习兴趣、爱好或习惯等。

从事学习活动，除要有学习的需要外，还要有满足这种需要的学习目标。由于学习目标指引着学习的方向，可把它称为学习的诱惑。学习目标同学生的需要一起，成为学习动机的重要构成因素。

学生的学习动机可以通过教育教学过程加以培养。培养学生的学习动机对教师有以下要求：

（1）要通过目标设立、奖惩机制、选择受关注的热点问题等激发、启发学生的学习自觉性。

（2）要激发学生的好奇心与求知欲，帮助学生通过直观或实践活动形成稳定的学习兴趣。

（3）根据阿特金森的成就动机理论，总是给学生提供难易度系数为50%的学习内容，因为在这个难易度系数下，学生的学习动机最强。

（4）对于缺乏学习动力的学生，还可以利用其爱好诸如日本动漫、网络游戏等原有动机，通过必须掌握知识才能完成的影视欣赏或游戏任务造成动机的迁移，以形成学习的需要。

当学生已经有了种种学习需要之后，为了将其维持、加强或进一步发展，还必须

做好动机的激发工作。激发学生的学习动机,对教师的要求如下:

(1)采取启发式教学、讨论式教学、辩论式教学等新颖而生动的教学方法,激发学生参与语言实践活动的意识,提升其语言应用能力和水平。

(2)创设问题情境启发学生积极思维。为此,教师要熟悉教材,掌握教材的结构,了解新旧知识之间的内在联系,还要了解学生已有的认知结构状态,使新的学习内容与学生已有发展水平构成一个适当的跨度。创设问题情境的方式多种多样,既可以用教师设问的方式提出,也可以用作业的方式提出;既可以从旧教材与新教材的联系方面引入,也可以通过学生的日常经验引入。在教学过程和教学结束时,也可以创设问题情境。问题情境创设的方式多种多样,并且应该贯穿整个教学过程的始终。

(3)创设轻松自由的课堂气氛,避免学生过度紧张和焦虑。

(4)适当开展学习竞赛,处理好竞争与合作的关系,建设合作型课堂结构。多伊奇(N.Deutsch,1949)的目标结构理论认为,由于团体中对个人达到目标的奖励方式不同,导致在达到目标的过程中,个体之间相互作用的方式也不同。

研究表明,个体相互作用的方式主要有相互对抗、相互促进和相互独立三种形式,与此相对应,也存在着三种现实的课堂目标结构:竞争型、合作型和个体化型。在竞争型目标结构中,团体成员之间的目标具有对抗性。只有其他人达不到目标时,某一个体才有可能达到目标,取得成功;如果其他人成功了,则降低了某一个体成功的可能性。

激发学生学习动机的方式和手段多种多样。只要教师有效地利用上述手段来调动学生学习的积极性,学生就有可能学得积极主动,并学有成效。

四、重视跨文化交际能力的培养

外语教学的主要目的是培养学生的交际能力,而交际能力主要由语言能力和社交能力构成。交际是通过言语和非言语行为来实现的,不了解对象国的文化就不可能真正具备跨文化交际能力,交际行为也受使用者的文化制约,同时也是其文化的载体。

在日语教学的过程中,对跨文化交际能力的培养应着重研究干扰交际的文化因素。这些因素包括语言手段、非语言手段、社交准则、社会组织、价值观念等。

语言包括词语的文化内涵、篇章结构、逻辑思维以及翻译等方面。非语言手段指手势、身体语言、服饰、音调高低、微笑、沉默、对时间与空间的不同观念等。社交准则泛指人们交往中必须遵循的各种规则以及某些风俗习惯。

社会组织指家庭中各成员的关系、同事朋友关系、上下级关系等,价值观念包括人与自然的关系、道德标准以及人生观、世界观等。

重视对学生跨文化交际能力的培养,主要作用在于以下几个方面。

（1）了解不同文化的交际功能模式，能使学生进一步意识到不同文化背景下的人们惯用的言行交际方式。

（2）了解不同的文化行为及其功能，能增加学生对不同文化背景的人们的通常行为的了解，并把他们与受自身文化影响的行为联系起来。

（3）了解不同文化背景的人们的人生观、价值观、世界观及道德标准，能增强学生对自身文化的意识以及对不同文化、不同道德标准的人们的理解。

（4）了解不同文化背景的人们的日常生活模式和言语及非言语行为方式，重点是人们日常生活中的常见行为，能帮助学生了解具体情景的行为原则。

在日语教学中贯彻这一原则，对教师有以下要求：

（1）确定跨文化能力培养的主要任务，即培养学生对人们的行为都会受到文化的影响的理解力；培养学生对社会的理解力，这种影响力会受到诸如年龄、性别、社会阶层、居住地等因素的影响；增强学生对在一般情况下日本文化中常规行为的意识；增强学生对日语中词和短语文化内涵的认识；培养学生用实例对日本文化进行评价和完善的能力；培养学生获取日本文化信息并对其进行加工整理的能力；激发学生对日本文化的求知欲并鼓励学生体验与日本人的文化共鸣。

（2）掌握跨文化能力培养的基本方法，如对比法、交际法、演示法、实物以及图片参照法、讨论法等。

（3）注重行为文化的导入，要把语言习得和文化习得有机结合起来，使学生通过学习获得语言能力、言语能力和交际能力。

五、教师指导和学生自觉学习相结合

教学活动中，到底应该以教师为中心还是应该以学生为中心，一直是教育史上重大的争论焦点问题，如赫尔巴特所强调的"教师的权威"主张"教师主体"；杜威提出的"儿童中心论"主张"学生主体"。

就教育过程的本质和教师的作用而言，在整个教育教学过程中，教师应处于主导地位，原因如下：

第一，教师是教育方针、教育计划的贯彻执行者，教师引导着学生的发展方向和质量规格。

第二，教育本身是有目的有计划的育人过程，人的发展是在教育过程中靠教育者有组织有计划地系统实现的，任何教学大纲、教学计划和教科书都取代不了教师在培养人方面所起的作用。

第三，教师受过专门训练，具有扎实的专业知识和教学经验，懂得教育规律，掌握教学方法，所以，学生的学习只有在教师的指导下才能在短时间内取得最佳效果。

但是，应该看到，教育过程是师生的双边活动，必然离不开学生的积极主动参与。调动学生的积极性与主动性，不仅是教师主导作用的内涵之一，也是衡量教师主导作用发挥程度的重要指标。所以，就教育过程的总体而言，在教与学这两个主体的关系上，教师处于主导地位。

学生是学习的主体，在教育过程中，学生是学习任务的主要承担者。相对于学习内容而言，学生是学习的主人，与学生主体相对应的是学习的客体，它不仅包括教师所施加的一切教育影响，也包括教师本身。所以，认识到学生的主体地位，可以提示教师在教的过程中想到学生的学，并自觉调动学生学习的积极性和主动性。在教育的过程中，学生具有主体和客体的双重属性。

承认学生的客体地位是教师发挥主导作用的前提，明确学生的主体地位是提升教育活动效果的关键与根本。在教学中要充分调动学生学习的自觉积极性，使学生能够主动学习，最终理解并掌握所学知识。

教师要面向每个学生，充分了解学生。现代教育强调，不能要求学生适应教育，而是要使教育适应学生。除学习成绩以外，学生的个性特征的各个方面、家庭背景、生活经历等，都是教师因材施教所需要了解的。

尊重学生的差异。学生的差异不仅是客观存在的，而且是合理的。日语教学各阶段的课程目标都包括一级目标、二级目标，在达到各目标标准的基础上，教师应当允许学生存在不同方面、不同水平的差异，并且针对每个学生的具体条件帮助他获得最适宜的个性发展，而不是去普遍地增加难度和深度。良好教育培养出的是大批个性充分发展的人，而不是千人一面的"标准件"。

六、合理处理日语教学中的关系

（一）处理好汉语和日语的关系

外语教学法视其对母语的态度分为两大学派：翻译法和直接法。翻译法充分发挥母语在外语学习过程中的作用；直接法在外语学习过程中完全排斥母语，在日语教学的实践过程中，如何处理好作为母语的汉语和日语的关系，直接影响教学方法的选择和教学效果。

语言是约定俗成的，语言具有民族性和科学性。语言学上日语和汉语属于不同语系，汉语属于汉藏语系分析语，有声调。

汉语的文字系统——汉字是一种意音文字，表意的同时也具备一定的表音功能。而日语属于黏着语，通过在词语上粘贴语法成分来构成句子，称为活用，期间的结合并不紧密，不改变原来词汇的含义只表示语法功能。

在日语教学过程中切实有效处理好母语与日语的关系，对教师有以下基本要求：

1. 把握母语的使用

分析一般外语学习者能在有限范围内用外语思维的原因可以得知，这不是从学习初始就排斥母语的结果，而是反复操练和反复使用外语进行真实交际的结果。学生在学习和使用日语语言过程中必然要经历两个阶段：一是日汉、汉日的翻译过程，这是学习的初级阶段；二是完全用日语思维，排除翻译的过程，这是学习的高级阶段。

学生在掌握外语的过程中，总要经历"自觉到不自觉"的过程，也就是先借助母语作为外语与概念的中介来学习和使用外语，而后逐步摒弃这个中介，在外语和概念之间建立起直接联系，这是使用外语的内部心理机制的一个质的变化。掌握外语的过程就是实现飞跃的过程。而要实现飞跃，关键在于反复实践。

学习者在控制使用母语翻译的过程中，有积极和消极两种类型：自我调控能力强、能自觉训练排除母语翻译过程的学生，进步快，日语能力强，语速快，属于积极的类型；反之，是消极类型。为促进学生抛开母语中介，达成学习质的飞跃，教师需要对学生学习进行有效指导，引导学生在听力、会话、阅读、写作过程中逐渐养成"直读直解"的习惯，学会用日语思维。教师在课堂上尽量不说或者少说汉语。同时直观释义法或者日语解读法都是有利于克服母语干扰、培养日语思维能力的有效教学方法。

教学过程中，对待母语汉语既要控制使用又要好好利用。翻译法只讲利用不讲限制，直接法只讲限制不讲利用，两者都具有片面性。用翻译法释义是最节省时间的授课手段，但是，它并不是最理想的手段。由于语言并不是一一对应的，翻译释义有时候很危险，容易引起学生片面理解词汇意义，造成语义误读。

可见，一个词会产生多种意义，用许多的汉语词汇来翻译，只会带来记忆困难。所以，无论是从语言思维的培养角度还是从准确认知并正确运用语言的角度，都建议用日语授课。

那么何种情况下可以使用汉语翻译？可以参考如下情况。

第一，用日语或者直观法难以释义的词汇、成语、句子、语篇可以适当使用汉语翻译或解释，节省教学时间。

第二，作为检查学生对知识的掌握情况的一段，教师可以用翻译法。

第三，区分日、汉语言规则和概念时，可以适当使用汉语。

第四，区分日语近义词意义时，可以适当使用母语翻译。

2. 努力克服母语的干扰

汉日语言的相近性既会为我国的日语学习者学习日语带来便捷，也会带来困扰。首先，日语中虽然使用大量的汉字，但是有些日语汉字的语义与现代汉语的意义截然不同。

此外，日语中的长短音、促音、浊音等发音是汉语中所没有的。

汉语的语序是"主—谓—宾"结构，日语是"主—宾—谓"结构，谓语在句子末尾，对于习惯汉语表达方式的学习者来说，语言思维的转换是学习语言面临的最大困难。日语的句子成分在句子中的作用和地位是由助词来决定的，语序不决定语义，这些都与汉语有很大差异。

学习者在认识、掌握、熟练语言规则的过程中，必然会遭遇到母语的强烈干扰，因此，在初学者乃至于学习很长时间日语的学习者身上，总能发生"汉语式日语"的情况。此时，教师的指导就能发挥积极作用。

教学过程中，教师在排除母语干扰方面要选择好的材料，合理分配时间，安排好教学重点，精心设计练习体系，教授时需要"提点学生"，不必展开分析，不能在有限的课堂教学时间内全力专注于区分汉语、日语，要引导学生有目的、有计划地克服母语的干扰。

3. 有效利用汉语的正迁移作用

语言迁移是指母语的影响进入第二语言的习得，包括语言上的影响，如语音、语汇、语法、语义等方面的影响。语言迁移还包括语言之外因素的影响，如思维模式、文化传统、社会历史等方面的影响。

我国的日语学习者在日语学习过程中，首先要解决的是母语汉语的语言迁移问题。

日语与汉语在历史上有过几个相互吸收的阶段。日本在绳文时代是没有文字的。公元四五世纪，汉语传入日本，主要为一部分识字阶层所习用。后来随着我国文化制度和思想学说的传入以及佛教的普及，汉语才逐步深入融合到一般人所使用的日语中。很多日语单词的读音也是由当时传入日本的汉语单词的发音演化来的。到了飞鸟平安时代，受隋唐文化的影响，借用汉字的某些偏旁部首以及草书体汉字，日本创造了片假名和平假名，使日语有了完整的表记体系。

汉语和日语在历史上始终呈现出紧密的互动，这与两国在政治、经济、文化等各方面的广泛交流是分不开的。日语教学过程中，这些互相融合的语言文化，相对于欧美的学习者，对我国的学习者来说是一种优势。特别是学习日语时，没有哪个国家的学习者能超过我国学习者。此外，同属于东方儒文化圈的我国和日本，在价值观、传统思想方面有着共源的特点。比如，我国和日本都崇尚"和为贵""仁礼孝"等，文化差异性小，这就减少了我国的日语学习者跨文化学习的压力，有效利用汉语与日语语言上、文化背景上的相似或相近的特点，促进汉语固有知识和经验在日语学习过程中的正迁移，是日语教师必须坚守的原则。

说到学习迁移，我国的学生在日语学习之前，大多学习了英语。应该看到，这种东西方文化差异很大的语言学习，开拓了学习者跨文化学习的能力，日语近代以后大量引进西方文化，语言词汇中也有大量的外来语。在学习迁移中，教师也应该关注到英语学习对日语学习的迁移作用。

（二）处理好语言知识教学和语言技能教学的关系

在语言学中，当语言和言语作为术语而对立使用时，语言指的是语音、语法、词汇系统；言语指的是用语言进行听说读写的交际活动。语言具有全民性，而言语具有个人性。

在日语教学中，重视语言，就会以教授语言形式、结构规则为主，以分析讲授为教学模式，教学活动中心是教师，教学设计多为封闭的、固定的模式；重视言语，就会以语言实践为主，以学生为活动中心，根据语言话题、内容、语义、语境等的变化，设计多为开放的、弹性的教学模式。

日语知识的获得和能力的培养究竟是怎样形成的？习惯习得理论认为，"语言是习惯的体系"，外语学习靠模仿记忆，反复操练，直到新的语言习惯形成。但是，它重视语言学习的条件反射训练，忽略人的主观能动性、逻辑思考力和理论知识的作用，具有片面性。认知学习理论认为，语言学习是一种创造性的活动，要重视智力和语言规则，但是它对语言技能的形成需要通过反复实践认识不足。

掌握一门语言，语言知识是基础，是言语能力形成的前提保证；言语技能是语言学习的最终目标；使学生能自如准确地运用语言进行交际活动，是日语教学的根本目的和任务。日语教学必须要把语言知识学习和言语技能训练作为同等重要的任务来完成。

语言知识是有限的，词汇、语法是约定俗成的，有一定规律可循。选取难易度、知识内容都符合教学目标设计的教科书，设计合理的教学计划和课程计划，在教师的指导下，学生就能够达成掌握知识的目的。言语技能的培养则需要更长的时间。

J.布鲁纳认为，学习一门学科，包含三个同时发生的过程，即知识的获得、知识的转换和知识的评价。R.M.加涅则认为学习过程存在八个阶段，即引起动机阶段、了解阶段、获得阶段、保持阶段、回忆阶段、概括阶段、作业阶段和反馈阶段。

奥萨贝尔认为一个完整的学习过程包括三个阶段，即习得阶段、保持阶段和再现阶段。笔者认为，外语知识的掌握过程由五个认识活动的环行构成，即教材的直观、教材的概括、教材的识记、教材的保持和教材的具体化，教材的直观和概括是由教师主导完成的；教材的识记、保持和具体化是学生的行为，必须通过反复训练、巩固记忆才能达到纯熟。因此，比较起知识的传授，教师在对学生进行听说读写能力培养方面要付出更多的努力。

处理好语言知识教学和语言技能教学关系，对教师有以下要求：

1.语言知识教学原则

（1）语言知识教学方面要处理好课文教学和语音、词汇、语法教学的关系

语言体系内部包括语音、词汇、语法三个要素。语音是语言的外壳，词汇是语言

的建筑材料，语法是一个个独立的词汇的黏合剂，三者统一，才能使语言成为交际的工具。

外语教学大纲是把学生必须掌握的词汇和句型按照五十音图的顺序逐一列出，把语法项目归类列出。但是，大纲只能是教学纲要和指导，不能代替教科书应用于教学过程中。

课文教学规定了语法、词汇、语音知识的讲解范围和教学内容，按照初、中、高级阶段技能教学的不同侧重点，课文教学在方法上可以发挥统筹、协调的作用。

课文教学不能全部解决语言规则的问题，如果不能有效地解决语音、词汇、语法的问题，课文的教学也无法进行。因此，对语言三要素的单项训练也不容忽视。有教师在精读课教学上先讲生词，再讲语法，然后进入课文和练习；也有的教师以课文段落为单位，逐段讲解生词和新的语法。这两种做法各有利弊。

先讲新知识就会后讲课文，语言的练习会集中在一个个知识点上，对掌握新知识有益，对课文进行综合训练会有所不足；逐段讲解新知识点，会以本课要解决的问题为核心，不利于新知识点的系统化和单独训练。教学过程中无论采取哪种做法，如果能够做好教学设计，有意识地规避这些弊端，就能够保证教学方法的合理性和科学性。

笔者建议根据日语不同教学阶段，采取不同的教学模式：初级阶段重在听说，对学习者来说，新知识多，语法规则入门较难，所以要以先讲知识后讲课文为主，无论是语言知识教学还是课文教学都要贯彻听说领先、以练为主的方针；高级阶段重在阅读，新的语法规则减少，词汇量增大，词汇学习属于机械记忆的内容多，可以安排课前预习来解决，此时可以围绕课文开展教学。

还应该予以明确的是，在课文内的语言知识是零散的、不系统的、缺乏规律性的。对语言知识进行归纳整合，使知识系统化，有助于学生建立起学科知识结构，宏观把握知识。

（2）课堂内外都要关注知识的巩固和应用

在教学中需要进行不断的巩固工作，通过练习、复习帮助学生牢固地掌握所学知识。在教学中贯彻这一原则，对教师的要求如下：

第一，在理解的基础上巩固。对于所学知识的理解是巩固的前提。教师首先应当保证学生学懂学会，才有可能获得巩固的良好效果。

第二，保证巩固方式的科学性。心理学研究揭示了关于记忆和遗忘的一些规律，按照这些规律组织安排，可以提升巩固的效率，教师应当熟悉并且善于运用这些规律。

第三，巩固的具体方式要多样化，除了常见的各种书面作业外，教师应当善于利用各种不同的方式帮助学生巩固所学知识，比如调查、制作、实践等，都能够使学生通过将知识运用于实际以有效地达到巩固的目的，并且能够促进学生多方面的发展。

第四，保证学生的身心健康。并不是作业越多巩固的效果越好。合理地安排巩固是考验教师教学能力的一个重要指标。

2.语言技能教学原则

（1）课堂教学要重视语言实践，精讲多练，以练为主

正确使用语言需要懂得概念和理论，但是教学过程中至关重要的与其说是传授语言知识，讲授语言理论，不如说是培养言语能力，让学生掌握语言使用方法。许多教学法专家提出，课堂教学讲与练的比例应该为1∶5。

教师的讲解是必要的，在讲授方面重在"精"：一是精选语言材料；二是精练地、精确地讲解语言。多练是针对讲而提出的，多练不仅仅指练习量多，练习时间多，更重要的在于善于练习：一是指练习要科学化；二是指练习要有针对性、目的性；三是指练习要有助于培养听、说、写等语言交际能力；四是指练习要符合学生的外语学习心理过程。

（2）语言技能培养方面要四会并重、阶段侧重、全面提高。

听、说、读、写既是教学目的，又是教学手段，无论从交际的角度还是从教学的角度来看，这四个方面都是一个整体，相互联系、相互制约、相互依存、相互促进。

说和听属于日语能力，阅读和写作属于书面语能力。外语日语的学习过程是从听开始的，学生通过听来模仿、记忆、重复学会说，听为说提供了范例，创造了条件；会说的话是一定能听懂的，说可以提高听的准确性。

阅读可以接触更多的语言材料，对写作乃至于听说能力的提升都有促进作用；写作能力促进日语表达的逻辑性和语言表达的准确性。听和读是吸收语言材料的过程，说和写是表达思想的过程。

日语教学要在广泛听和读的基础上进行说和写的训练，在说和写的活动中巩固听和读所获得的语言材料，要做到听说读写四项基本技能并重，全面提升言语能力。

大脑生理学的实验表明，听说读写各有各的生理机制，对某一个言语技能的训练必须要独立进行，不能相互替代。一般来说，在初级阶段的日语教学中，日语能力培养是主要任务，要侧重于对听说能力的培养，以读和写的练习来巩固听说训练中掌握的语言材料；中级阶段在继续发展日语能力的同时要加强读、写的训练；高级阶段阅读的训练成为首要任务，同时兼顾日语训练。

七、教学评价要促进教学质量

教学评价是依据教学目标对教学过程及结果进行价值判断并为教学决策服务的活动。教学评价是研究教师的教和学生的学的价值的过程。

评价的方法主要有量化评价和质性评价。对教师实施教学评价的主要包括三类人群：教育管理部门的负责人（包括督导），同行，学生，在学校教育中对学生实施评价

的主要是教师和代表各级各类教育管理部门组织的考试评价。

教学评价的方法包括：测验、征答、观察提问、作业检查、听课和评课等。评价本身也是一种教学活动。在这个活动中，学生的知识、技能将获得长进，智力和品德也将有所发展。

日语教学法主要是从教师评价学生的角度出发讨论教学评价的原则。对教师有以下基本要求：

第一，明确多次评价的目的和评价对象，以解决评价的方向性问题。

第二，明确每次评价的内容、评价的具体目标。

第三，明确为评价而准备的资料。

第四，对评价资料做出客观、科学的判断。

任何一个教学原则的确定都要符合教育现代化的目标。教育现代化的内在特征表现为教育民主化和教育主体性。

教育民主化包括受教育的机会均等——不仅是指入学机会均等和获得知识方面的均等，还包括充分发挥每个个体的内在潜力以获得本领方面的均等；师生关系的民主平等；均等地改变所有教师和学生的学习、工作和生活条件等含义。

教育主体性有两层含义：一是尊重学生个体的主体性，让学生主动地、自由地对自己的学习负责；二是尊重教育的自主权，尊重教育的相对独立性，打破模式化教育，用多样化教育造就富于个性的一代新人。

第三节　日语教学法的内涵解读

一、日语教学法的概念界定

日语教学法就是研究日语教与学的过程及其规律的科学。

日语教学法这一概念包括以下要素：日语、日语教学、日语教学法。日语是指日本民族使用的语言以及与语言交际息息相关的社会文化知识。

日语教学是关于日语语言知识与技能的教与学的活动，具体指教师指导学生学习日语语言文化知识，掌握日语听、说、读、写等能力以及汉日语言互译能力、跨文化交际能力，同时帮助学生获得一定的身心发展，形成一定的思想品德的活动，学校的日语教学通常是在一定的教学目标引导下，按照既定的教学计划和大纲，采用符合教学目标和教学对象实际的教科书，在具有日语教学技能、日语知识和日语能力的教师的具体指导下，针对特定的教学对象实施的活动。[1]

[1] 段艳菊著．交际型日语教学法及其应用[M]．武汉：武汉大学出版社，2018.

日语教学法还是研究日语（作为外语）教学理论和实践的科学。日语教学法不仅研究日语教学的基本理论，也研究日语教学的具体方法，如讲授法、翻译法、演绎法、练习法等，还研究针对不同国别、不同年龄段、不同固有知识水平的教学对象开展教学时需要采取的方法和策略。所以，日语教学法既是研究理论的科学，也是师生围绕日语知识与技能展开的教与学的实践活动。

二、日语教学法研究的对象和任务

日语教学法主要研究"为什么教（学）、教（学）什么、怎么教（学）、教（学）得怎么样"等问题，归根结底是教学的基本过程。

教学过程是一个系统，首先体现的是由教师到学生的"人—人系统"，它是由教师、学生、教学目的及教材、教学方法等要素构成的，教学的培养目标决定着课程的设置、教科书的选择和教学评价的方法、标准等，与教育学、心理学有密切联系。

教学的具体内容是日语语言和日本文化，这与日语语言文化密不可分。教学过程中会应用到教学设备、现代教学技术手段，这涉及教学方法与策略，这些都是日语教学法要研究的重要课题。归纳起来，日语教学法的研究对象主要包括以下几个方面：

1. 日语教学的意义。这方面主要研究的问题有：第一，学习日语对于个人发展和国家建设的意义。第二，学制与学时。在哪一类学校、哪一个年级开设日语，多少学时。第三，日语教学的教育、教养、实用目的及其相互关系，日语教学在实用方面的总目的和各年级的教学目标与要求。第四，各级教育部门有关日语教学的规定。

2. 日语教学的内容。这方面主要是研究教学内容。国家颁布的各层级教学规定了内容范围。教科书根据大纲的要求按照一定的顺序编排、选择具体内容，因此，研究"教什么和学什么"的实质是研究教科书问题，如编写和选用教科书的原则、分析教科书的结构和体系等。

3. 日语教学的方法。教学是师生的双边活动，要研究如何教必须先研究如何学。

属于如何学的问题包括：第一，学生在日语教学中的地位。第二，学生学习日语的心理过程。第三，从学习者角度看决定日语学习质量的诸因素，如学习态度、学习兴趣、学习动机、学习外语的适合性（素质）等。

属于如何教的问题包括：第一，日语教学法的理论基础。第二，各种外语教学法流派的理论和实践。第三，适合我国日语教学的理论、原则以及与此相应的日语语音、语法、词汇基础知识教学和听说读写基本技巧的训练方法。第四，日语课堂教学和成绩考核。第五，现代教育新技术，除了传统的录音、录像、广播、电视外，最新的网络媒体对日语教学的影响等。

4. 影响和制约日语教学的因素。任何教学过程都是具体的，在一定的时空范围内开展的，有制约它的诸要素存在。比如，教学行政管理、教育政策、教师能力素质、教育评价机制等。

在解决为什么教、教什么和怎样教的问题时，可以利用相邻科学的研究成果和理论，但是不能抽象、机械地引用，由于这些相邻科学的任务需要回答的问题与日语教学法不同。

教育学的任务是探索一般的教育教学规律。心理学研究人们一般的心理规律和接受一般教育、教学时的心理规律；语言学研究语言本质、人们习得语言和运用语言的一般规律。这些理论有助于日语教学法的研究，但是它们不能直接、明确地回答日语教学过程中出现的诸问题。不断地回答、解决日语教学过程中出现的新问题是日语教学法研究的根本任务。

三、日语教学法的研究途径和方法

（一）日语教学的研究途径

1. 研究日语教学可以史为鉴。日语作为外语教学在我国已有百余年的历史。自1896年清政府在北京同文馆内设立了东文馆（日文馆）起，我国就开始把日语作为外语纳入教育领域。日语教学在我国起源于近代，发展于改革开放以后。作为外语教学的一个分支，日语教学法研究受到以英语教学法为主体的外语教学法的影响。

从外语教学法的发展历程来看，我国的日语教学先后经历了翻译法（语法翻译法、词汇翻译法、翻译比较法）、直接法、自觉对比法、日语法、视听法、认知法、自觉实践法、功能法等发展阶段和过程。每种教学方法都有其合理性和不足之处，继承和借鉴已有的教学法，古为今用，洋为中用，取其精华，对丰富和发展日语教学法有现实意义。

2. 研究日语教学可以吸收兼容。与日语教学法相关联的其他学科不断发展，取得新的成果，其中必有能够为我所用的学科理论可以与日语教学实践相结合，指导教学实践，这也是丰富日语教学法的理论宝库。

3. 研究日语教学可以借鉴国外成功经验。20世纪60年代日本经济崛起，日本成为世界经济强国，强大的经济实力也促进了日本的国际化发展，经济腾飞与生存压力、少子化等社会问题的产生也促使日本政府以及民间团体纷纷采取措施，大量吸收海外留学生，间接地促进了日本本土的日语教育者研究对外日语教学法，半个世纪过去了，这些来自日本本土的对外日语教学理论为我国日语教学提供了很多可供借鉴的经验。

（二）日语教学法的研究方法

1. 研究课题分类

日语教学法的研究课题，按照性质和作用可以分为两大类：第一类是理论性的，其表现形式为专题论文和专著；第二类是实用性的，其表现形式是各种教学文件和资料，包括教学大纲、教材、考题、工具书、参考书等。

2. 研究方法分类

社会科学的一般研究方法有：观察、文献分析、面谈、问卷、测试、总结、实践和实验等。

（1）历史文献法，又称为历史法和文献法，就是研读国内外各个历史时期关于针对中国人开展日语教学的论述、专题论文、专著，分析、整理、研究各个时期的教学大纲、教材、考题等，从阅读文献入手，以历史的、发展的、批判的眼光探索日语教学理论与实践规律的研究方法。

（2）观察调查法。这是通过对教学现场的观察和调查取得有关资料进行研究的教学方法。观察的对象可以是教师本人，通过微课教学设备录制实验课全过程，课后进行观察。观察的对象也可以是他人的现场教学，获得一手的观察资料和数据，开展调查。

调查旨在取得难以直接观察到的资料，如为了评价贯彻某个大纲、使用某部教科书、采用某种教学方法的实践效果，除了观察教学现场之外，同时组织各种调查。

观察调查法主要包括教学现场观察、专门组织的调查测试、学生的作业或试卷调查分析、就某一专题问卷调查、谈话调查等，要对观察和调查的资料与数据进行归类整理和分析，综合研究后才能得出结论。

（3）实验法。这是一种通过教学实践验证原有假设或理论的方法。按实验目的，又可分为试证法和实验法。

试证法旨在通过教学实践验证实验前提出的假设，常常用于探索性研究。一般情况下，研究者在阅读文献或在教学实践中得到某些启发，形成某种设想或假设，然后组织试证教学，以期验证自己的假设是否科学，是否可行。

实验法旨在通过教学实践，验证前人或他人的某种理论是否有效和可行。通常用于评论性研究。在许多情况下，在验证前人或他人理论时，研究者往往加上自己实施这一理论的一些补充设想。这样的实验，就兼有试证的性质。在现实的教学实验中，采用纯粹实验法的较少，采用既有试证性质又有实验性质的实验法的较多。

总结法是教师把自己在教学中积累的经验通过分析研究，使感性认识上升到理性认识，探索教学规律。

在研究实践中，文献分析法、观察调查法和实验法往往综合使用。

第一，采用文献分析法研究某个理论问题时，可能通过实验法取得论证资料。

第二，采用实验法评价某项理论时，可能通过观察调查法取得进一步的佐证。

第三，采用观察调查法进行研究时，可能事先通过文献分析法熟悉有关问题在文献资料中的记载。

（4）比较分析法。随着日本经济高度增长期的到来，经济发展需要与"少子化"产生的劳动力不足发生矛盾。日本自20世纪80年代以来，高度重视海外留学生的招收和教育，对日语非母语的学习者日语教育问题研究水平高，成果丰硕，这些日语非母语的学习者或者是以英语为母语，或者是以其他语言为母语，不同母语文化对日语教育教学的研究有不同的影响，结论也不相同。

当直接借鉴在日本针对我国学生开展的日语教育研究成果时，因为我国、日本两个国家的教学环境存在差异，可以采取比较分析的方法，研究不同文化背景、不同语言教学环境下的教学法理论和方法。同为外语教学法学科体系的英语教学、俄语教学的理论及方法也有助于丰富和发展日语教学法的理论，指导日语教学实践。

在比较法上可以采取纵向比较（如针对不同国别学习者日语教学法比较）、横向比较（如英语教学法与日语教学法比较，实验组与对照组比较）、同类比较（如在我国的日语学习者和在日本的中国人日语学习者的日语教学比较）、相异比较（如男、女日语教学法比较）、定性与定量比较（如影响日语教学的因素与影响值比较）等方法。

（5）经验总结法。日语教学是实践的过程，教学经验来源于教学实践，只有认真地科学地总结经验，并将其上升到理论高度，才能在更广泛的范畴内指导教学实践活动。总结经验需要我们具有明确的科学研究意识，选准研究课题与对象，把握方针政策，掌握国内外研究现状，制订研究计划，搜集具体事实，在此基础上进行分析和结合，并广泛论证，总结成果。

3. 研究工作的一般步骤

（1）准备阶段。这个阶段有两项主要工作：准备研究条件和拟订研究计划。

准备研究条件包括：收集文献资料（文献分析法），确定需要观察的班级及需要调查和收集的资料，编写调查测试用考题、问卷，选定各项活动的对象（观察调查法），准备实验用品（实验法）。

研究计划内容包括：研究课题，研究的目的和意义，研究内容的提纲初稿，工作进程，各阶段完成日期。

准备资料和拟订计划这两项工作常常交叉进行。比如：要准备文献资料，先要取得课题；而要取得课题，又往往需要准备必要的条件。

（2）计划实施阶段。准备工作基本就绪，开始按计划开展研究活动：阅读文献、观察调查、实验。在这一阶段必须做好文献摘录及各种资料的记录、收集、整理、分类等工作。

（3）分析判断阶段。资料收集齐全、实验完成，就要对取得的各种资料从定量到定性两方面进行统计、分析、归纳、判断，得出有规律性的、有说服力的或者有启迪性的结论，形成观点。

（4）表述阶段。有了资料，有了观点，就可以正式构思论文的结构和内容，把研究活动的结构用文字表达出来，写出言之有物、立论有据、有观点、有材料的论文。

在实践研究工作中，后几个阶段的活动也可能有交叉。比如，在分析判断阶段，其至在表述阶段，可能发现某些资料不足，因此需要再次收集资料，在对资料进行整理和分类时，就可能需要进行初步的归纳和判断。所以，上述工作步骤只能是一般的划分。

四、日语教学法的学科属性与体系

（一）日语教学法的学科属性

关于日语教学法的学科属性历来就有争论，有观点认为日语学科教学论是外语学科教学论的一个组成部分。外语学科教学论是教育科学的一个分支，因为它的研究对象是教师、学生、教材、课程、评价等外语教学中教育和教养过程的一般规律，所以日语教学法的学科体系也应该从属于教育科学。还有观点认为，日语教学法从属于语言学，是日语应用语言学的一个分支，由于指导学生掌握日语语言知识和言语技能是日语教学法研究的根本任务，日语教学法的研究离不开日语语言知识和语言文化背景，因此，日语教学法是日语语言学理论在教学中的实际应用。

笔者认为这两种观点都有其合理性。日语教学法是一门涉及多学科的边缘性科学，与英语教学法、俄语教学法等同属外语分科教学法，是普通外语教学法的一个分支。普通外语教学法探讨各科外语教学的普遍规律，它来源于各分科外语教学法，也指导各科外语教学法。日语教学法既是一个科学概念，又是高等师范院校日语教育专业的必修课程，是一个课程名称。

（二）日语教学法的体系

日语教学法的体系组成有两种含义：一是指它的广义内涵，又称为亚体系；二是指它的狭义内涵，即教学法所包含的内容。

从广义上看，日语教学法的亚体系由基本理论、基本知识、基本实践、基本操作、专业思想组成。

1. 基本理论。基本理论包括一般语言观、心理观、教育观以及相应的规律、模式、原理，如语言知识和言语技能的统一，智力因素和非智力因素的统一，教学和教育的统一等。基本理论也包括具体的日语教学观点、原则、方法，如听说读写并举，语音、语法、词汇综合，学习和习得结合等。

2. 基本知识。基本知识是基本理论的应用，包括各个方面的教学方法、方式，各种类型的教学手段、技术的运用和使用，以及有关的道理和说明等，具体的语言知识教学法、言语技能教学法、课外活动组织法、现代化教育技术手段使用法，以及强化性和艺术性教学法等，都属于基本知识之列。当然，基本知识和基本理论的划分是相对的。

3. 基本实践。基础实践是指初步把日语教学法基本知识和基本理论应用于教学实践的尝试。这种实践带有训练性质。但是在基本实践中，实践者也要努力发挥创造性。基本实践的主要形式是教育实习、见习、评议会、讨论会等，包含听课、备课、写教案、上课、批改作业、辅导、家庭访问、指导课外活动等一系列的教学实践。通过实践形成能力。

4. 基本操作。基础操作是指日语教学中的技艺性或技术性的活动。如板书和黑板使用的整体设计，简笔画的画法和构思，各种电化教具的使用方法和操作技巧，在线课程指导等。这些都是日语教师的基本功，是本学科的组成部分。

5. 专业思想。成为一名合格的日语教师的专业思想是学习和研究日语教学法学科的出发点和归宿。本学科的广度、深度、难度，学科教师和发展所需求的思想修养、文化修养、逻辑修养等，都会促进日语教育研究者、工作者对之产生兴趣，进而转化为对日语教学工作的兴趣，这也会促进专业思想的树立和巩固。

教学是创造，教学法学科的发展是创造。抓住创造，教学法学科的基本问题就容易解决了。学习教学法就是学习创造，研究教学法就是发挥创造性，创造就有价值，这是教学法学科发展的原动力。

从狭义上看，日语教学法主要分为两大部分：教学思想和课程设计。课程设计又可分为教学目的、教学内容、教学流程、教学方法四个部分。教学思想是课程设计的指导思想和原则，课程设计是教学思想的体现。不同的教学法体系不仅体现在教学思想上，也体现在课程设计上。

教学思想是对语言特性及其社会功能、对语言掌握、对母语和日语掌握过程的异同等的认识以及组织教学过程的原则。

教学目的指确定课程的教学目的。教学内容是指教学内容范围、选择标准、量时比及组合教学内容的体系和原则、编排顺序等的设计。教学流程指整个教学过程组织的设计，如课程整体安排，教学阶段的划分和衔接，课型和分工，课内教学和课外教学的配合和分工等的原则。教学方法指课内外教学基本模式的设计。

五、日语教学法与相关学科

（一）日语教学法与语言学

语言是交际最重要的工具。学习语言要注意它的物质结构，更要注重其交际功能。任何外语课程的最终目标都是要使学生利用所掌握的语言知识达到交际的目的，语言是思维的外壳，母语水平是思维能力的重要反映，母语思维习惯对外语思维习惯的养成具有干扰作用。语言和言语是不同的概念。

语言是音义结合的词汇和语法的体系，言语是在特定的语境中为完成特定任务对语言的使用。语言和言语互为依存。语言的社会功能表现为言语时才能体现。言语要以语言为基础，不能脱离语言规则。语言是体系，言语是行为。

语言和言语的关系表明，外语教学的最终目的应该是培养言语能力或交际能力；外语教学的内容不仅指语言知识，也指听说读写行为；教学方法不仅要根据学习语言知识的需要进行设计，更要根据培养听说读写的能力需要进行设计。

（二）日语教学法与教育学

教育学要求把日语教学作为整个教育活动的一个组成部分，促进学生全面发展，日语教学既是教育的目的，又是教育的手段。教育学所阐明的原理、原则对整个学校教育、对学校的各门课程都有指导作用。

教学论也称普通教学法，是教育学的一个重要组成部分或分支，它专门研究教学过程及其规律。教学论和学科教学法，包含外语教学法中的日语教学法，它们之间既有密切联系，又有区别。

教学论研究学校各门课程的一般教学过程和规律，所论述的教学原理、原则及教学方法是从各门学科教学法大量材料中分析、概括、提炼出来的，对各门学科的教学都有指导意义。而学科教学论在研究学科教学理论的同时，一方面要以教学论所阐述的原理和原则为指导，另一方面要以自己的研究成果充实和丰富教学论理论。教学论是教育科学中与日语教学法有直接关系的科学。

（三）日语教学法与现代教育技术

教育技术是指对学习过程和学习资源进行设计、开发、运用、管理和评价的理论与实践。教育技术的研究对象是学习过程和学习资源。

在《教育技术手册》一书中把教育技术分为更加具体的不可分割的三个部分：①硬件，指技术设备和相应的教学系统；②软件，指由硬件实施而设计的教材；③潜件，指理论构想和相关学科的研究成果。可以看出，教育技术有三个基本的属性。

第一，教育技术是应用系统方法来分析和解决日语学习问题的过程，其宗旨是追求教育的最优化。

第二，教育技术分为有形技术和无形技术两大类。有形技术是指利用自然科学、工程技术学的成果，把物化形态的技术应用于日语教育，借以提升教学效率的技术，它包括从黑板、粉笔等传统的教具到多媒体计算机及网络等一切可以利用于教育的器材、设施、设备等及相应的软件；无形技术主要指利用教育学、心理学、系统科学、传播学等方面的成果以优化教育过程的技术。

第三，教育技术依靠开发、利用所有的学习资源来达到自己的目的。

学习资源分为人员、材料、设备、技术和环境，这些资源主要来自两个方面：一是专门为学习日语而设计出来的资源，如教师、课本、计算机课件、投影机、教室、操场等；二是现实世界中原有的可被利用的资源，如报刊、展览、影视、生产现场、竞赛等。

现代教育技术是把现代教育理论应用于日语教育、教学实践的现代教育手段和方法的体系，包含以下三个方面。

（1）日语教育教学中应用的现代技术手段，即现代教育媒体。

（2）运用现代教育媒体进行日语教育、教学活动的方法，即媒体教学法。

（3）优化日语教育、教学过程的系统方法，即教学设计。

随着网络的普及，微课、慕课、翻转课堂、在线学习等已经逐渐出现在日语教学活动中，现代教育技术对日语教学的影响和作用越来越不容忽略。

（四）日语教学法与系统科学

系统论是把认识对象作为系统来认识。日语教学法的认识对象是日语教学，把日语教学看作系统，则必然要采用系统论的方法处理日语教学的有关问题。

系统是由许多相互联系和相互作用的部分（要素）按照一定的层次和结构组成并且具有特定功能的有机整体，所以系统就是整体。

在教育科学中，人们长期研究学生、教师、教材、班级等教学组成部分，说明人们思想中还没有把教学当作一个整体对待。在应用语言学研究中，人们专注于语言教学的客观性，较少触及学习主体，基本不谈教育环境，这违背了外语教学的基本规律。因此，强调日语教学是一个系统，这是基本的教学观点。

从系统论的观点出发研究日语教学法，有以下意义：第一，有助于教师准确把握教育目标，明确日语教育是学校教育中的一个要素，要服从教育的整体目标；第二，有助于教师明确教学任务，不能只管教不管学；第三，有助于指导教师宏观把握教学内容，不是只了解某一课、某一册书，而是要建立系统的知识结构，明确册、课是教材的要素、子要素，而教材又是教学的要素；第四，有助于教师克服语言环境困难，利用现有教学条件，不断提供外在语言环境体系系统，为学生学习创造条件。

（五）日语教学法与哲学

哲学，特别是辩证唯物主义认识论和方法论是日语教学法的指导思想的理论基础，是认识日语教学法中各种矛盾的本质和正确处理矛盾的根本思想武器。

在研究教育科学时，要肯定教学规律是客观存在的，不以人的主观意志为转移，同时还要认识到随着科学的进步、时代的发展，对教学方法的研究也会发生变化。就外语教学法体系而言，经历了语法翻译法、直接法、自觉对比法、日语法、视听法、认知法、自觉实践法、功能法、交际法等阶段。每个教学方法的出现，都是与各种方法相互交叉、互为补充的，是为适应当时社会历史时期外语教学需求而产生的，每种方法的产生又对旧的教学方法产生了推进和促进作用，完善了旧的教学方法没有涵盖的内容。

就发展的观点而言，辩证唯物主义说明了人们对外语教学发展过程和一般规律的认识过程。此外，任何教学法理论都要受到教学实践的检验。外语教学是一个多组成（教学内容的多样性）、多层次（教学目的的多样性）、多因素的复杂过程，存在多重矛盾，在探索过程的规律，观察矛盾的对立、统一和发展时，必须联系具体的时间、地点、对象、条件，注意矛盾的共性和个性，注意矛盾的主要方面，坚持具体问题具体分析，马克思主义哲学观点是研究日语教学法的根本思想武器。

（六）日语教学法与心理学

心理学是研究人们的思维、记忆、想象、意志等心理过程及其规律的科学。人的心理就是脑的特征，生理是心理的基础。教学活动是师生的共同活动，教学的成败取决于师生双方的积极性。

学习的过程是认知的过程，与心理活动密不可分。为把教学组织得合理并卓有成效，必须要关注教学实施者的教师心理和作为教学主体的学生心理，了解他们的一般生理和心理特点，掌握师生在教学过程中的心理规律、智力因素、非智力因素和个性因素的和谐作用。

行为主义心理学和认知心理学的基本规律是指导日语技能训练和日语学习能力培养的重要依据。心理学可以指导教师和学生在教学过程中找到动机、自尊、自信、自觉性、自主感、记忆技巧及规律等。

教育心理学是研究学生在教育影响下形成道德和品质、掌握知识和技能、发展智力和个性的心理规律，是与日语教学法密切相连的学科。教育心理学关于学习动机、兴趣、学习知觉、表象、思维的相互作用的研究，关于掌握知识和技能的心理规律的研究等，都与日语教学法有着直接的关系。

心理语言学或语言心理学研究人们习得、学习和使用语言的心理规律，主要侧重于母语和第二语言的习得和学习等的心理规律，关注不同年龄、母语水平、学习环境和学习动因、学习内容对第二语言学习的影响。心理语言学的研究成果有助于日语教学法创立新的理论，对教学实践有指导作用。

（七）日语教学法与人类学

语言是人类社会生活不可缺少的一部分。现代语言学主要来源于两大传统：语文学传统和人类学传统。

语文学传统从比较语言学和历史语言学开始，根据文学作品和书面文献的研究对语言进行分析和比较，强调语言的自然属性，把语言看成一个封闭的、独立的系统，把语言学看成一门横跨人文科学和自然科学的独立的边缘科学；人类学传统指运用人类学方法去研究没有书写系统和文字传统的社会集团的语言，即把语言学看作一门社会科学，把语言置于社会文化的大环境中去研究。

人类语言学的研究传统诱发了文化语言学的出现和兴起，根据从文化的角度来考察语言的交际过程，语言学家发现人们在语言交际过程中不仅涉及语言系统，并且涉及同语言系统紧密关联且相互依存的文化系统。

从人类文化学角度研究日语教育问题，在教学中要注意文化交叉问题。在语言中导入文化，在文化中教语言，二者要相互促进。文化既是日语学习的目的，又是日语学习的手段。中日文化既有差异也有相同之处，日语学习的一个重要任务就是在语言学习过程中达成跨文化理解。从文化的角度学习日语，语言情境和功能的问题就会迎刃向解，交际的目的也容易实现。

（八）日语教学法与社会学

语言与社会的关系是辩证的，它们存在着错综复杂的关系。社会的本质是人和组织形式：人，确定了社会的规模和活动状态；组织形式，决定了社会的性质。语言是一种社会现象，是人类区别于动物的重要标志，是人与人交际的工具，也是使人与文化融为一体的媒介，它随着人类的形成而形成，也随着人类社会的发展而发展，变化而变化。

文化是一种社会现象和社会精神力量，是人们经过长期的社会实践创造的产物，是社会历史的积淀物。

人类用语言创造文化，文化又反过来影响人类，促使人类走向更大的进步。

自古以来人类社会积聚下来的文化遗产给语言留下了深刻的烙印，人类的语言是人类社会文化中的语言，它与人类社会、人类的文化有着密切的联系。

社会学理论是社会学家思想的结晶。从孔德的实证主义到吉登斯的结构化理论，从严复的《群学肄言》到孙立平的《断裂》三部曲，社会学理论的发展走过近200年的历史。在这200年中，众多社会学家留下各式各样的思想，其中有些还形成独特的门派。这些思想被后人编撰，形成社会学理论。

社会学的功能论、冲突论、过程论、符号互动论、批判论和结构化理论以及产生自20世纪80年代之后的新功能主义、沟通行动理论、结构化理论、实践社会学理论、理性选择理论、互动仪式链、后现代主义等当代社会学理论，有助于正确认识和准确理解该国家的社会结构、性质，有助于了解该国家的社会现象，即语言和文化。因此，在日语教学过程中，社会学的理论对语言教学以及语言文化教学有重要的指导意义。

此外，社会学要求教学集体的和谐、师生和谐、学生间的和谐、教师间的和谐、教师与学生家长的和谐、学生和家长的和谐，这些和谐是指心理上、认识上、情感上、行动上的和谐统一。和谐理论是学校教育、语言交际、语言学习理论的基础理论之一。

五、日语教学法认识的误区

（一）对教学方法唯一性的认识存在误区

许多青年教师教学实践经验少，教育理论知识基本功不够扎实，在研究教学法时容易陷入标准唯一的误区，即希望在教学中找到一个模板，无论什么课程、无论面对何种教学对象，"一招鲜吃遍天"。

比如，认为让学生动起来就是一堂好课，而不顾是否适合教学内容、教学目的，只一味地采取多种形式的课堂练习，流于形式；再如，认为教学法理论无用，教师可以各自为政，平行班教学时你用你的方法，我用我的方法，反对教学方法唯一。[①]

诚然，具体的教学方法是多种多样的，不能强求一律采用相同的方法。但是，这样的不一致是在教学基本理论指导下开展的，是对基本教学法理论的不同诠释和演绎，这是在创造性地灵活应用教学法，而不是无标准、无原则的随意行为。

（二）对日语教学法科学性的认识存在误区

认为教学法是语言学、心理学、教育学理论的拼装，不是一门独立科学，或者把教学法与应用语言学、心理语言学、社会语言学等同起来，认为与其学习教法不如学习这些科学更有价值。的确，日语教学法与这些学科关系密切，但是，每门学科都有其独特的研究对象和研究任务、研究方法，能够有助于日语教学得到最佳效果的只有日语教学法。

有些教师尚未掌握日语教学理论，或者没有认真研究教学方法，对教学的认知来源于他的老师，在讲台上只能机械性地模仿自己的老师，属于感性认识、经验主义认识。这个模仿的方法是否符合教学目标，是否能保证教学质量，是否能达到预期效果是难以保证的。如何上好一门课，如何上好一堂课，不懂得教学法的教师很难科学地做出回答，那么这门课、这堂课的教学质量就可想而知了。

（三）对教学经验与教学法水平的认识存在误区

作为一门科学，教学法的理论来源于教学实践，来源于前人对教学经验的总结，教学法理论又接受教学实践的检验，教师学习教学法理论，必须将其应用到教学实践中才算是真正掌握。教学经验终究不等同于教学法理论，实践经验只有上升到理论高度才能指导实践，并且要经过实践的检验才可以称为科学理论，教师的教学活动是针对人的，学生不是实验品，不能用每届学生做实验，有责任心和教师道德的人不会把教学经验与教学法水平混为一谈。

[①] 李红侠，春光著. 中外语言教学研究[M]. 延吉：延边大学出版社，2019.

（四）在处理教与学的关系上存在误区

有这样的教师，具有很高的日语水平，掌握一定的教学方法，有很强的责任心，希望他所教的学生都能学有所成。这也是一名优秀教师的标准。但是，在教学过程中，他总是担心学生学不会，讲授知识面面俱到，唯恐遗漏，认为学生只要跟随他的指挥棒就能学精、学好，所以总觉得课时不够，对学生的学习指导全神贯注于讲授，而忽视学生的主观能动性。把握不好"如何教学生学习"的问题，归根结底还是没有把握好"教与学"的关系。这样的教学很难调动学生的学习积极性，也不利于学生自主学习习惯的形成。

（五）对教师的主导作用及学生自主学习的认识存在误区

在强调自我学习、独立学习、终身学习的今天，在信息技术高度发达、知识获得方式不断增多的今天，学生的自主学习能力的确有所提高，但是，教师的作用依然不能忽视。随着高等教育改革的不断深入，对人才培养规格和质量的要求也在不断提升，日语专业人才培养从精英型、研究型转变为应用型、复合型。

这绝不意味着人才培养质量的下降，而是对学生专业能力的提高和知识领域的扩大提出了新的要求。在有限的课堂教学时间内完成更多的教学任务目标，意味着教师的有效学习指导必须达到新的高度，否则，学生靠自我摸索经验、死记硬背是难以完成学习任务的。所以，不能只重视提倡学生自主学习而忽视对教师指导学生学习的研究，不能忽视教师的作用。

（六）对教学法水平与口头表达能力的认识存在误区

口头表达能力强意味着教师能清楚表达自己的思想意图。良好的学科基础、良好的口头表达，是教学质量保证的必要条件。但是日语教学是研究日语教学过程的科学，研究对象包括复杂多变的人，不懂得教学规律、人的学习心理等，口头表达难得要领，难以把握教学的关键。所以口头表达能力强不是取得教学效果的唯一条件。

（七）对日语水平与教学法水平的认识存在误区

认为日语水平高，就一定能做好日语教学工作，日语水平是日语教学的前提基础和教学质量的保证，但是，不是所有会日语、日语知识丰富的人都能做合格的日语教师。例如，不是所有的日本人都擅长日语教学；精通日语的翻译家不一定懂得教学法，不一定是优秀的日语教师。可以肯定地说，外语水平高的教师不一定懂得教学法，教学水平也不一定高。

第二章 日语语言学与日语教学概述

第一节 日语语言教学现状

当前很多高校的日语教学,由于教学体系不完整,师资力量薄弱,教学模式的单一,导致学生日语基础较弱,日语的教学水平也很难得到提高。本节通过分析我国高校日语语言教学的现状,寻找和研究优化日语语言教学的对策。发挥日语语言教学的根本目的,逐步提高我国高校的日语教学质量。

随着我国经济水平的提高,与各国之间的贸易往来也逐渐增加,其中与日本的交流活动也相对较多。因此,日语是两国交流的重要工具。为了增进两国的友好合作和我国国际化的发展,目前,我国绝大多数高等院校都增设了日语语言的专业,就是为了保证我国学生能够掌握日语语言的交流能力。但是,日语语言在国际上的使用频率较低,不能成为中外交流的主要工具。高等院校教学中对教学方法采用仍是较为传统,教师在教学方面没有创新意识,严重导致日语语言教学体系不完整,没有将日语语言教学的根本目的体现出来。[1]

一、日语语言教学存在的问题

在中日各个领域合作进入常态化的今天,日语作为我国主要的外语学科建设体系。目前,我国绝大多数院校为了顺应时代发展潮流,均进行了日语学科体系的构建,尽管在日语教育教学过程中取得了一系列显著成效,但是依然面临学科建设诸多问题。

(一)教学方式陈旧

现如今,我国大部分的高校都采用传统的教学方式和教学体系。在这种教学体系中,教材中的内容是教师传授知识的唯一途径,教师普遍仅凭单一的教材内容进行讲解。教师给学生布置的作业也仅仅是背诵课文和抄写,学生只能通过死记硬背的方式提高自己的日语语言学习成绩。传统的教学实践结果表明,这种陈旧的教学方式使教学课堂变得僵化和枯燥。造成课堂气氛低落,教师和学生都对教学产生了被动性。学

---

[1] 李宁宁著. 日语教学与思维创新探索[M]. 长春:吉林人民出版社,2019.

生也因此而失去了自主性和灵活性。在对我国高等院校日语语言教学现状调查后，发现很多在校成绩优异的学生通常毕业后都会面临就业难的境况。究其原因不难发现因为我国日语语言教学方式的落后，导致院校忽略学生的语言应用能力，学生在综合语言能力上有所欠缺。

（二）缺少良好的教学资源

随着我国现代化建设的发展，今后对于外语专业人才的需求量会逐渐增加。因此，为了顺应我国的发展，不断培养复合型人才是教学部门的重要任务。在我国的高等院校中现已增设了日语语言专业，但是在教学材料的设计上太过单一，教材改编更新速度也相对较慢。有些学生在进入高校进行日语语言学习之前，对日语的基本知识有一定的掌握。但是在日语语言的教材中这些基本的知识又被重复教育，没有一定的主次顺序，不能明显突出重点知识。

另外，在日语语言专业课程安排上课时较少，造成学生在语言能力上不能有效提高，也阻碍了学生的实际应用能力和语言交际能力。日语作为一门小语种，高校在教学资源上得不到充分重视，使学生缺乏认真的学习态度，导致日语语言课程不能在学生心中形成主要地位。在高校日语教学中，教师也应承担起繁重的教学任务，将教学资源作为教学改革的重点项目。

（三）师资力量薄弱

面对我国经济市场对语言专业人才的需求，日语专业人才受到广大企业和市场的青睐。但是，对于我国高等院校招聘的日语专业教师来看，面对我国高等院校日语语言教学体系的不完整，日语语言教师的经验不足，也没有给教师外出交流或深造的机会。与此同时，在课程安排上也不够合理，没有充分重视日语课程，仅仅是像对待选修课程一样对待日语课程。所以，教师因为教学任务繁重，通常教学的进度相对较快，以传统的教学方式作为重要手段。这样机械化的教学方式，让学生慢慢失去了学习兴趣，导致学生日语学习能力下降，教师教学质量也不能有效提高。

二、日语语言教学的优化

（一）不断完善日语教学体系

在高校日语教学体系的创建中，需要将培养学生的综合实践能力作为首要任务。这样才符合当今社会的企业和市场需求，提高学生的就业率。在日语教学体系需要不断进行改革和完善，将教学思想和教学目标与时俱进不断更改。面对当下流行的教学模式也应及时效仿和创新。在实践过程中，在传统教学的基础上将理论与新型教学模式相结合，从而形成新的教学体系，才能不断提高教学质量及水平。

教师在教学内容的编排和设计中，需要注重日语基础知识的教学，给学生建立扎实的日语语言基础，教会学生学习日语知识的方法。由于目前社会对日语专业需求量的不断增加，高等院校也不断增设了日语语言专业选修课程。这些选修课程，是学生根据自己的兴趣进行选择学习的课程。因此在选修课的教学中，教学内容都侧重学生的兴趣培养，在教学过程中注重给学生介绍和讲解日本文化特色。高校和教师还应该对日语语言专业知识进行正确传授，在不断探索和研究的过程中明确教学的目标，从而构建出一个合理的教学体系，有效推动高校日语语言教学的发展。

（二）不断提高教师的整体素质

对于新时代的高校日语教师，需要认识到自身在教学中起到的关键作用。在教学过程中用正确的方式引导学生进行日语学习，在课堂教学过程中营造一个良好的学习气氛，充分调动学生的积极性，让学生融入课堂中去。在教学过程中，除了对必要的语法和较难的问题用汉语解释外，教师需要最大限度减少在课堂上使用汉语，避免因为汉语的思维模式影响学生的日语学习。

教师也需要不断提升自身的专业知识和职业素养，根据教学内容的扩展及时给自己充电。将书本上的理论知识结合实际情况，关注社会问题和日常生活，给学生拓展课外更多的知识。所以，教师也应该在教学空闲时间增加对外交流和学习，不仅可以提升自身的教学水平，也能在探索新型教学模式上起到一定的积极作用。

（三）选用合理的教材资源，灵活运用多媒体的教学方式

教学过程中，教材资源作为知识传递的重要工具，从社会需求和教学效果的角度出发，培养综合型人才是教学最根本的目的。在教学材料资源选择中，应该根据新兴的教学理念、教材的内容及编制的时间，进行科学合理的选择。目前，随着教育的不断发展和改革，对于不同学习程度的学生，在教材编制上也有不同的要求。教师需要考虑到学生的实际情况并结合时代的发展，在教学中不断增加新颖的、有趣味性的教学内容。在教学过程中，不断补充新鲜的内容和社会热点内容，这样才符合日语语言教学的发展趋势，从而为学生进入社会奠定基础。

在信息技术的迅猛发展下，多媒体在教学中不断发挥其作用，在日语语言教学中是重要的教学方式之一。这种教学方式既符合当代学生的特点，也能很好激发学生的学习兴趣。例如，在教学课堂中，播放有关教学内容的视频、电影、动画等，吸引学生的注意力，让学生通过多媒体直观了解日本的文化底蕴，促进学生更好地学习日语语言，提高学生的日语听力水平和表达能力。

（四）营造语言环境

从客观方面来看，语言环境在一定程度上会对语言学习效果产生重要的影响。语言环境是学生学习日语重要所需，需要高等院校的教师进行一定的建立和创造。在语

言环境的创造时，首先教师要让学生对日本文化有足够深入的了解，然后语言环境会在其文化背景当中产生。从日本的方方面面与日语语言教学相结合，结合学生爱好及学习特点，做好教学内容的备课工作。在教学过程中，注重先培养学生的日语思维能力，让学生用日语思维能力进行分析和解决问题。例如，让学生看一段日文的视频或电影，在其环境中受到日语的熏陶。

（五）创建中国特色日语教学方式

我国高等院校的日语教学水平在不断提高的情况下，中国特色日语教学这种新兴的教学理念也被教育学者关注。我国应用的日语教材通常是引用国外的，使用的都是国外的基本语法和教学用语。虽然我国的日语教学水平有所提升，但是，这些教学材料并没有同我国的文化背景相融合。所以，在教学过程中应充分添加具有中国特色的教育内容，从而创建中国特色日语教学方式。

（六）增强高校与企业间的合作关系

从我国高校学生毕业就业形式来看不容乐观。因此，要增强高校与企业之间的合作关系，要求学校与企业两者共同培养人才。也是从社会的需求出发，既有利于企业更好地发展，也增强了学生的学习实践。在高校与企业合作中，学校可以邀请企业领导及优秀人士来校举行讲座，让学生参与进来了解社会及企业的发展。高校也可以利用学生的假期实践，派出成绩优异的学生到企业中去，进行学习和实践活动，有利于学生对所学理论得到有效发挥。

第二节　目标式教学对日语教学的意义

随着我国社会经济的快速发展，越来越多的大学生都开始运用第二语言进行交流与沟通，这也成为以后必要的工作方式之一。在日语教学的发展过程中，相关的日语教学研究者在不断地探索新型的教学模式。在传统的日语教学模式中，教师往往会将自己作为课堂教学的主体，而忽略了学生的主体地位，不利于培养学生的自主学习能力，学习积极性也难以调动。要想改变这一现状，就需要推出一种新型的教学模式，本节就对目标式教学对日语教学的意义进行具体研究。[1]

目前，我国与日本之间的贸易往来较为频繁，因此在我国高校日语教学越来越普遍，日语逐步受到了教育工作者的重视，而我国在日语教学方式上也发生着很大的变化。在语言教学工作中，课堂教学与教师占据着十分重要的地位，但是在日语教学过程中还是存在着很多的问题，例如学生日语能力不强、日语应用能力不够等等，因此

---

[1] 段雨杉. 目标式教学对日语教学的意义 [J]. 科教导刊, 2017(23): 89-90.

还需要不断探索新的教学理论与方法以提高教学质量,很多学校都针对出现的问题提出了改革要求。随着信息技术的快速发展,教学方式也发生着巨大的改变,并推出了一种新型的教学模式,即目标式教学。目标式教学已经成为当今日语教学中比较常见的教学方式,其具体概念与意义需要更深入的了解,希望通过本节的介绍能为以后的日语教学工作提供帮助。

一、目标式教学的概念

目标式教学主要是以现代教育为基础,根据国外一些教育专家提出的理论思想,同时以教学目标为主要核心,以学生为主体的教学活动。目标式教学方法包含了多种教学模式,通过各种教学手段将学生与教师密切联系,真正起到激发学生积极性、调动学生主动性的作用。通过多年的教学实验能够得出,目标式教学的应用效果十分显著,也是语言类以及技术类教学中最常见的教学方式。课堂教学目标主要是在教学过程中,通过师生的互动来达到最佳的教学效果,主要的教学目标可以分成三个层次:一是课程目标,二是教学目标,三是成才目标。将这三个目标结合起来就能形成完整的教学系统,它也是每一个教学工作者都需要接触的问题。在当前的目标式教学中保证教学工作的开展是促进教学进步的关键所在。

目标式教学是一种全新的教学体系,其各个要素之间的关系是一个重点,在教学之前要编制教学目标,其中包括教师的目标设计以及学习者的目标设计。教师的目标设计是教师选择教学内容并设计大纲,而学习者的目标设计是学习者的行为结果,对学生的学习动机以及态度等都有具体需求。通过国内外教学实验证明,教学目标具有导向、启动、调控以及制约的心理作用,有学习目标的学生可以用较短的时间掌握所学知识,这样高效率的学习能够提高学生的成绩,锻炼学生的能力。展示教学目标的方式有很多种,从层次与时间上来说,可选择在课前展示或课上展示,同时根据学生年龄的不同,展示方式也不一样。低年级的学生可以利用说明的方式,而高年级则需要明确目的,与此同时,选择合适的教学方法并运用注意规律的艺术,让有意注意与无意注意相结合,从而使课堂教学变得有规律可循。

利用多种评价手段来对学生进行管理,通过目标分析,教师在制定目标的时候需要注意以下几点:①说明掌握的学习内容与技能。②目标应该按照内容意义来进行分组。③在每个领域的目标序列中,都可以找到不同的突破点。由于教育环境不同,学生水平层次不同,有些适用于教学实践,有些则适用于动作技能方面,通过不同的评价,教师可以随时了解学生能达到怎样的目标,从而制订合理的计划。如果发生错误或有不合理之处,也可以及时采取补救措施。

二、目标式教学对日语教学的意义

教学过程是教与学相辅相成的双向行为，在教学过程中，教师要树立起以学生为主体的教学理念，并以提高教学质量为核心。目标式教学是在一种理论基础之上的模式，通过比较科学的教学方式研究出合理的评价体系，不断激发学生的思考能力，调动学生的学习积极性，因为只有明确了教学目标，才能真正达到目标式教学的目的，提供更科学高效的教学。一般可以将目标式教学分为三个类别，分别是认知领域、情感领域及动作领域，在情感领域中分为五个类别的目标，而不同的类别又包含若干个子类别。这些目标由简单到复杂，最后形成一套清晰的层次结构。与传统的教学模式不同，目标式教学是以教学为核心，让整个教学过程实施起来更加顺利，也让课堂教学效果得到改善，通过对目标式教学的研究与改善，推动教学教育体制改革的发展，同时也培养了学生的学习兴趣与学习信心，让学生得到全面发展，提高学生整体素质。学校也应该将本校优势与日语课程相结合，实现日语教学评价的量化管理与过程化管理，将具体的评价体系运用到日语教学中。

三、目标式教学对日语教学的促进作用

（一）目标式教学在日语教学中的应用

1. 日语教学管理目标的设计问题

在日语教学过程中，提升教学质量十分必要，这就需要制订出完善的日语教学过程。学校管理总目标可作为一个整体的导向，是制定教学目标的大前提，对于人才培养的目标还可以有更加具体的指导，而在目标设计的时候专业目标设计最为主要，其中包括对市场的调研以及职业需求的分析等等。根据不同学校来设定教学目标，具有更强的针对性。

2. 日语教学管理目标的实施途径

在设置日语课程的时候，应该对人才需求进行全新设置，根据学校管理的目标来提高学生的综合实践能力，还能培养学生的专业技能、科学知识等。在以往的学校日语教学中，管理目标方面都会出现偏差，这导致在课程设置上也出现误差，利用目标式教学可以将日语课程与实践课程的时间分配开，让学生不断提高自身的语言能力，掌握更多的语言应用技能，为以后的工作和发展打下坚实的基础。同时，学校也可以组织一些专业技能培训活动，加强学校与企业之间的合作，借助各种资源进行实践教育，这也是实现学校日语教学的最主要步骤。

3. 要加强日语教学评价的改革

在学校日语教育过程中，考核与评价是十分关键的部分，借助科学的考核与评价

体系，能够及时发现各种问题，通过采取相应的措施进行解决来提高教育质量。随着社会的不断进步，人们的理念也在不断更新，教师只有及时掌握日语教学现状，才能了解采取怎样的手段进行改革。在考核评价的过程中，也可以多借鉴一些国外的经验实现多元化的目标，与此同时，加强学校与企业之间的合作，构建起技能考核评价体系对日语教学的实施十分有效。

最后，加强日语教学资源的整合。如果在日语教学过程中整合力度不够的话，那么日语教学效率必然会受到影响，为了不让此类现象发生，就需要在学校教育的过程中对资源进行整合，例如教师资源、教材资源、多媒体资源等等。将各类资源都整合完成之后，就能促进各种问题的解决，最终实现日语教学管理目标。

（二）目标式教学对日语教学的作用

目标式教学是从全方面教学目标出发最后形成完整的教学过程，这种层层深入的方式使日语学习由初级到后期，具有阶段性的特点。日语教学能够根据不同阶段学生的日语能力来开展学生听说读写的训练，教师在日语教学过程中起到很关键的作用，通过设定科学的教学目标，有效开发学生的思考与实践能力，也能很好地调动学生学习日语的积极性与主动性。

利用目标式教学能够提高学生的综合能力。首先，目标式教学是设定好教学目标，从而增强学生在学习过程中的主体地位，学生不再盲目学习，而是从兴趣出发培养自身能力，与此同时，学生在学习日语的过程中还能掌握很多学习策略。其次，目标式教学能够发挥出教师的引导作用并调动学生的积极性，营造出良好的日语学习氛围。目标式教学让学生从被动学习转为主动学习，培养学生的自主学习能力以及语言综合应用能力，使学生能够在现实生活中利用日语来进行交流与沟通。

目前对传统日语课程教学没有给出具体反馈，而日语教学改革也得不到很好的参考信息。高校日语课程的教学与评价往往只由任课教师负责，要想评价学生的日常课堂表现，也只有任课教师最有发言权，但是由于任课教师比较少，所以给出的评价往往具有单一性与片面性。这样的评价模式直接导致教学评价缺乏科学性，学生也会渐渐不信任教师给出的教学评价，学生无法从教学评价中得到学习动力。若学生失去了学习的积极性，则对学生以后的发展十分不利，利用目标式教学就能很好地改变这一状况，也能使得目标式教学建立起多方位的评价体系。

本节主要对目标式教学对日语教学的意义进行了阐述。可以看出，目标式教学是经过反复的研究论证，逐渐发展成为合理的特色教学模式，并将目标教学模式与日语教学相结合，实现高效率的日语教学活动，学生在学习日语的过程中能够建立起良好的师生关系和生生关系，提升学生对日语的使用能力，相信在众多教育工作者的共同努力之下，目标式教学会得到推广。随着日语教学方法的创新，目标式教学会得到更好的发展。

第三节　认知语言学与日语语法教学

认知语言学是一门以认知心理学为基础的语言学科，其从思维模式的角度出发对语言学习及各种语言现象进行了深度剖析。近年来，随着对于认知语言学研究的愈发深入，其在高校外语教学方面的应用和研究日益广泛起来，其对于日语教学也起到了一定的启示作用。本节首先从认知语言学理论的简述入手，对其包括范畴观、意象图式、理想化认知模型在内的三个主要思想理念进行概述；进而从认知语义、认知语用以及认知心理三个方面对认知语言学与日语教学的全面结合进行阐述；最后从日语词汇教学、日语语法教学、日语交际语言教学三个方面对认知语言学在日语教学中的实际应用进行阐述。[①]

一、认知语言学简述

认知语言学诞生于20世纪80年代的美国和欧洲，是基于认知心理学，并综合了语言学与语言哲学的一门跨领域的新兴学科。该理论以行为哲学为方向，主要研究了复杂的语言现象与语言主体之间的关系，并对语言表达与思维模式之间的内在联系进行了很好的解释。

认知语言学对于语言教学的意义在于，告知学习者语言学习的根本是对于一门语言的认知，并结合学习者日常所积累的社会经验、知识储备来帮助其完成语言的学习，以实现语言学习的深入研究、论述及总结等。日语教学过程中，我们可以将日语学习视为一种日语认知活动，基于认知语言学理论，将语言学习与学生主体感官体验相结合，摆脱传统的死记硬背的日语教学学习模式，以提高学生学习效率，改善教师教学质量。

良好的教学实践应用离不开相关理论的准确认知，这里我们首先对认知语言学所涉及的包括范畴观、意象图式、理想化认知模型、隐喻理论主要思想理念进行一个简述。

（一）范畴观

范畴观中所涉及的是范畴化这一人类的高级认知活动，它是指人类对于世界上存在的万事万物在头脑中进行分类的活动。认知语言学致力于参透错综的语言现象所蕴含的根本规律，这与人类的认知范畴密切相关，因此范畴观为认知语言学基本内容之一。认知语言学中将范畴分为垂直关系和水平关系两个层面，即所属关系和并列关系。

[①] 孙海英著.日语语法专题研究[M].北京/西安：世界图书出版公司,2014.

人类的认知过程就是通过这两种关系交错在头脑中形成一个范畴网格结构，这个结构从下到上是一个由具体到抽象的过程，范畴成员最多的就是我们在语言认知过程中使用到的基础层次范畴。基础层次范畴是人类对世界万物进行划分的关节点所在。在感观方面，其具有外观极易被主体感受并识别的特点；在功能方面，其具有涵盖与外部世界产生关系的所有物体的特点；在交流方面，其具有词汇最精练，使用最频繁、最明显的特点。基础层次范畴的这些特点，均是各门语言教学过程中所应把握并针对性教学的突破点。

（二）意象图式

所谓"意象"指"无客观现实时因想象而触发的心智表现"；"图式"指"万物关系的常规性模型"；"意象图式"是认知语言学中对于事物之间关系认知的一种重要的认知结构，它所指向的是人们头脑中所储存的基于已有生活经验获得的固有感官以及常规性关系模式架构，具有抽象性、规律性的特点，实现的是"类推"的方式来构建主体的直观感知经验，以"隐喻"的方式来构建主体的非直观感知经验。认知语言学中对人类主体生活经验中主要的意象图式进行了概括，包括了部分—整体图式（多部分组成一个整体的逻辑关系）、链时图式（多元素之间相互关联的逻辑关系）、中心—边缘图式（构成要素主次区分且边缘依附中心存在的逻辑关系）、起点—路径—目标图式（事件发生经过每一发展节点方可最终实现目的的逻辑关系）等。这些意象图式均是我们头脑中的认知经验架构，是各门语言教学中所应把握并良好运用的认知经验。

（三）理想化认知模型

所谓"理想化认知模型"是指某特定社会、文化背景下的语言表达主体对于某一特定范畴内的经验储备所做出的抽象化的、理想化认知解释。认知过程则是主体头脑中理想化认知模型与事物原型之间逐渐趋于符合的过程，并且在对某一事物或概念进行认知的过程中我们往往会用到多个不同认知模型，原型效应之后即形成较准确认知。最为常见的理想化认知模型是两种事物之间可相互指代，如典型例子模式（苹果和梨为水果的典型代表）、凸显事例模式（身边的素食主义者形成头脑中素食主义者的代表）等。理想化认知模型一方面是各门语言教学过程中的很好切入点，另一方面是清晰化语言教学过程的抽象过程解释。

二、认知语言学与日语教学的全面结合

（一）认知语义方面的结合应用

外来语言学习的过程其根本是对未知新鲜事物的认知过程，这一过程中人们常采取的方式是依靠自身生活经历中常见的、具体的认知范本为参照，采取诸如类推、隐

喻的方式对不常见的、抽象的新的范畴进行识别和认知，具体到日语教学方面来说，就是综合常用多义词的词义区分为基础对日语词汇的语义框架进行搭建。实际操作方法，即是首先利用范畴观概念中的垂直关系和水平关系定位词汇在头脑基础层次范畴内的位置，对其有一个初步预估，进而利用意象图式中的固有关系理解词汇的派生含义，对词汇的语义构建有一个了解，进而深入剖析日语词汇语义背后所涉及的语言学习主体的认知途径。通俗来讲，即使面对一个日语词汇，教师在对其语义讲解的过程中，首先我们应对其中心进行认定，通过我们头脑中已有的常见的事物对该词汇进行解析；其次则是对该词汇的意义扩张方向的确定，通过已知的概念与新词汇之间的关系模式来对其内涵进行拓宽，进而对该词汇的语义应用环境及范畴进行明确。①

（二）认知语用方面的结合应用

语言学习的最终目的是熟练的实际应用，语言的功能应用方面的研究可以说是认知语言学研究的重点，翻译能力是语言应用能力的最直接体现。翻译是以原著为基础的认知推理过程，是原著者、翻译者与读者三者之间的一个交流活动，是两两之间进行各自秉承的理想认知模型的反复碰撞过程，这种双语转换的规律性研究在某种程度上为外语翻译教学提供了有效的理论依据，具体到日语翻译教学的过程中，则是在进行日语应用及原文翻译训练的过程中应强调翻译过程中固存的三元关系，强调语言应用过程中语境的认知，并致力于充分拓宽学生对于日语文化架构的深入了解。

（三）认知心理方面的结合应用

"听"和"说"作为语言学习的几个重要能力的组成，其重要性不言而喻，在日语课堂教学中我们常常会采用诸如复读式训练法的教学方式，通过播放音频，要求学生采取快速跟读的方式对音频信息进行复述，以实现对学生听力及日语能力的训练，不同学生在复读训练过程中的表现不甚相同。从认知心理学角度来看，人的记忆分为瞬时记忆、短时记忆和长时记忆三个系统。结合原文进行复述的过程中我们头脑中形成的是图片形式的未经过加工的瞬时记忆，其储存时间极短且不深刻；对瞬时记忆碎片进行结合音频及语境等信息的着重关注时，则会在头脑中形成相对深入的短时记忆；只有通过调动头脑中深刻的相关信息丰富的长时记忆对音频复述训练中的短时信息进行加工分析，方可实现音频信息的良好理解和复述，长时记忆的深刻程度以及相关关联信息的丰富程度则是直接影响信息提取速度与深度的直接因素。这就表明，在日语教学中构建个体头脑中语言架构体系才是重中之重，只有打好扎实的语言储备基础才可真正实现语言的良好应用。

---

① 贾琳.基于调节学习体验的汉语学习者口语能力发展研究[D].北京:北京语言大学汉语国际教育研究院，2019.

三、认知语言学在日语教学中的实际应用

（一）认知语言学在日语词汇教学中的应用

词汇是所有语言的基本构成要素，词汇理解准确程度以及储备充分程度直接关系到语言应用等高级语言能力的培养效果。基于认知语言学中对于新鲜事物认知以基本范畴层面为基础，并以此向具体即向下发展成下位范畴认知，向抽象即向上发展成上位范畴认知的理论。日语词汇教学中，教师可依据范畴理论对词汇进行分类，对基础范畴内的简单词汇首先进行教学，然后按照引申教学的原则由简到难的对学生开展词汇教学。此外，教师亦应对日语词汇中的类义表达进行统一的归类，以便于引导学生对日语语言认知规律进行分析，构建自己头脑中的日语语言认知思维框架，以达到用认知思维深入学习日语的目的。具体而言，即在日语教学中以单词学习为基础，以认知语言学理论为指导，通过意象图示理论中推理及隐喻的方式对类词之间的关系、单个词汇之间的关系、常见比喻词汇之间的关系进行教学，培养学生掌握日语词汇之间的关系构架，充分调动学生日语学习热情，并在一定程度上减轻学生的学习负担。

（二）认知语言学在日语语法教学中的应用

日语语句的构成中最为关键的部分是关于格助词的语法含义的准确掌握与使用。日语中的格助词一般具有较多的义项，且都存在着多种抽象的语法含义，而在传统的日语教学中，这些语助词并没有进行统一的教授，而是在不同的课程中进行分散式的讲解，这无疑给日语学习者带来了一定的困难。基于认知语言学的研究表明，一个格助词的诸多义项均为该格助词原义项的衍生，组成一个义项的网格体系，而具有相近义项的格助词其根本区分点则在于语言发出者的主观意图以及话语发出时的语言情境。所以，教师在进行日语语法中格助词应用的讲解中可首先讲解该格助词的原型及原义，进而采用隐喻、类比的方式拓展相应的衍生规律分析该词形成的义项框架，让学生在头脑中的语法记忆形成体系而不是碎片。教师亦应在相近含义格助词辨析过程中，注重引导学生分析各格助词之间的关系连接，此外，教师针对日语语句架构中对于构成成分排列顺序要求不强的特点，可通过引导学生认知同一构成要素的语句不同编码形势下的不同含义，进而提高学生自身的阅读、写作、沟通能力。

（三）认知语言学在日语交际教学中的应用

语言学习的最终目的是实现该门语言的交际应用，而每种语言又都蕴藏着深厚的文化背景，日语学习中中日之间的文化差异与行为习惯差异不可避免地构成了沟通交流的障碍，成为日语教学的难点。为了解决这一难点，日语教师在教学过程中应从认知语言学角度出发，从探寻日本民众的行为习惯及社会经验历史底蕴入手，探求日本

人认知体系的特征，掌握日语语言表达的基本表征，并在此基础上告知并引导学生养成原生态的日语表达思维模式。日语是一门以简练为主要特征，并与语境密切关联的语言。在教学中应注意引导学生强化对于语言所处的文章及对话情境的通篇理解和掌握，这样方可实现有效的语言交际，避免交流中因文化差异而造成的误会和认知差异。

综上所述，我们可以看到认知语言学理论给我们的日语语言教学带来了许多新的元素，提供了新的教学思路，结合语言认知过程的根本、日本语言文化的积淀，并关注日语学习者的主体认知感受等，将丰富日语教学，提高学生的学习热情，强化学习效果，这将会给我国的日语教育事业带来新的发展空间。认知语言学虽然已经在日语教学中有了一定程度的推广和应用，但其仍旧存在着诸多问题，如对认知语言学理论一知半解的日语教学者大有人在，只有大力推广认知语言学在日语教学领域的应用，更新我国传统的日语教学模式和教学理念，提升在职日语教师的整体素质，充分发挥认知语言学的积极作用，方可实现日语教学质量的快速提高。

第四节　社会语言学与日语教学

社会语言学作为语言学的一个分支，其核心是研究语言与社会因素之间的关系。在我国日语教育界，对于社会语言学的研究还很不充分，依据社会语言学理论来研究日语教学的更是凤毛麟角。2014年4月6日，笔者利用中国知网数据库进行高级检索时发现，篇名中含有"社会语言学+日语"的论文仅有9篇，而其中直接涉及日语教学的论文更少。与此同时篇名中含有"社会语言学+英语"的论文有158篇。可以说，日语教育界对于社会语言学的研究尚处于起步阶段。[①]

一、社会语言学的概念及研究范围

社会语言学区别于原来语言学只注重语言本身的做法，开始从语言和社会的关系中来研究语言及其应用，扩宽了语言研究的视角。社会语言学主要考察语言在不同社会条件下的变异，探讨社会与语言之间的"共变"关系。社会语言学的研究领域很广，日本著名社会语言学家真田信治将其分为九个方面：①方法论，②语言变种，③语言活动，④语言生活，⑤语言接触，⑥语言变化，⑦语言意识，⑧语言习得，⑨语言规划。本节主要从语言变种和语言活动两个方面来分析日语语言的特点，在探讨对日语教学的启示时还参考了语言习得的相关理论。

---

① 李宁宁著. 日语教学与思维创新探索[M]. 长春：吉林人民出版社，2019.

二、从社会语言学视角看日语的特点

（一）社会语言学视角下的语言变种

根据社会语言学理论，当语言使用者自身的社会属性如性别、年龄或语言发生的场面等因素变化时，所使用的语言也可能存在一定的变种，即语言变异。

1. 性别差别与语言变异

在日语中，男女在语言的使用上存在着明显的差别。日语的这一现象具有一定的历史渊源。早在古代，就出现过男性多用汉语词，而女性多用和语词的现象。在现代日语中，男性和女性在词汇选择、语气、表达方式等方面都存在着明显的差异。与此同时，由于女性接触社会的机会在增加，女性的生活类型也多样化，女性在语言的使用上也在不断地个性化，女性之间的语言差异也在慢慢扩大。

2. 年龄差与语言变异

语言的使用也与语言使用者的年龄存在一定的关系，不同年龄阶段的人在表达同一个意思时使用的语言可能存在一定的差异。

3. 场面与语言变异

日语中使用的语言除了和语言使用者的性别、年龄等因素有关以外，还与语言所处的场面有很大的关系。场面可分为正式和非正式、公共和私人等多种情况。不同的场面所要求的语言形式也不相同。比如班里的某个同学，在课下可以对其他同学使用非常随便的简体进行交流，而在课堂上对其他同学做演讲时就需要使用正式的、有礼貌的敬语。

（二）社会语言学视角下的语言活动

所谓语言活动是指人们运用语言进行交际的过程。永野贤认为语言的构成要素有五个方面：①表达者（谁）；②理解者（对谁）；③素材（有关什么内容）；④环境（在什么情况下）；⑤上下文（话题的来龙去脉）。由此可以看出，在语言活动中，首要的两个构成要素就是"表达者"（说话人）和"理解者"（听话人），表达者和理解者的社会关系以及所处的环境会对语言活动的进行产生直接的影响，这集中体现在日语敬语的使用上。在日语中，表达者在面对不同身份地位、亲疏关系的理解者时，所使用的语言不同。

三、社会语言学理论对日语教学的启示

（一）注重语言变异的教学

在日语中，性别、年龄、场面等因素的不同，所使用的日语也可能存在一定的变

异。所以，教师在课堂教学中，应该引导学生注意语言使用上的变异。首先，在性别差别上要让学生了解男性用语与女性用语在用词、语气及表达方式等方面的区别。其次，在年龄差别上要让学生了解年轻人与老年人在语言使用上的微妙差别。最后，在场面上应该根据场面需要来选择是用敬语还是非敬语，是用书面语还是日语，适合用哪种文体。

（二）注重学生语言活动能力的培养

在进行语言活动时，语言使用者（说话人）应该注意语言使用对象（听话人）的性别、年龄、语言活动的场面以及与其的社会关系等。语言活动能力的实质就是交际能力。为了培养学生的交际能力，在教学方法上建议优先采用交际教学法。交际法注重学生语用能力的培养，以实现语言功能为目标，与社会语言学的理论要求为一致。角色扮演可以赋予说话人和听话人特定的社会角色，在设置的特定的环境中，进行特定内容的语言活动。在进行角色扮演时，教师要给予学生必要的指导和点评。应该让学生明确自己的年龄、性别及与对方的社会关系。在场景的设置上，要尽可能地贴近真实的场景，有条件的还可以准备一些必要的道具。此外，对于同样内容的会话，教师还可以引导学生扮演不同年龄、不同性别、不同社会关系的角色，尝试在不同的场面下进行会话，让学生在复杂多变的情境下锻炼自身的语言应变能力，切实提高其交际能力。

（三）调动学生学习的主观情感因素

社会语言学认为，在学习第二语言时，影响学习的因素中首先是学习者的主观条件，包括动机、愿望等主观情感因素。所以，教师在教学过程中应该培养学生的学习兴趣，激发学生学习的主观能动性。一般中国学生在学习日语时，刚开始是觉得简单有趣，但是随着教学内容的深入而觉得难学，于是便慢慢丧失了学习兴趣，这时教师对于学生应该以表扬和鼓励为主，要关心基础薄弱的学生，帮助其改进学习方法，树立自信心。在教材选择上，应该注重教材内容的趣味性和实用性，尽可能选择最新版本的教材。在教学手段上，尽可能使传统板书教学与现代多媒体教学相结合，在教学中导入适当的声音、图片、视频材料等，充分发挥多媒体直观形象、生动有趣的优势。

语言作为一种社会现象，与其所处的社会环境密切相关。从社会语言学的视角来研究日语，要认识到日语的使用与说话人的社会属性、所处的场面及与听话人的社会关系等息息相关。学生在学习日语时，其自身的主观情感因素会对学习产生较大影响。所以，在日语教学中，教师应该注重语言变异的教学，培养学生在面对不同交际对象，不同场景下的语言应用能力，调动学生学习的主观情感因素。现阶段学术界对于社会语言学在日语教学中的应用研究还很不成熟，有必要做进一步深入系统的研究。

第五节　对照语言学与日语教学

　　对照语言学是共时地对两种或两种以上的语言进行考察分析，通过对照分析捕捉目标语言在语音、词汇、语法等方面的特征。外语教学是一个极其复杂的过程，通过对照语言学理论，对照母语和日语的异同，可以加深对母语和日语自身特点的理解。将对照语言学理论引入日语实践教学，通过日语与其他语言的对照，能加深学生对日本人思维方式的理解，可以有效地提高日语教学的效率。

　　被称为近代语言学奠基人的瑞士语言学家索绪尔在其著作《索绪尔第三次普通语言学教程》中指出：语言是言语活动中的社会部分，它不受个人意志的支配，是社会成员共有的，是一种社会心理现象。由此可见，语言不仅是一种客观存在的发音、用词、造句的规律等，更是一种社会心理现象。所以，我们在学习和掌握一门外语时，不能只是死板地记住这种语言在发音、词汇、语法方面的规律，而是更应该学习该语言使用者的民族文化和民族心理，进一步理解该民族共同的心理特征。那么外语教师在给学生教授外语时就不能只拘泥于单词和语法的讲解，而忽略文化和语言习惯的渗透。在外语教学实践中导入对照语言学理论具有极其重要的作用，可以有效地提高外语教学的效率。[①]

一、中日语言类型对照的导入

　　日语在我们国家尚未作为初高中学生的公共外语科目，所以，一般只有在大学选定日语专业的学生才会学习，并且是从零开始学习，没有任何基础。那么当学生接触到和我们母语汉语，或已经学过的英语截然不同的一种语言时，难免会不理解，难以适应。这时首先就要教师站在理论的角度，给学生说明日语、汉语、英语的不同之处。这样有利于学生在观念上对日语有一个宏观的理解。其次明确今后的学习重点和学习目标，并适当地调整自己的学习方法。

　　迄今为止，人们对于世界语言的认识都是从认识语言的类型开始的，首先要给学生说明在语言类型论上，汉语与日语属于两种完全不同的类型。其中汉语属于"孤立语"，在理论说明的同时还要注重启发学生自己进行思考总结，比如可以引导学生就自己对于汉语的掌握和理解来总结出孤立语的典型特征。其次，说明英语在语言类型论上属于"屈折语"，引导学生自己动脑筋总结出屈折语的特点。最后，要让学生理解世界语言并不是只有汉语、英语这两种类型，还存在着许多我们尚未接触过的类型，要引导学生看待语言时不能采用孤立、简单、保守的方法，而要要求学生有开放思维，

---

① 高岚.关于日语教学实践导入对照语言学的几点思考[J].渭南师范学院学报，2015(16)：75-78.

在此基础上，引出一种全新的语言——日语。同时在与汉语、英语类型特点的对比中，进一步说明作为"黏着语"典型语言的日语到底是一种怎么样的语言；与汉语、英语相比，它又具备哪些不同特征等关键性的问题。这样，就可以逐步让学生了解"黏着语"类型语言——日语学习的重点和要点不在于语序，也不在于词形变化，而在于在句中起到像胶水一样作用的助词和助动词。这是一种汉语、英语中不存在的词类，但是在日语中却起着举足轻重的作用。

如果在教授日语时，完全不提汉语、英语等学生已经掌握或易于理解的语言，说明日语与这些语言相比，在语音、词汇、语法规则等方面的特征，而只是一味地讲授日语在发音上应该怎样，在表达某个说法时应该使用哪个具体的句型等，学生就会在一种茫然的状态下，不知道到底该如何发音，如何把作为构句单位的词、词组等组装起来。即使最后依靠模仿或生搬硬套的方法把这个音正确地发出来了，把这个句型用对了，可是如果再稍微转变一下说法，学生可能又会茫然不知所措。教师教授外语，不可能把该语言会出现的每一句话、每一个词都一一教给学生，不是教授一个个具体的说法，而应该培养学生的应用能力和举一反三的能力。所以，在日语课中应该适时地导入中日语言类型的对照，有助于提高学生的语言认知能力和应用能力。

二、中日英对于语法范畴"数"意识不同的导入

"数"是一个主要与名词相关的语法范畴，一般用名词或代词的词形变化区别单数或复数，或是单数、双数或复数等。简单来说，"数"这个语法范畴就是一个与名词相关，并且能反映该民族对于名词的单数或者复数重视与否的一个指标。

日语除了个别特例之外，是一种对于名词并不区别单数和复数的语言。这一点和汉语极为相似。而英语中绝大多数的名词，在具体使用时一定要确定好单数或者复数才能使用。因此就会出现一个有趣的现象。对于语法范畴"数"的认知，与欧美人说话时必须要基于客观事实确定好名词的单复数不同，中国人和日本人则把"数"这一概念不予考虑，这种说话方式也影响到了中华民族和日本民族共同的思维方式，可以说在实际的言语交际中最后孕育出了中国人和日本人的这种暧昧、模糊的说话文化。

那么，日语中是不是就没有"数"这一概念呢？当然不是，日语中的名词也存在单数和复数的区别，但只限于有限的一些名词。其中日语中数量词的表达，也是教师教授日语时的一大难点。首先，日语的数量词与汉语数量词一般修饰名词不同，日语数量词一般修饰谓语动词。这一区别必须要明确说明。避免学生受到汉语的干扰，出现"汉式日语"的情况。其次，日语中的"助数词"（相当于汉语的"量词"）数量庞大，所修饰的名词特征各不相同。汉语中也存在大量的"量词"，但是其数量却比日语少得多。所以，在教授助数词时，要把汉语中的"量词"与其进行对比，在对比的基础上

让学生理解日语"助数词"的表达特征。

三、中日语言对于最重要信息所处位置不同的导入

从句子构成或者结构角度来看，我们对于世界语言的认识还可以从三个重要参数主语（S）、谓语动词（V）、宾语（O）的排列顺序来考察。按照此种方法，日语属于SOV型语言，而汉语则属于SVO型语言。也就是说，在日语句子中，最重要的信息承担者谓语动词（V）是在句子的末尾出现，而汉语最重要的信息承担者谓语动词（V）则相对较早地出现在句子中部。信息的后置性可以说是日语句子结构最大的一个特点，并且在这一点上和汉语完全不同，所以教授日语时要提示学生在学习和理解日语句子时务必要摒弃汉语的干扰，抓住这一特征，分析句子可以从句尾开始，一步一步找出与谓语动词相关的各个名词项，才能事半功倍。口语语言的这一差异也体现在我们实际会话表达和理解对方话语中，如果不把对方的话听到最后，是不能正确理解对方的意图的，比如肯定还是否定，肯定还是推测，等等。因此可以说中日语言间的同声传译在理论上是不成立的。

日语语言信息的后置性在复句的构成中也和汉语大相径庭。比如，汉语句子："如果我明天有空的话，就去。"汉语中关联词"如果"的出现，让我们立刻就可以判断出这是假定条件的分句，而不是主句。我们必须听到位于句子中间位置的接续助词才能明白原来前面的部分是假定条件分句。中日语言的这种对于重要信息位置的不同，势必会影响到中国学生在学习日语时会不自觉地受到母语汉语的影响，而不能正确地组织和理解日语句子。所以在日语教授过程中，要明确对学生提出这一差异，并让学生充分理解，习惯日语的句子结构特征。

四、中日语言对于"主语"认识不同的导入

日语教师在给学生讲授日语时，经常会告诉学生：日本人在实际交际过程中使用的日语句子有相当一部分是没有主语的。然而中国学生所掌握的语言无论是我们的母语汉语，还是所学习的外语英语，都是除了命令句之外，主语是绝对不能省略的语言。所以学生就会想当然地认为，日语是一种可以随口乱说，不用负责任的语言，日本人的心理难以理解和把握。

然而事实并非如此，教师这里提及的"没有主语"并不是指主语可以任意省略，而是日语行文构句的特点已经限定了句子的主语，没必要再特意说出来。因此日语句子并不是没有主语，而是主语已经隐含，没必要在句子结构中体现而已。

在教授日语的过程中，不得不提的一点是日语中由形容词和形容动词所构成的描写句。日语中的形容词和形容动词可以分为两大类别：一种是表达客观属性的；另一

种是表达人的主观心理的。这两种不同类别的词在构成描写句时也大不相同。由于日语表达人的主观心理的形容词和形容动词做谓语时，主语已经限定了只能是说话人第一人称。这是因为日本人认为内心活动和内心情感等，除了本人之外别人是没办法了解的。所以日语中如果要表达说话人自己的内心感情，如果说出来的话反而会让人觉得很啰唆、不自然。日语中如果要表达第一人称之外的其他人称的心理或感情时，不能直接使用这些主观心理的形容词或形容动词，而必须要基于说话人的观察。而我们汉语中表达主观心理的形容词在使用上是没有任何人称的限定，可以说：我很高兴。也可以说：他很高兴。"高兴"这个形容词在实际应用时不必做任何形式上的变化。

五、中日语言表达语气差异的导入

学过日语或者懂日语的人可能第一次听到日本电视广播天气预报时，都会觉得很不可思议。中国的天气预报，播报员会很肯定地告诉我们"明天西安晴，北京阴转小雨"等信息。

究其根源，众所周知，日本是一个岛国，日本自古以来就依赖于稻作农耕生活，日本人要在狭小的岛国生存下去，只依靠个人是行不通的，一定要有邻居的帮忙和互助，所以营造一个和谐融洽的邻里关系极为重要。营造一个和谐的人际关系就要求日本人在说话时不能只一味考虑自己的想法、自己的主张，而要时时刻刻考虑到对方的想法、对方的心情。由此衍生出了日语表达的特征——暧昧性。可以说，日语表达的暧昧性、模糊化与日本人注重人际关系有密不可分的关系。这就要求教师给学生教授日语时，要注意提醒学生注意日本人表达语气方面的这一特征。特别是这一点与我们中国人习惯表达思想时，要明确、清晰地表达理念大相径庭。如果稍不注意，学生就很可能在做汉译日时，按照我们中国人的习惯，直接把它翻译成为一种肯定语气。这种翻译虽然不能算错误翻译，但是和日本人的表达理念相违背，日本人看了会觉得不地道。更何况，如果在实际的会话中，学生习惯使用了肯定语气表达，会让听话人觉得不舒服，不尊重自己，不体谅人，不值得交往，长此下去，就有可能会失去这个朋友。

由此可见，中日语言表达语气差异的导入极为重要，并且应该贯穿整个日语教学过程中，而不能只拘泥于一种类型的语法讲解。要让学生时时刻刻注意这一点，并把它实际应用到所有的日语学习中，慢慢形成一种习惯，这样才能学到地道的、原汁原味的日语。

对照语言学理论导入对日语实践教学具有积极意义，在教授日语时不能只单纯地要求学生记下死板的语言规律，而应该基于不同语言的异同，让学生更加深入地理解不同于汉语的各种特异的语言现象，这样才能更好地理解和把握日语。同时，对于日语教师而言，对照语言学理论导入也是一条高效的教学途径。

第三章　日语教学的相关理论及其应用

第一节　认知语言学理论及其在日语教学中的应用

认知语言学是一门以认知心理学为基础的语言学科，其从思维模式的角度出发对语言学习及各种语言现象进行了深度剖析。近年来，随着认知语言学研究的不断深入，其在高校外语教学方面的应用和研究日益广泛起来，对于日语教学也起到了一定的启示作用。

一、认知语言学理论的基础认知

20 世纪 70 年代末和 80 年代，许多语言学家开始从认知的角度来研究语言现象，逐渐形成了认知语言学流派。认知语言学兴起于 20 世纪 70 年代末的美国西部地区，20 世纪 80 年代至 20 世纪 90 年代得到迅猛发展，目前已盛行于欧洲、北美、中国及其他国家，是一门主流的新兴的语言研究学科。

1987 年产生了两个重要的作品：莱可夫（Lakoff）的《女人、火以及危险事物：哪些范畴揭示心理》和兰盖克（Langacker）的《认知语法的基础：理论前提》，它们大大推进了认知语言学的发展。1989 年在德国召开的第一届国际认知语言学大会和 1990 年《认知语言学》杂志的出版被看作认知语言学诞生的标志，认知语言学自问世以来取得了巨大的成就。

关于认知语言学的定义，由于其尚未形成一个完整的系统学科，所以还尚未形成一个严密而完整的定义。国内外不同的专家学者对其的理解也是仁者见仁智者见智，都是从不同的角度对认知语言学做出解释，尚未达成共识。笔者认为，简而言之，认知语言学就是一门研究人的认知规律和语言之间的关系的学科。接下来，笔者具体从以下几个方面谈谈对狭义的认知语言学的理解。

（一）认知语言学理论的哲学基础

认知语言学理论建立在一定的相关理论基础之上，这些理论基础包括哲学、认知科学、心理学和语言学等。由于篇幅所限，下面重点介绍和本节关系较为密切的认知语言学的哲学基础——体验哲学。

不同的语言哲学观会产生不同的语言学派。认知语言学的发展离不开其哲学基础，语言哲学最基本的问题是语言与客观世界的关系问题。

在西方哲学史上，主要有主观主义和客观主义两种哲学观点，而主观主义对语言研究的影响微乎其微，客观主义则对其具有重要的影响。

客观主义建立了主客体相对立的二元论。客观主义者错误地认为，主观和客观是对立的，是截然分开的，人对世界的认识反映的是纯粹的客观现实，是对现实世界的直接复制。

"认为理性、思维、观念、理解是自主的，不受人的生理和物质环境的制约，人类心智是脱离主体的，超验的，不依赖认识主体的身体经验及其与客观世界的相互作用。"[①]

也就是说，客观主义强调人的理性是超验的，即独立于人体的特征和身体的活动。在这样的观念支配下，他们把语言看作抽象的符号，认为这些语言符号是直接与客观事物的特性相对应的，是对世界的真实反映。基于客观主义哲学观，出现了两大语言学流派，它们是流行于20世纪的结构主义语言学派和转换生成语言学派。他们将语言看作一个封闭、静止的体系。

在哲学基础上，认知语言学反对客观主义哲学观，吸取其中的合理成分，强调客观世界对人类认识的重要性，同时，注重人的主体意识和想象力，倡导主客体之间的互动性，坚持体验哲学观。

体验哲学观认为人类对客观世界的认识来自对现实世界的体验，而不是与现实世界的对应，主张人的身体的、认知的、社会的体验是形成概念和语言的基础，强调人们对客观世界进行互动体验，在认知的参与下，在经验中形成了语言。

体验哲学有三条基本原则，分别是"心智的体验性、认知的无意识性和思维的隐喻性"。[②]

1. 认知的无意识性

我们大脑内部的认知运作、信息加工过程等是非常复杂但又迅速运作的，是我们无法觉察到的，是无意识的。体验哲学坚持意义的体验观，把意义置于身体和无意识的概念系统中，传统的分析哲学则认为所有的思维都是有意识的，所以体验哲学是对分析哲学的反叛。

2. 心智的体验性

心智的体验性认为范畴、概念、推理、心智等不是先天就存在的，而是来自后天人类与客观世界的互动体验，通过认知加工形成的。人们通过与周围世界的互动，在

---

① 赵艳芳. 认知语言学概论 [M]. 上海：上海外语教育出版社，2001.
② 王寅. 认知语言学 [M]. 上海：上海外语教育出版社，2006.

经验中形成范畴、概念和意义等。

在感知体验中，我们的身体（身体部位、感觉器官等）和空间（地点、方向、运动等）是形成抽象的概念、意义的两个主要基础。例如，表示人的身体部位的"头"通过隐喻映射出"山头""树头"等，由空间词"上、下"引出表达时间的"上午、下午"的概念等。

3. 思维的隐喻性

认知语言学认为，人类的思维不是对现实世界的直接复制，"其中必定要涉及'跨域认识'的过程，即以一个认知域来认识和理解另一个认知域，必然要得出'大部分推理具有隐喻性'的结论"。[①]

隐喻就是把一个认知域的概念投射到另一个认知域。这两个认知域的概念之间是有关联的，而这种关联来自认知领域中的联想，如"论战""争论"就是用战争来隐喻辩论。体验哲学观认为，隐喻是普遍存在的，是人类的认知方式之一，是人类思维的一个基本特征，人类可以运用隐喻、转喻等方式实现思维的创造性，产生抽象的概念。

体验哲学观是认知语言学的哲学基础，对认知语言学理论的影响是显而易见的，语言不是现实世界的直接反映，而是人类在对现实世界进行互动体验和认知加工的基础上形成的，现实世界是通过人类的认知加工之后才与语言联系起来的，人的体验和认知在语言中起着重要作用，这就形成了认知语言学的基本原则，即"现实—认知—语言"。

（二）认知语言学研究的目的

认知语言学研究的目的是揭示语言事实背后的认知规律，并通过这些认知规律和相关知识对语言做出统一性的解释。

认知语言学认为，语言是认知的一部分，受人的认知的影响和制约。认知语言学注重研究人的认知规律，在对语言结构进行描写的基础上，致力于寻求和揭示语言事实背后的认知方式，并通过这些认知方式对语言做出统一解释。

先前的认知语言学理论在分析语言现象时往往采取了不同的方法。例如，用组合原则来分析语义，分别用词法和句法来分析词汇和句子，语用方面则用会话含义、言语行为理论等来分析，没有从整体上来把握和沟通语义、语法、语用等要素。

认知语言学则尽量简化和统一分析语言的方法，力求用较少的规则来解释纷繁复杂的表面似乎并不相关的语言现象，努力寻找适合分析和解释语言各个层面的一些基本认知方式，沟通语义、语法、语用等之间的联系。

"纲举则目张"，只有深入探索语言背后的认知，才能高屋建瓴，居高临下，整体把握纷繁复杂的语义、语法等语言现象。而潜藏于语言背后的认知方式到底有哪些呢？经过认知语言学专家学者的研究，探索出这些认知方式：体验、范畴化、概念化、认

---

① 王寅. 认知语言学[M]. 上海：上海外语教育出版社，2006.

知模式、意向图式、隐喻、转喻、关联、识解等。认知语言学家用这些认知方式来分析语言的各个层面，对语言做出统一的解释。例如，隐喻和转喻可作为分析词义演变和语法化的重要机制，范畴化对概念形成具有重要意义等。

人类认知世界的方式对人的概念结构以及语言的表达、运用和理解等有直接的影响。人的认知差异和概念结构的差异是语言形成差异的主要原因。

也就是说，对同样的事物，如果从不同的角度去体验就会认识或突显其不同特点，所以对同一事物会有不同的称呼。

认知语言学主张，语言除了与认知规律有密切关系之外，还与人的百科知识有关。对语言的研究不仅要以认知为基础，也要参照人类的概念知识、社会文化习俗、话语功能等，要想将语言描述清楚，应充分考虑这些因素。

（三）认知语言学的核心内容

认知语义学和认知语法是目前认知语言学发展最完备的两个领域，认知语义学所研究的内容与认知语言学在许多方面是相同的。可以说，认知语义学是认知语言学的核心内容。而本节是有关词语教学的，涉及对词义的理解，所以认知语义学与本节的研究关系密切，在此作一简要介绍。

与其他许多语言学派不同，认知语言学是以意义为中心的语言学。认知语言学认为认知对于语言研究具有基础性的作用，而人的认知又和概念、意义有着密切联系。可以说，认知语言学是以意义为中心的，相应地，认知语义学就成为认知语言学的核心内容。

认知语言学的核心原则是"现实—认知—语言"，"认知"这一中介使语言与外部世界的直接联系被割断，认知在"现实"和"语言"之间发挥了极其重要的作用，现实世界是认知的物质基础，认知对现实世界进行心理加工。这就强调了人的主观认知和想象力在"现实"与"语言"之间所起的主要作用。语义主要是基于体验的，植根于人类与世界互动过程中形成的经验，来源于使用者对事物的理解，不能脱离人的认知。考查语义，也需从认知与现实两个层面来进行。

认知语义学的一个基本观点是"人类只有通过头脑中的概念范畴才能接触现实，反映在语言中的现实结构是人类心智运作的产物，所以，语言研究重点应围绕人类的心智、认知和概念进行"。

基于此，认知语义学主张语言意义是来自对事物的认知，是人的体验的"概念化"。"概念化"在认知语言学中是一种认知方式，它既指已经形成的概念，又指概念形成的过程，突出了人的创造性和意义的动态性。

人们在对现实世界进行体验的基础上形成了范畴，范畴与概念相对应，形成意义。所以，意义是概念化的过程和结果。

概念化是认知的过程,而认知又与人类的经验、范畴、概念、推理等密切相关。所以,认知语义学的最终目的就是阐述范畴过程、概念框架、认知方式、推理过程、隐喻机制等,以及语言形式是如何反映它们的。"[①]

(四)认知语言学应遵循的原则

认知语言学是认知科学和语言学结合而成的一门交叉学科,它是基于人们对世界的经验和对世界的认知来研究语言的。它反对形式主义语言学的观点,主张语言不是一个独立的系统,语法也不是一个自足的体系,力求揭示语言背后的认知规律并用这些规律和相关知识对语言做出统一的解释。认知语言学的基本原则就是"现实—认知—语言"。

这个基本原则的含义是在现实世界和语言之间存在一个认知的层面,语言与现实世界并不是一一对应的,它是人类在与现实世界进行互动体验和认知加工的基础上形成的,现实世界和语言是以人的认知为中介联系起来的。这个模式是"客观世界—认知加工—概念的语言符号"。现实、认知、语言之间是相互作用、相互影响的。

现实决定认知,是认知的基础;认知决定语言,而语言又可以反作用于认知。认知与语言之间是辩证统一的关系。语言是一种认知现象,是认知的表征,是人对现实世界进行互动体验和认知加工的产物。语言能力是人的整体认知能力的一部分。

认知语言学主张,对语言的理解应该以人的认知为出发点,语言研究必须和认知研究结合起来。具体来讲,"认知语言学研究与认知有关的语言的产生、获得、使用、理解等过程中的一些共同规律及其与思维、记忆有关的语言知识结构模式"。

也就是说,认知语言学致力于探究语言事实背后的认知规律,并运用这些规律解释语言的普遍规则。

二、日语教学中导入认知语言学理论的作用

认知语言学是一门坚持体验哲学观,以身体经验和认知为出发点,以意义为研究中心,旨在通过认知方式和知识结构等,对语言事实背后的认知规律做出统一解释的跨领域的学科。

培养学生的语言思维能力,在于培养学生对语言的认知能力,注重语言的创造力。具体来讲,是采用认知教学法,将认知语言学的理论应用于日语基础教学。

(一)教材更加注重词语的本质意义和语义之间的联系

当前日语专业本科的基础教材中对单词和语法的编排过于零散和机械,教师对于语法的讲解模式一般是罗列几个用法、列举几个例句等。而常常忽略对单词的讲解,只是以单词表的方式在罗列单词的基础上简单注明中文释义。

---

① 王寅. 认知语言学 [M]. 上海:上海外语教育出版社,2006.

学习者在学习语法时，只能死记硬背若干个用法，而对于各个用法之间的联系、异同点一无所知。在学习单词时，只能通过简短的中文释义模糊地了解单词的意义。

随着词汇量的逐渐丰富，对大量近义词的区分束手无策。机械、零散、含糊的被动散点式记忆，势必导致记忆困难，理解障碍。久而久之，还会丧失积极主动思考的习惯和能力。

在教材编写和教学实践中应用认知语言学的原型范畴理论，可以很好地解决上述问题。原型范畴理论认为，任何范畴都具有由典型事例到边缘事例的模糊性特性。范畴成员之间具有家族相似性，具有不同的地位。原型是范畴中典型的、中心的成员，它和人类的认知结构最为接近，所以最易于被人脑感知。

首先，对于语义较多、使用较复杂的词语可以通过树形语义结构图来呈现其各语义和用法之间的有机联系。

其次，在单词和语法点的讲解中应指明其蕴含的本质意义。

认知语言学认为，多义语的语义众多，但万变不离其宗，各语义之间有着本质的相同之处。这决定了词语的语义发展会在一定限度内进行，词语的运用也有一定的规则。

（二）引导学习者理解语言所表现的"认知主体的意识"

语言的组织遵循语法规则，但并不代表语言是被语法支配、统治的。许多教师在授课讲解中对语言和语法关系的处理不当，过于强调语法对词义、词性的限制作用，导致学生对语言的理解存在误区，认为语法是约束语言的"框子"，语言只要在这个"框子"内活动，就是正确的，越过"框子"就是错误的。于是在实际运用中经常感到困惑。

所以，在日语基础教学之初，教师就应当引导学生正确理解语法与语言的关系。语法是为言语主体表达、传递情感及主张服务的。

人类在语言的实践中不断地更新、深化对语法的认知，丰富语法的内容。不同认知个体之间存在认知的差异，这势必导致其认知概念上的差异。[①] 因此，不能简单地依据某个语法条目来判断语言现象的对与错，而应在具体的语境中，分析考虑其中蕴含的认知主体的意识。认知语言学认为，认知主体的意识决定了语言的组织方式、表达方式以及表达效果。

在具体的语言使用中，必须由说话人根据自己的发话意图和当时的语境来做出形式上的选择。[②] 说话人的认知过程、关注焦点以及发话意图即语言中蕴含着认知主体意识。

将认知语言学理论应用于日语专业教学实践，帮助学习者既从宏观上把握词语的本质意义及语义间的有机联系，又从微观上掌握各个语义的具体用法，使学习者摆脱

---

① 田兵，多义词的认知语义框架与词典使用者的接受视野 [J]. 现代外语，2003（4）:345.
② 刘晓华，试论认知语言学在日语条件句用法解释中的应用[D].东北亚外语研究，2014（1）: 21.

单词和语法学习中"只见树木，不见森林"的局限。同时，又有助于培养学习者形成积极主动思考的习惯和能力。

学习者会在脑海中自觉构架多义语多个语义之间联系的树形结构图，在思考语义有机联系的基础上记忆。同时，养成探索词语本质意义的思维习惯，对语义、用法的理解不再体现于表面，而会去从根本上进行把握。[①]

经过这样一段时间的训练，学习者对于尚未学习过的以及特殊用法的推知和理解能力也会增强。

认知语言学理论在教学领域的应用，是一个很具挑战性的研究课题。近年来日本文部省已将其列为研究项目，日本学者正着手讨论开发认知语言学角度的日语教材的可能性，这也许会为将来的日语教学带来重大变革。与此同时，我国的学者也已敏锐地注意到认知语言学对日语学习的重要指导意义，李远喜、翟东娜、徐昌华等都在该领域进行了深刻的探讨。

在基础日语教学中导入认知语言学知识是一种新的教学思路，剖析语言形式下的认知模式、认知规律，从思维的深度寻找规律指导语言学习，这不仅对日语教学，对其他任何外语的教学也都是有益的启示。

传统教学注重分析语言的形式和意义，没有从深层解答语言为什么会这样（语言的动因），因而分析形式线索显得尤其心力不足，虚词的习得、压缩的表达方式等因抽象而难以教授的语言现象又恰恰是学生最期盼解决的问题。导入一点认知语言学知识尝试变抽象为具体，可以解决这些以往因不易处理而被无视的重要问题，以上提到的问题只是在该领域内所做的初步尝试，相信认知语言学能够为日语教学提供的帮助远不止于此。

三、认知语言学理论在高校日语教学中的应用

高校日语专业借鉴英语教学经验，在理念和方法上构建出一套符合日语语言特征的教学体系。但是，教师在教学中过于侧重散点知识的这一旧有日语教学模式的弊端逐步显现，学生没有养成用日语思维的习惯，给日语学习带来不少困难，日语教学方法改革迫在眉睫。

认知语言学理论是指以知觉、视点的投影、移动、范畴化等人类拥有的一般性认知能力的反应来理解语言的理论，以认知科学和体验哲学为理论背景，通过心理学、系统论等跨学科研究，指出生成语言学天赋观和转换生成语法的缺陷，主张语言的学习及运用均可通过人类的认知能力实现。以下就如何在继承生成语法等传统教学模式优点的基础上积极引进认知语言学理论，提高日语音韵、句式、语义、语法等的教学效果进行阐述。

① 沈黎. 运用认知语言学理论编写教材练习[J]. 外语与外语教学，2001(10): 47.

(一)认知语言学中的认知语法理论在日语教学中的应用

第一,主观性强、较为模糊的认知模式主张,语言的结构只不过是词义极、音韵极以及整合这些要素的符号单位,指出了语言结构是以从大量的语义中总结出句子的范式的形式而出现的用法基础模式。传统的日语教学方法与之恰恰相反,教师往往是采用先讲句型然后举例子的办法,让学生造句。

忽视了日语中的文化、社会等因素的句子,必然是生硬的、中国式的。如"借花献佛"翻译成日语时,如果只注重句型,而不注重在日语中有"归天者"之意的"佛"这个词的弦外之音的话,势必会引起以日语为母语者的误解和不快。所以,应该让学生多读日文报刊、小说等课外读物,从中收集该句型的例子,这样既能掌握该句型,又能了解具体的社会文化等语境和单词,从而形成日语思维方式。

第二,认知语法中的词汇和语法观对日语教学的启示。生成语法认为,可以将语法作为规则,在生成句子时按照规则使用词汇。但认知语法对语法和词汇没有做明确的区分,而是将二者之间的差别看作一种具有阶段性的内容。这种规则对以生成语法为基础的传统日语教学模式中的浅层次的词汇、语法观大有裨益,使学生能够在学习日语词汇和语法的过程中提高抽象思维能力。

(二)认知语言学中的隐喻在日语教学中的应用

乔治·雷科夫指出,隐喻不仅是一种修辞方法,还是认知语义论的重要研究内容,比直喻更凝练、含蓄。一般认为,隐喻是人类应用类推能力掌握范畴的作用和原理的最基本的认知方式,是认知语言学的重要组成部分。

古今中外的文学作品中普遍使用隐喻的手法,以给人以很深的感染力。在日语中经常以"主语+主格助词+表语+判断助词"的方式表达隐喻,而不使用"如""像"等直喻中常用的助词。

在日本作家志贺直哉的《暗夜行路》中,谦作对爷爷的女佣说:"人生是旅途,不和我一起去旅行吗?"女佣说:"怎么努力也没有盼头。"谦作说:"黑暗越深,黎明就越近了。"有的句子甚至看不出是隐喻,如佐藤春夫的《田园的忧郁》诗里"我的院子里紫堇开了"。此处描述的是正在恋爱的男子心中的复杂情愫。这首诗中还有一句:"他一看窗外,发现一只鹰静止在空中,不畏强风。"与其说这是在描写自然风景,不如说是通过隐喻表达自己向往和鹰一样坚强的心情。同时,隐喻在其日常语言生活中也经常使用,在日语能力考试的阅读理解和听力中经常出现。

隐喻与人类对世界的认知、世界观关系密切,与听话者心理状况相契合的隐喻能够打动对方,产生很大的影响力。在传统的日语教学方法中,只重视语法、句法和词汇的表层意思,忽视与日本语言、文化风土相吻合的认知语言学中的隐喻教育,导致学生对日语文章、日语会话等一知半解。所以,应将隐喻思维引进日语课堂教学中,使学生对日语有深层次的理解，能够顺利通过能力测试，读懂日本文学作品，听懂复杂的日语音频，能够用日语进行交流。

（三）认知语言学中的构式语法理论在日语教学中的应用

构式语法是指将语法作为习惯化了的集合体来理解的语言学观点，而生成语法是将语法通过词汇项目及合成词汇项目的规则记叙的语言学概念，两者的立场形成了鲜明的对比。构式语法理论主张从谚语之类的固定表达方式到所谓的单词能够自由替换的 SVO（主谓宾，在日语中是 SOV，主宾谓）构式都形成一个连续体。在日语中具体表现如下：前缀形态素，如"超"；后缀形态素，如"的"；熟语，如"吴越同舟"；双重宾语构式，主语＋动词＋宾语 1＋宾语 2；被动态，主语＋助动词＋动词的被动式。对上述这些日语中的核心语法，只有通过构式语法理论进行抽象概括，才能理解问题的本质，并加深记忆。

由上述对隐喻、范畴化、认知语法、构式语法等认知语言学理论在以传统的生成语法为指导思想的日语教学中的应用可以发现，认知语言学并没有否定生成语法中的"词汇""形态""统语"等的存在。认知语言学理论非常抽象，在教学过程中照本宣科很难让学生理解。

（四）认知语言学中的范畴化理论在日语教学中的应用

认知语言学中关于范畴化的讨论发端于爱乐诺亚罗素等的研究，其是产生认知语言学的一个契机。他们提倡原型理论、基本层面范畴等概念，据此叙述语言，以取代通过所有成员所共通的属性规定范畴的古典式范畴观念。他们主张词的意思不能和该词的使用所联想到的典型状况、百科辞典式的知识亦即世界知识割裂。

查尔斯·菲尔墨亚等的框架词义论、乔治·雷科夫的理想认知模式也是以此理论为基础的。人类的认知资源是有限的，通过范畴化可以最小的努力获取最大量的信息。范畴化经过以下过程形成。

第一，肉眼所见对象的模式认知。如"主语＋宾语＋谓语"这一日语句式属于一种典型的模式认知，有利于掌握日语的本质。

第二，从长期记忆中检索已经认知的信息。如在阅读新的日语句子时，从上述的日语基本句式这一长期的记忆中，检索已知的主语、谓语、宾语。

第三，选择与对象最类似的记忆。如在学习日语语法核心知识时态时，选择与之最类似的中学学过的 16 种英语时态，进行对比学习。

第四，推论对象所具有的性质。如在日语句子中有很多汉语词汇，只有根据日语语法正确推测这些词汇在日语中的性质，才能正确安排其在句子中的位置。

第五，从经历的众多刺激中通过典型性、类似性形成代表性的案例（模式），运用这一模式形成范畴化。越是典型的案例，范畴化越强，就越容易记忆，也越容易回忆起来。在日语学习过程中要掌握极易混淆的词汇的读法,使用典型案例范畴化法。只要记住前音后训的"重箱"和前训后音的"汤桶"两个典型的读法,这个难题就会迎刃而解。

所以,在日语教学过程中,要在讲解语法理论体系的基础上,引进上述认知语言学的四大支柱内容,对生成语法中的相关知识进一步抽象、概括,从而掌握日语的本质。教师在备课时可以参考日语认知语言学的相关理论对教科书上的语法点等进行补充,以提高教学效果。

第二节　认知负荷理论及其在日语教学中的应用

一、认知负荷理论概述

(一)认知负荷理论的相关认知

1.认知负荷理论的定义

美国心理学家米勒(Miller)在脑力负荷或心理负荷领域取得了不错的研究成果。之后,澳大利亚新南威尔士大学心理学家约翰·斯韦勒[①](John Sweller)在研究学习材料和教学方法影响学习者概念掌握和认知加工时,提出了认知负荷理论,并首次将其应用于教育领域。认知负荷理论的思想起源正是米勒(Miller)对工作记忆问题的思考及早期的研究结论。[②]

约翰·斯韦勒(John Sweller)认为该理论是探究复杂学习中,任务或环境对学习者的认知资源的占用和有效控制,也是分析学习过程中对知识加工处理、吸收内化的过程。[③]

2.认知负荷理论的研究基础

认知负荷理论以认知资源有限理论、图式理论和工作记忆理论为研究基础。认知资源有限理论包含单资源理论和多资源理论,并且资源的分配遵循"此多彼少"的原则。

赖曼(Reimann)提出图式是存储在长时记忆的专业知识结构,也可视之为心理活动的框架或组织结构,它有助于学习者类化各种问题的解决状态和确定最合适的操作活动,反映某类知识的基本特征和规律,凭借一类知识对事物进行分析和归类。图式理论认为知识图式的分析和归类是一种自动化的加工过程,不需要有意识的控制和资源消耗,可以弥补工作记忆容量的不足。

---

① 张晓君.认知负荷理论视角下的微课程多媒体课件设计[J].现代教育技术,2014,24(2):20-25.
② 张嘉桐.基于认知负荷理论的数学多媒体认知加工模型研究[D].大连:辽宁师范大学,2016.
③ 蒋荣清.基于认知负荷理论的数学课堂教学策略[J].数学通报,2018,57(10):39-42+46.

人类的认知结构主要包括感觉记忆、工作记忆和长时记忆。感觉记忆用于知觉输入信息,如视觉信息和听觉信息等。工作记忆是信息加工的主要场所,面对新信息时,工作记忆容量有限,短时间内一般接收、处理、加工或贮存 7±2 个单位的信息组块;同时,"组块理论"表明,组块虽然是一个单位名词,但具有动态概念,其信息量可做调整。

长时记忆内的知识结构以图式为基本单元或以系统化的方式存在,图式具有复杂性和自动化的特点。当使用图式时,可以从长时记忆中提取到工作记忆阶段并进行信息加工。

图式中的信息被调用到工作记忆时,调用的所有信息仅作为一个组块进行加工处理。类似地,学习的信息加工论指出,个体学习的时候,信息最先出现于外部环境中,它会先经过感受器(感受记忆)进入短时记忆(或称工作记忆)空间,再进入长时记忆空间储存起来。

长时记忆是学习的中心,只有改变或增加长时记忆中的内容,才是真正具有持久意义的学习。

3. 认知负荷的定义

认知是个体获得知识和解决问题的操作和能力,即信息加工的过程和能力,认知负荷存在的基础是人类信息加工容量的有限性。因为认知负荷有多维性、复杂性、内隐性等特点,因此对于认知负荷的定义,目前尚未统一。

笔者在这里不是尝试定义认知负荷,而是总结认知负荷理论研究者们着眼于各自研究角度提出的对认知负荷的不同理解和看法。

认知负荷可以从理论与实践两个层面理解,理论层面以实验室研究为视角定义认知负荷,实践层面以实际应用研究为视角定义认知负荷,往往紧密结合教育实践。

理论上,从能力角度考虑,认知负荷是用来处理被加工信息的心智能力;从心智角度考虑,认知负荷指学习者在心智上耗费的努力强度,包含个体感受心智努力和心智负荷的负载状态;从心理能量角度考虑,认知负荷是加工特定数量信息要求的心理能量水平,认知负荷的高低与待加工信息数量的多少有直接关系;从心理资源角度考虑,认知负荷是学生学习过程中完成认知任务需要的心理资源数量。

实践中,对认知负荷的定义有两类视角:其一,在定义中明确认知负荷产生的空间——工作记忆;其二,强调动态定义,使用投入、协调、知觉和体验等动态感名词。

4. 认知负荷的教学效应

认知负荷类型提供了促进教学中央执行官能使用的结构化教学效应,这些效应可归纳为目标自由效应、样例效应、完成问题效应、分散注意力效应、形式效应、想象效应、独立交互元素效应、元素交互效应、变式效应、专业知识反效应、指导隐退效应、冗余效应等。

(1)目标自由效应指用目标自由的题目来代替为学习者提供特定目标的传统题目。

（2）样例效应指用已经解决好的样例来代替传统的问题，这些样例必须认真学习。

（3）完成问题效应指用待完成的问题来代替传统的问题，在问题中提供部分解决方案，其余的由学习者来完成。

（4）分散注意力效应指用一个整合的信息源来代替多种信息源，经常是图片并伴有文字。

（5）形式效应指用口头的解释文本和多种形式的视觉信息源来代替书面文本和图表等单一形式的视觉信息源。

（6）想象效应指让他们用想象或心理练习材料来代替传统的附加学习。

（7）独立交互元素效应指在呈现元素高交互性的材料时，先给学习者呈现一些独立的元素，然后再呈现完全的材料。

（8）元素交互效应指当使用低元素交互的材料时，想象效应等教学效应消失，而当使用高元素交互时，它们又重现。

（9）变式效应指在不同变量情况或增加可变性及任务呈现的方式、定义特征的显著性、任务操作的上下文情境等情况下进行练习。

（10）专业知识反效应指当对新学习者来说很有效的教学方法在学习者获得更多的专业知识时无效甚至产生相反的效果。

（11）指导隐退效应指随着基于知识的中央执行者的发展，基于教学的中央执行者逐步隐退，随着专业知识的增加，完整的样例可由部分完成的样例来代替；而随着专业知识的进一步增加，部分完成的样例可由问题来代替。

（12）冗余效应指用一种信息源来代替多种自洽的信息源。

（二）认知负荷理论的理论基础

认知负荷理论是根据人类的认知结构特点，在认知资源有限理论和图式理论的基础上提出的，其观点如下：①工作记忆是信息加工的主要场所，其容量是有限的，长时记忆是信息储存的场所，其容量可视为无限；②如果认知系统所要加工的信息超出了工作记忆的容量，就不能对信息进行有效加工，即认知超负荷；③信息以图式的形式储存在长时记忆中，激活高度自动化的图式不消耗认知资源。

认知负荷理论认为，学习的过程就是构建图式并使其自动化的过程，是增加图式数量、精化图式结构的过程。

1. 资源有限理论

资源有限理论由心理学家卡曼尼提出，也叫有限容量理论或者资源分配理论，这里所说的"资源"主要指注意资源和认知资源。该理论认为人类的认知资源是有限的，如果同时进行多种活动，认知资源就会出现分配问题，且资源的分配往往遵循"此多彼少，总量不变"的原则。

认知负荷理论结合该理论提出表现在工作记忆上的认知资源是有限的，换言之，工作记忆的容量是有限的，也会出现容量分配问题，若需要在工作记忆上加工的信息的数量超出了其容量，新的刺激信息就会得不到加工，这时的学习就会变得没有效果，即出现认知超负荷现象。

2. 图式理论

"图式"一词最早由康德提出，其认为知识表征的基本的单位就是图式。图式理论认为，构建图式的过程就是将多个信息元素整合成一个信息单元的过程，所以一个图式包含多个信息。所以，图式理论认为，长时记忆中的知识信息如果能以图式的形式存在，就可以减少工作记忆中信息加工的数量，为工作记忆加工信息腾出空间。在此基础上认知负荷理论认为图式的构建和自动化可以减轻工作记忆的负担，释放出更多的工作记忆容量，促进对信息的有效加工，提高学习效率等。

（三）认知负荷的类型及其影响因素

影响认知负荷的因素有元素间关联度的学习材料的复杂性、学习材料的组织和呈现方式、学习者已有的经验或专长水平即先前知识经验。

根据来源和是否有助于图式建构，将认知负荷分为内在认知负荷、外在认知负荷和关联认知负荷，也称原生性认知负荷、无关性认知负荷和相关性认知负荷。把这三种负荷相加得到的总和就是认知负荷总量。不同类型的认知负荷对学习和任务结果会产生不同的影响。

1. 内在认知负荷

索伊弗特（Seferi）等把由学习任务复杂性导致的内在认知负荷称为"外因决定的内在认知负荷"，把由图式可得性决定的称为"内因决定的内在认知负荷"。

内在认知负荷主要由学习材料的性质和学习者的知识经验水平决定。学习材料的性质也即学习材料的难度和复杂性，指的是材料所包含的元素的数量和交互性，元素越多交互性越高，材料就越复杂难度越大，给学习者带来的内在认知负荷就越高。但对相同学习材料的难易程度的感知在不同的学习者身上也会有不同的感受，给学习者带来的内在认知负荷高低也不一样。

知识经验水平高的学习者相对知识经验水平较低的学习者来说所感知的学习材料难度较低，产生的内在认知负荷较低。因为内在认知负荷主要由学习材料的性质和学习者的知识经验水平决定，所以在既定的条件下较难改变，但也有研究者认为内在认知负荷是可以改变的，并且研究出了减轻内在认知负荷的教学方法。

2. 外在认知负荷

外在认知负荷称无效认知负荷，是学习过程中对学习产生干扰的外在影响因素。外在认知负荷与学习材料的组织和呈现方式有关，当学习者从事与图式获得或自动化无关的活动时，就会产生外在认知负荷。

外在认知负荷产生于不合理的材料呈现方式及教学设计，如果材料的组织及呈现方式和学习活动设计得不合理就会给学生带来不必要的负荷，这种负荷就称为外在认知负荷，如与学习主题无关的内容与活动都会引发外在认知负荷。

外在认知负荷科学生加工信息不但没有促进作用反而会干扰和阻碍学生对信息的加工，对学生建构图式是不利的。但因为教学设计可以改变，所以外在认知负荷也是可以控制的，可以通过合理设计教学来减轻外在认知负荷，如在学习物质跨膜运输的方式时，若以纯文本或口头讲解的方式向学生呈现这个概念会给学生的学习带来较高的认知负荷，但以图文结合或辅以多媒体动画的方式向学生呈现概念就可以减轻学生的外在认知负荷。

3.相关认知负荷

基于认知策略提出的相关认知负荷也称有效认知负荷，主要受学生建构图式投入的精力和处理信息的元认知策略影响。学习过程中，学习者在工作记忆里将剩余认知资源用于更高级的认知加工中，如重组、抽象、比较和推理等，以支持图式构建。

巴德利（Baddeley）的工作记忆模型中元认知是中央执行者，即监控认知资源分配的核心。

瓦尔克（Valcke）在相关认知负荷基础上提出了元认知负荷，其是指学习者在工作记忆中分配、监控、协调和储存图式构建投入的心理资源或承受的负荷。

相关认知负荷是一类由教学设计引起的，有助于学生建构等的认知负荷。相关认知负荷有利于对图式进行建构，同时在图式的自动化中发挥着重要作用。在认知资源充足的条件下，把剩余的认知资源用来调控学习过程，促使学习者进行深层次的图式建构。如在讲解概念时适当加入与概念相对应的支持性事例，可促进学生理解概念。由于相关认知负荷是由教学设计引起的，所以它是可以改变的。教学中可以通过适当增加相关认知负荷来促进学生对概念知识的理解。

三种认知负荷的总和即认知负荷总量，而工作记忆上的认知资源是有限的，资源的分配遵循"此多彼少"的原则，所以只有在认知资源充足或内在认知负荷和外在认知负荷较低的条件下，才能加入更多的相关认知负荷用以进行重组、比较、推理等高级的信息加工。在教学中应如何控制这三种负荷，合理分配认知心理资源是值得广大学者探讨的问题。

（四）认知负荷的测量

由于认知负荷具有内隐性和复杂性，所以对认知负荷的测量需要从多个角度进行。心理学家们经过努力，提出了测量认知负荷的不同方法，其中常用的认知负荷计量方法主要有主观测量法、胜利测量法、任务绩效测量法三种。

1. 主观测量法

由于学习任务的难度、学习者的个人努力程度影响着心理资源的占用，在此基础下，主观测量法以学习者在学习过程中的感受来反映认知负荷。具体做法是学习者反思自身的学习过程，并将在学习过程中付出的心理努力程度、学习材料难度以及时间压力等通过问卷的形式反映出来。

主观测量法易于操作，不需要专门的仪器设备，使用起来比较方便且易于掌握。同时，由于它是在学习者结束学习过程后才进行测量的，所以不会对学习过程造成影响，也易于被学习者接受。

2. 生理测量法

生理测量法是指借助相应的仪器设备通过对学习过程中出现的心脏变化、大脑活动以及眼睛的活动等心理反应进行测量来评估学习者的认知负荷的方法。它是一种间接的测量方法，得到的数据比较客观和准确。

生理测量法能够对学习过程中的心理活动进行连续的测量，能够将认知负荷的详细变化趋势展示出来，这是其他测量方法无法比拟的。但生理测量法也不可能做到万无一失，如测量到的心理活动的变化有可能是由环境、情感等与认知负荷无关的因素引起的。此外，生理测量法需要借助昂贵的仪器设备，并且测量方法和对测量数据的分析都不易掌握，这都使运用生理测量法测量认知负荷变得不易进行。

3. 任务绩效测量法

任务绩效测量法是一种客观的测量方法，它通过测定学习者完成指定任务的绩效来评估该任务给学习者带来的认知负荷，包括单任务测量法和双任务测量法。

（1）单任务测量

单任务测量法是指根据学习者完成单个任务时所产生的结果来判断学习者的认知负荷的测量方法。该方法认为随着认知负荷的增加被占用的认知心理资源也会随着增多，学习者的任务绩效就会出现错误率升高、效率降低等问题。

任务的准确率和错误率、反应时间和完成时间等是单任务测量的指标。由于在完成学习任务中，内在机制非常复杂，牵涉到的心理资源也有变化，很难直接用单任务的一两个指标来完全表达该任务给学习者带来的认知负荷。

（2）双任务测量

双任务测量是指对学习者在指定时间内同时完成两项任务所产生的认知负荷的测量。这两项任务可分为主任务和次任务：主任务是学习者花费更多精力完成的任务，次任务是学习者利用剩余精力完成的任务。这两项任务所需资源的渠道相同，要同时完成这两项任务，资源就要在两项任务间进行分配，这样就可依据两者的绩效来判断认知负荷的大小。但双任务测量法也是有局限性的，在完成主次任务时，两者间可能会相互影响，进而影响测量的结果。

要想测量实际的认知负荷情况只用一种测量方法是很难做到的，在实际运用过程中，可以根据不同的测量对象选择不同的测量方法，还可以综合使用多种方法，这样得出的不同测量结果能够相互佐证，提高测量结果的准确性。

二、认知负荷理论在日语教学中的应用——以基础日语课程教学设计为例

（一）认知负荷理论对教学设计的指导作用

通过对认知负荷理论的分析，结合教学实践，可以发现认知负荷的三种类型具有以下几方面的特点。

1. 内在认知负荷的可变性

目前看到的基于认知负荷理论的教学设计研究，只有最近几年的少数研究者提到通过分离关联元素降低内在认知负荷，或是利用分层讲解、提供"先行组织者"、利用通道效应等方法降低内在认知负荷，大多数只在降低外在认知负荷、提高关联负荷上做文章。实际上，在教学实践中，内在认知负荷也具有可变性。

这种可变性主要体现在两个方面。

一是学习材料的可选择性。在实际教学过程中，学习材料具有可选择性，同样的教学内容可以由教师选择组织不同的材料完成教学活动，所以，教师在选择材料时可以选择编排合理、简洁明了及学生已经具有相关背景知识的材料来降低内在认知负荷，也可以通过事先布置任务并在教学设计中突出注意层次性和条理性来降低内在认知负荷。

二是学生群体的多样性和可塑性。学生情况各不相同，同样的学习目标和学习材料也会因为学生自身的知识储备和学习能力不同而产生不同程度的认知负荷。这就要求教师在详细分析学情的基础上以普遍的认知能力为标准进行适合大多数学生的教学设计，并在重难点处照顾到认知困难的同学以获得最佳的整体教学效果。

还有一点不能忽略，学习能力的提高也是一个动态可变的过程。随着学习内容的深入和学习过程的推进，学生从"新手"逐渐变成"老手"甚至"专家"，造成内在认知负荷的标准也会随着学生认知能力的提高而不断提升。因此，积累的重要性又被凸显出来。

2. 外在认知负荷的可控性

认知负荷理论认为，优化教学设计或呈现方式可以降低外在认知负荷。（李榄，2018）我国目前针对认知负荷理论的应用研究主要集中于此。降低外在认知负荷，要求分阶段、分步教学的同时注意冗余效应。即给学生提供知识框架，把教学目标分散

成一个个小目标并减少不必要的补充和样例,不让不必要的内容占用学生有限的认知资源。

3. 关联认知负荷与其他两种认知负荷的相关性

关联认知负荷与内在和外在认知负荷具有相关性。如前所述,学生的学习活动是一个动态可变的过程,是一个积累的过程。积累越多就会建构越多的图示和认知结构,其自动化也会随着关联认知负荷的增多而加快,与此同时,造成内在认知负荷的门槛也将随之不断提高。所以,如果不是以一次学习而是以一段时间的课程学习为对象进行研究,可以看到如果每次学习活动中关联认知负荷都能保持在相对较高水平,那么越到课程学习的后期内在负荷就会越来越少。

另外,学生对学习内容的兴趣直接决定着关联认知负荷的水平。通过丰富多样的材料和呈现手段引起并保持学生的兴趣是提高关联认知负荷的重要途径。但这种"丰富"一旦过度,将变成"冗余",从而增加学生的外在认知负荷占用认知资源。所以,掌握好这个"度"就变得尤为重要。

综上,三种类型的认知负荷是互相关联的。所以,在此指导下提出的教学策略不一定要与某种负荷一一对应。一般来说,一种策略应该一同降低内外在负合,而不应该同一种策略一同降低内外在负荷和增加有效的负荷。

2002年,迈耶(Mayer)等人以认知负荷理论、双重编码理论和建构主义学习理论为基础,提出并验证了多媒体教学设计的五个原则:"多样化的呈现原则""接近原则""一致性原则""通道原则"和"冗余原则"。除冗余原则单方面以降低外在认知负荷为目的外,其他四项原则均旨在降低内在和外在认知负荷的同时提高相关认知负荷。必然,这五大原则的提出对教学实践更具指导意义。

(二)认知负荷理论指导下的基础日语课程教学设计

1. 基础日语课程在日语专业教学中的地位

基础日语课程是日语专业的专业基础必修课,授课对象多是零起点的学生。想要学生们在听与说、读与写和译等各方面打下坚实的基础,想要他们独立地阅读和透彻地分析文章,能用日语流畅地交谈,使他们具备一定的写作能力与翻译能力,那么就要从发音开始培养,要做到全面系统地、能够分阶段地向学生传授日语语言知识,这样才能使学生们很牢固地掌握最基础的语言及语言技能。其两学年32学分的课程量在日语课程体系中具有举足轻重的作用。基础日语课程的教学效果对日语本科专业学生的培养质量起着决定性的作用。

目前,我国400多所本专科院校开设日语专业,加上语言学校和培训机构,日语学习人数之众使日语早已超出了小语种的界限。但相对于英语教学理论和教学法研究的日渐成熟,我国日语教学研究尚有很大的提升空间。鉴于基础日语课程的重要性,其教学理论和方法的研究意义重大。

2. 认知负荷理论指导下的基础日语教学策略

目前,认知负荷理论在我国日语教学领域的应用还未见先例。下面将在深刻理解认知负荷理论的基础上探讨其在基础日语课程教学设计中的指导意义和具体应用,结合教学改革和笔者所在院校日语专业基础日语课程的教学实践,利用语言、图像两种编码,运用思维导图、动漫、多媒体等多种手段,以求找到新颖有效的方式方法降低外在认知负荷,提高相关认知负荷,从而提高课堂教学效率,提升教学效果。

要控制认知负荷,首先应该选用一套合适的教材。当前基础日语课程教材版本很多,教材编写的理念也有所不同。有的侧重于面上的拓展,目标较为发散,信息量大,注重学生的自主学习,强调自我归纳总结,不太注重语法体系的系统性;有的重视语法讲解和辨析,编排系统细致,却容易使学生的注意力过度集中于语法而忽略了其他内容,丧失了很多语言学习的乐趣;有的注重拓展练习的开展,强调学生的主体地位,内容讲解说明过于简单,不足以解释学生在输入和输出时面临的各种困惑。这就要求教师在选定教材之前对多个版本进行详细的了解和分析,再根据本专业学生的学习习惯和特点选定适合的教材。这样既降低了学生学习的难度,在材料上减轻内在认知负荷,又激发了师生配合度和学生的学习兴趣,从而提高关联认知负荷。

选定了教材,还要从课前预习、课上学习、课后复习三大阶段入手。课前给学生布置预习任务,可以帮助学生搭建课程内容框架,有效降低内在认知负荷。

例如,基础日语课前可以针对单词的应用和语法点布置具体的预习任务,使学生对重点词汇有所掌握并事先了解语法框架,对课上学习过程中减少内在负荷有很大帮助。且通过预习掌握的知识在课堂上得以应用的输出,帮助学生获得更大的成就感和获得感,从而提高学生的兴趣和专注力,达到提高关联认知负荷的目的。

课上学习的重点是课堂流程的几大环节设计。在导入环节,只有真正做到教师善"导",才能提高基础日语课程课型的综合性和丰富性。可用来导入的形式和内容也具有多样性,动漫相关的视频、日本传统文化、新闻等能引发学生兴趣与关注的内容都可以作为导入的材料。学生的兴趣直接关系认知资源的投入,从而影响关联认知负荷的程度。所以,在导入环节激发学生的兴趣、提高其参与度显得尤为重要。

在新知识的讲解和练习上,要注意精讲精练,避免过多的机械操练磨掉学生的兴趣和耐性。但由于基础日语的授课对象大部分是日语初学者,机械操练不能完全去除,否则会影响学生的掌握和输出。还要注意冗余效应,避免不必要的例子和看似花哨的视频、图片以及 PPT 占用学生的认知资源,增加外在认知负荷。

但适当地展开和引申能唤起学生对背景知识的调动,对学生建立图式并促进其自动化有很大的帮助,所以,掌握合适的"度"非常重要。在方法上,可以运用分组讨论、互动教学法增加学生的参与度,突出学生的主体地位。在词汇及语法、动词变形等基础教学中可以引导学生绘制思维导图，帮助学生形成图式，以便更好地输出。

基础日语课的拓展训练环节主要是输出的练习，可以给学生提供支撑材料和框架，利用对话练习、演讲发表等形式促进学生有效学习，提高学习效率。课后作业的部分同样重要。课后有效的复习和练习，可以促进"图式"的形成，促使学生不断地完成积累以提高内在认知负荷发生的门槛。基础日语阶段的课后作业免不了背诵、记忆等需要机械操练辅助完成的部分，所以，掌握有效的学习方法对学生至关重要。作为教师，在此阶段要侧重于帮助学生找到适合自己的学习方法而不是一味地填鸭式灌输知识。

综上，认知负荷理论对教学设计、教学效果的改善和对学习效率、成绩的提高都有一定的指导作用。本节在认知负荷理论对基础日语教学策略的指导上做了初步探讨，对教学设计的各个环节都给出建议。但笔者在探究过程中发现认知负荷理论的要求与建构主义学习观之间存在一定程度的相互制约，在具体实施过程中需要掌握好"度"，这个"度"如何掌握，还需要根据一步步的教学实践数据进行总结。

第三节 建构主义理论及其在日语教学中的应用

一、建构主义理论概述

（一）建构主义学习理论的相关认知

建构主义主要是研究学习与知识之间关系的理论，建构主义强调学生在学习过程中的主动性，学生在原有知识基础上对知识进行全新理解构建。将建构主义理论与初中英语词汇教学充分结合起来，不仅能够提高课堂教学效率，还能够培养学生的自主学习能力，为学生未来发展奠定基础。

1.建构主义学习理论

建构主义作为一种哲学方法论，注重分析事物的结构、结构的由来以及结构如何形成等问题。建构主义学习理论则主要研究认知规律，即学习如何发生、意义如何建构、概念如何形成，以及理想的学习环境应包含哪些因素等。

（1）理论来源

建构主义学习理论是指在建构主义观点指导下形成的较为有效的认知学习理论，现如今已经愈发成熟和完善。建构主义起源起于儿童认知发展理论，该理论认为在学习过程中学习者是信息的主要加工方。[①]

皮亚杰作为认知发展理论的代表人物，认为儿童是在与周围环境相互作用的过程

---

① 李柏令.建构主义学习理论与对外汉语教学[J].云南师范大学学报，2003(9)：50-53.

中去感知和认识世界的，在认识世界时主要采取两种方式：同化和顺应。同化是指当外界发生变化，儿童现有的认知结构能够接受新的事物时，新的知识就被整合到本身的认知结构中，此时认知结构的形式没有发生改变，是一个产生量变的过程；顺应是指当外界发生变化，儿童现有的认知结构不能接受容纳新的事物时，儿童就应当改变现有的认知结构，此时认知结构发生了质的变化。

维果茨基就认知发展研究提出"最近发展区"观点，他认为在学生的现有水平与更高一级的发展水平之间存在着差距，两者间的差异就是最近发展区。这种情况可以通过教学来激发学生发展的潜能，使学生跨越这个差距，进入更高的发展水平。在教学过程中，教师可以通过搭建"脚手架"来帮助学习者减少差距，向更高的认知水平攀登。此理论对建构主义下支架式教学法的形成产生了影响。

这些理论的共同观点在于，它们都认为学习者是学习过程中的主动方，肯定了学习者的主体性，这也是建构主义学习理论着重强调的一点。

（2）主要观点

建构主义学习理论坚持以学习者为主，注重调动学习者的主动性。建构主义学习理论的观点不同于传统的学习理论和教学思想，它推动了以"教"为中心的教学模式向以"学"为中心的方向发展，对教学设计具有重要的指导意义。

建构主义学习理论认为，学习过程不是一个被动接受的过程，而是利用"刺激—反应"学习法、归纳法等总结新知识，完成知识的学习过程。

2. 建构主义的特点

建构主义是认知主义的一个分支，最早是由皮亚杰提出的。建构主义不仅是一种关于学习和知识的理论，而且与哲学、心理学、社会学和教育学方面都有极深的根源。心理学家冯格拉泽费尔德也认同教育建构主义，并提出了激进建构主义。

建构主义理论认为，教育是培养学习者独立思考、分析问题、解决问题的能力。建构主义研究者普遍重视学习者的自主性，认为在教师的监督和指导下，学习者在学习中起着至关重要的作用，课堂应该以学习者为中心。

墨菲（MurPhy，1997）认为，建构主义教学具有以下特点。

（1）以学生为中心的教学，为学习者提供自己探索和发现的机会和环境。

（2）提供各种真实的学习资源。

（3）教师作为指导员、监督者、促进者、教练、导师等。

（4）学生和教师的谈判目标。

（5）学生可以通过小组讨论、合作学习和自主学习来建构知识。

（6）提供主要数据以保证真正的复杂性。

（7）专注于解决问题，高层次的思考能力和深刻的理解。

（8）错误和反思的思维受到鼓励。

（9）培养学生探索和发现的能力。

（10）必要时提供"脚手架"。

（11）考核是真实的，是与教学相结合的。

建构主义认为，学习者是课堂的中心，课堂应该以学习者为中心。此外，知识不是通过教师的教学获得的，而是通过学生的构建来获得的。然而，教师在课堂教学中仍然扮演着重要的角色。教师扮演的主要角色是组织者、引导者、促进者、指导员和监督员等。

（1）教师在设计任务时要对教材和学习者进行分析。

（2）教师应根据目标帮助学习者设计任务。

（3）教师应激发学习者的兴趣，引导学生主动建构知识。

（4）教师应鼓励学生提出自己的新观点。

（5）教师应尊重学习者的好奇心。

（6）教师应给予学习者实际的指导，帮助他们自己解决问题。

（二）建构主义理论下的基本教育观

建构主义既是一种认知理论，又是一种学习哲学。在一定程度上建构主义是对传统认识论的革命和挑战。在教学与学习中，建构主义知识观、学习观、教学观、评价观等都对教育教学具有深远的影响。

建构主义理论下的知识观认为学习"是以其现有的知识经验、信念为基础，对新的信息主动地进行选择、加工，从而建构起自己的理解，并使原有的知识经验系统因新信息的进入而发生调整和改变"。[1] 即学生是一个独立存在的个体，有着自己的思维和想法，对知识的见解也应该是在基于自己经验的基础上建构的。学习知识绝不是简单的"复制和粘贴"，而是随着社会的不断进步和发展，对知识进行不断的建构。

建构主义学习观主张在学习过程中，应在教师的指导下以学习者为中心。在学习过程中，学习者不但要对新接收的信息意义进行积极建构，还要对个体原来的经验进行改造和重组。也就是要求学生在学习过程中，不断对知识进行编程，并按照自己的需要，在现有的经验基础上，主动选择、加工、处理知识，并以此来建构属于自己特有的知识经验。同时，要求教育工作者在教学中建构包括情境、合作、会话和意义为要素的学习环境，创设一种与现实生活相类似的情境，使学生在其中经历假设、尝试与探索，并通过师生、学生之间的协作与会话来对外部信息进行选择、加工、处理，共享每个学习者的思维成果等，最终达到意义建构的目的。[2]

建构主义教学观强调以学习者为中心，特别注重学习者的主体性和选择性，要求把重点放在学习者身上，而不是放在教师身上，更不能简单粗暴地对学习者进行"灌输"

---

[1] 蔡莱莉.语文教学的建构主义审视[J].教育探索，2003(07)：74-76.

[2] 施传柱，高芹.现代教育理论与实践[M].北京：科学出版社，2011.

应该把学习者原有的知识和经验作为新知识学习的基础，引导学习者在已有的知识经验上，构建属于他们自己的、新的知识经验。

建构主义理论下的评价观，教学评价的要点是把"结果式评价"变为"过程式评价"，将评价主体多元化、评价方式情境化、评价内容全面化。

（三）建构主义理论影响下的教学课堂

1. 基于建构主义理论的教学设计原则

（1）强调以学生为中心的建构主义理论强调以学生为中心的教学设计原则。

这一原则主要可以从以下三个方面进行论述。

首先，教师要充分调动学生在学习过程中的主动性，体现学生的主动性精神。其次，教师应该为学生提供许多不同的机会来利用他们在不同情况下所学到的知识。最后，教师应该让学生形成对客观事物的理解，并根据自己的行为找到解决实际问题的方案，然后完成自我反馈。

（2）强调协作学习在意义建构中的关键作用的建构主义者认为学习者与周围环境的互动对于理解学习内容起着关键作用。

所以，在课堂教学中，学生应该相互交流，交换意见，在教师组织和指导下成立学习班。通过这种协作学习环境，包括教师和每个学生在内的学习小组的思想和智慧可以被整个小组分享。确切地说，是整个学习者群体而不是其中的一个或几个学生一起完成了所学知识的意义建构。

（3）强调学习环境设计的建构主义者认为学习环境是学习者可以自由地进行探索和自主学习的场合。

此外，在学习环境中，学生可以利用文本材料、书籍、视听材料、多媒体课件、互联网等多种工具和信息资源来实现他们的学习目标。教学环境是指一个支持和促进学生学习的地方。总的来说，建构主义理论指导下的教学设计是针对学习环境而不是教学环境进行设计的。

（4）强调学习过程的最终目的是完成意义建构。

建构主义学习环境下强调学生是认知主体和积极意义建构者。所以，他们把学生的意义建构作为整个学习过程的最终目标。在他们看来，教学设计通常不是从对教学目标分析开始的，而是从如何为学生创造有利的情境来建构意义开始的。教学设计的各个环节，包括学生的自主探索、合作学习、教师的辅导等，都是围绕"意义建构"中心展开的。总之，学习过程中的所有活动都应该服从于本中心，这样有利于学生完成和深化知识的意义建构。

2. 基于建构主义理论的教学方法

基本上来说，教师有三种：解释者、参与者和促成者。第一种教师对知识的认识有限，依赖于解释或讲授。第二种教师知道主题，可以教授知识。第三种教师对班级里的个人和团体是如何思考和感觉的有一定的认识。根据建构主义理论的原则，第三种是最好的。教学是一个减少外部控制，提高学生自我控制能力的过程。

学生和教师地位平等。在教学过程中，应鼓励师生合作。建构主义理论既重视个体的自我发展，又重视教师的外部指导。教师的角色从传统的知识传递者转变为组织、引导、帮助者和促进者，帮助学生进行知识建构。

教师必须为学生提供元认知工具和心理测量工具，要求他们使用认知加工策略。学生的角色是知识的积极参与者和积极建构者。他们应该采用一种新的学习方式，新的认知处理策略，探索和发现建构知识的意义。课堂是情境性的，教师必须创造一个良好的学习环境，让学生自己进行实验、探索、合作、研究，完成任务，充分理解问题。

在评价体系中，评价方法由统一的标准和统一的测试转变为诊断和反思学习。学生应该进行自我监控、自我测试、自我检查等活动。

基于建构主义理论的基本教学模式是：学习是核心。在整个教学过程中，教师扮演着组织者、导游、帮助者和促进者的角色。其运用情境、合作、对话等环境因素，充分发挥学生的主动性、积极性、开拓精神，达到使学生有效建构所学知识的目的。下面列出了三种具体的教学模式。

（1）支架式教学

支架式教学的思想起源于苏联心理学家维果斯基的理论——最近发展区。在这一理论中，支架式教学应提供一个概念框架，以帮助学习者建构他们对知识的理解。这个框架的概念是为学习者所需要的，以进一步理解问题。所以，教师应提前分解复杂的学习任务，以促进学习者对任务的深入理解。建构主义者生动地将概念框架比作"脚手架"。他们认为，脚手架的作用是通过支撑，不断地将学生的智力从一个层次提升到另一个层次，真正让教学走在发展的前面。

脚手架教学由以下几个部分组成：搭建脚手架、进入情境、独立探索、合作学习和效果评估等。在脚手架教学的第一部分，教师应围绕当前学习主体的近地点发展区域的要求，建立概念框架。在脚手架教学的第二部分，教师应引导学生进入一个特定的问题情境，即概念框架中的某个节点。在脚手架教学的第三部分，教师应该给学生足够的时间去独立探究内容，学生需要探究的内容包括确认与给定概念相关的各种属性，并根据其重要性对这些属性进行排序。

此外，在探索之初，教师应该提出或介绍相关的类似概念，以启发和引导学生，然后让学生做出分析。

在学生的探索过程中，教师可以及时给学生一些提示，帮助学生在概念框架的基础上推进探索。一开始老师可以给学生更多的帮助，然后减少帮助，让学生有更多的自由空间去探索。最后，教师应尽最大努力，使学生在没有教师帮助的情况下，不断推动概念框架的探索。在脚手架教学的第四部分，学生应该通过合作学习来互相讨论和改变观点。讨论的结果可能增加或减少与当前所学概念相关的固定性质，所以这些性质的秩序可能会有所调整。此外，它可能使前一种复杂的情况更加清楚和连贯。

总之，通过分享思想成果，使学生对当前的学习理念有较为全面、正确的认识。也就是说，它使学生最终完成了所学知识的意义建构。在脚手架教学的最后一部分，对学生的学习效果进行评价。评估包括学生个人评价和学习小组对个人的评价。评价的内容包括三部分：自学能力、小组合作学习所做的贡献，以及他们是否用已有的知识完成了意义建构。

（2）抛锚式教学

建构主义认为，如果学习者想要完成知识意义的建构，就必须对事物的本质和规律、自身与其他事物之间的关系有一个深刻的理解。所以，最好的方法是让学生感受和体验在一个现实世界的实际环境而不是听关于这种经验的介绍和解释。

确切地说，就是让学生通过获得直接的经验来学习。抛锚式教学的目的是让学生产生学习的需要，在一个完整真实的学习环境中通过嵌入式教学以及学习社区成员之间的沟通和互动，完成识别目标的整个过程，提出目标和达到目标得依赖一个人的主动学习和亲身体验。

这种教学需要建立在相关的真实事件或真实问题上。把这种真实事件或问题建立起来，就像锚一样生动。因为一旦确定了事物或问题，整个教学内容和整个教学过程就会确定下来，就像一艘船被锚固定住一样。

锚定指令由以下几个部分组成：

第一，建立情境。在这一部分，教师应该尽力让学习内容发生在与实际情况相似或几乎一致的情况下。

第二，建立问题。在上述情况下，让学生选择与当前学习主题密切相关的真实事件或问题作为学习的中心内容。这将使学生面对一个真正需要马上解决的问题。所选择的事件或问题是锚，这个部分的功能是抛锚。

第三，自学。在课堂教学中，建构主义者不同意教师直接告诉学生如何解决存在的问题。相反，他们认为，教师应该给学生一些提示以及解决问题相关的信息，比如需要收集什么样的材料，可以获得相关信息的地方，整个搜索过程在现实中专家解决类似问题的方法，等等。此外，教师还应特别注意培养学生的自学能力。

通过建立学习内容表的能力，获取相关信息和资料的能力，以及使用和评价相关信息和资料的能力，总结自学能力。

第四，合作学习。在这一部分，学生可以互相交流和讨论，加深对当前事物的理解。

第五，效果评价。因为锚定教学要求学生解决他们所面临的实际问题，所以学习过程就是解决问题的过程，可以直接反映学生的学习效果。

（3）随机存取教学

随机存取教学是建构主义者追求高级学习的一种教学策略。学习者可以通过不同的途径和不同的学习方法，自由地学习相同的教学内容，从不同的角度了解和理解相同的事件或相同的问题，这种教学被称为随机存取教学。

随机存取教学的基本思想来源于建构主义理论——认知弹性理论的一个新的分支。该理论的目的在于提高学习者的理解能力和知识迁移能力。不难看出，随机存取教学因时间和目的的不同而对学习者提出了不同的要求，旨在培养和提高学习者的理解能力和知识迁移能力。

换句话说，这些要求是根据认知灵活性理论提出的。出于事物的复杂性和问题的多样性，全面理解和把握事物的内在本质与相关事物之间的相互作用是非常困难的。所以，要真正全面、深入地完成所学知识的意义建构，从不同的角度思考，学生就能有不同的理解。为了克服这种弊端，应该注意在不同的场合、不同的时间、不同的目的，以不同的方式呈现给学生相同的教学内容。

随机存取教学主要包括五个部分。

第一部分是基本情况的介绍。在这一部分，教师应向学生展示与当前研究主题相关的情况。

第二部分是随机学习。在这一部分中，教师应该呈现给学生与当前研究课题不同的、与侧向性质有关的情况。在这一过程中，教师应注重培养学生的自主学习能力，使学生学会自主学习。

第三部分是思维发展的训练。由于随机存取的内容比较复杂，所研究的问题涉及很多方面，所以，在这种学习过程中，教师也应该注重培养学生的思维能力。所以在课堂教学中，教师向学生提出的问题不应该是单纯的知识问题，而应该是有利于促进学生认知能力发展的问题。同时，教师要注意培养学生的思维模式，培养学生的发散性思维，了解学生的思维特点。

第四部分是小组合作学习。在这一部分中，小组成员围绕着从不同侧面获得的理解进行讨论，每个学生的观点都应该通过由所有学生和教师建立的社会咨询环境来进行调查和评论。同时，每个学生都应该思考和对比别人的观点。

第五部分是学习效果评价，这一部分包括自我评价和群体评价两个方面。所评估的内容几乎与脚手架指令方法中所评估的内容相同。

二、建构主义理论在日语教学中的应用——以日语口译教学为例

伴随着国际交流的常态化，国内兴起了一股口译学习热潮。在传统的日语口译教

学中，以教师为主导的教学模式仍占据主要地位，学生的主体性、教学过程的开放性以及教学的互动性等未得到充分的体现，学生的口译水平也未得到较大幅度的提升。但是，随着近年来建构主义理论在教学中得到重视并积极推广运用，其对提升高校学生日语口译水平起到了重要作用。

笔者从教学情境营造、学习模式改进、教学形式以及评价形式改进等方面对高校日语口译教学进行了改进和优化。

（一）营造良好的教学情境，引导学生主动建构学习内容

由于口译的特殊性，学习者必须置身于真实的情境中才能达到理想的学习效果，所以营造真实的日语场景有助于提升教学质量。

在进行实际的场景营造时，可以借助现有的教学手段，将新闻时事解说、会议视频等当作训练材料，来创建良好的教学情境。

多种教学手段的使用，既可以为学生提供更加便利的自主学习环境，也可以降低课堂教学任务，增强课堂运用功能。此外，在进行实际教学时，教师还可以让学生准备口译材料来配合教学，这样既能扩大学生的知识广度，提高自主学习能力，又能避开教学内容闭塞的情况，提高学生的学习热情。

（二）采用小组合作学习模式，注重学生的主动性和参与性

合作在口译学习中至关重要，而语言类学习者又应该加强语言表达练习，所以，教师要为该练习提供平台，要依据学习者的实际情况组织小组学习实现辅助教学，尽可能让同一水平的学习者在同一小组进行练习，以达到互相提升的效果。如让学习者以小组为单位进行课前学习准备或课堂练习，让每个学生都能真正参与到口译练习中来，提高口译训练效果。在进行小组合作时，又可分为组内与组间合作。

组内合作可以提高学员参与度，扩大教学的受众面，避免以往课堂教学中不能顾及每个学生的问题发生，合作可以增加学生间的交流。而组间合作可以锻炼学习者的社交能力。

教师还可以为各组分配不同的任务，让各组根据自己的资料进行交流训练，从而掌握新知识。

为提高学生的学习热情，任务的制定可以结合当下热点或学生喜爱的剧本形式进行。口译工作是"再现—整理—表达"的过程，对学习者个人的逻辑思维与应变有较高要求，教师在教学实践中以项目式、任务式的方式引导学生进行该过程，并为学习者创建交流平台，能够有效提升口译效果。

（三）善用互动式教学形式，突出学生的主体地位

目前，很多高校都在进行"以学生为中心"的教学改革，要求教学过程要以学生为中心，以学生需求为导向，所以，教师要更多地与学生建立有效互动，更多地了解

学生的实际学习情况。

互动式教学是双向的，提问法则多被理解为互动式教学的"启动步"，教师在课堂上可以采用提问或游戏的方式多与学生互动交流。

学生对问题的反应或对游戏的参与度可以成为确认学生学习情况或调整教学进度的重要参考。这样既能够有效突出学生在课堂上的主体地位，提升学生的学习能力，又会对提高课堂效率有很大帮助。

（四）采用综合性效果评价方式，对学习者进行更客观全面的评价

对学习成果进行评价时，应从多方面进行综合考虑。具体可以细化为学习者的学习态度、学习表现、参与程度与合作学习时的贡献等。而评价方式也要实行多种评价并行的方式，综合教师评价、小组互评与自我评价三方面得出最终评价。通过多种评价方式的组合应用，实现对学生日语口译学习效果客观、全面的评价。

第四节　语用学理论及其在日语教学中的应用

一、语用学理论概述

（一）语用学的兴起和发展

语用学也叫语言实用学，是研究语言应用及其规律的学科。语用学的名称最初出现在 20 世纪 30 年代，由美国逻辑学家莫里斯提出，当时他阐述了符号学可分为三个组成部分：符号关系学、符号意义学和符号实用学。

其中符号实用学即研究符号与使用者之间的关系。莫里斯的观点正好与语言学界不谋而合，他的符号学三分法被借用到语言学界，成为语言学常用到的三个平面的名称，即语法学、语义学和语用学。此后，在这个基础上又经过各专家的研究和发展，终于，语用学在 1977 年随着《语用学杂志》在荷兰的创刊，成为一门独立的学科。

1986 年国际语用学会成立，语用学的地位得到了国际学术界的认可。这一可喜成果与奥斯汀、格赖斯、利奇、舍尔、列文森、威尔逊等人的努力是分不开的。

随着语用学被正式认可，语用学的发展速度加快，受到了越来越多的专家学者的重视，他们认为语用学将成为一门特有前途的语言学科。语用学在 20 世纪 80 年代发展成熟，研究议题和范围不断扩大，各类专著不断涌现。

语用学的研究范围，从广度上说包括语境、言语行为、指示语、会话含义、会话结构等，这些方面是语用学研究的重要内容。

从深度上说，语用学研究内容在深度上不断发展，不断深化。例如，在语用原则

方面，格赖斯于1967年提出了会话的合作原则，此后这一理论又得到不断完善，因为有些话语故意违背了合作原则，这是运用语用合作原则无法解释的。所以，作为对这一合作原则的补充和修正，利奇于1983年提出了礼貌原则以及次准则。

随着越来越多的专家学者的关注和研究以及认知理论的发展，斯帕波和威尔逊于1986年提出了以认知理论为基础的关联原则。1991年，列文森又全面地提出了新格赖斯语用机制，力图从语用主体双方全面阐释话语的一般含义，这一语用机制的研究拓展了语用原则的适用范围，特别是在语文教学方面，它的适用范围不断扩大。

随着语用学在国际上得到承认，并获得越来越快的发展，国内语用学研究也掀起了热潮，这一研究始于20世纪80年代。并且国外语用学的理论被大量引进和介绍，这对国内语用学的发展起到了极大的推动作用。

起初，对语用学进行研究的领域是外语界，随着这一理论的影响越来越明显，并且研究的不断深入，我国汉语界也结合语用学的理论展开了对汉语语用学的研究。研究的内容主要集中在面向外语教学的语用学研究、语用学理论的研究和汉语语法与语用的研究。随着其与语文教学相结合，语用学理论的适用范围不断扩大。

（二）语用学的定义

尽管语用学的理论出现的时间较长，但对它进行一个准确的定义却十分困难。其原因一方面在于这一理论比较复杂，另一方面在于语用学独立成为一门学科的时间还并不长，这一理论还在不断地发展和深化，随着研究的不断深入，还有很多未知的内容有待研究。

什么是语用学？何兆熊在他的著作《新编语用学概要》中罗列了十多条在20世纪70年代至80年代出现的语用学定义，这些定义都多多少少地涵盖了语用学的相关特征，但是，没有一个定义是全面系统、能让大多数学者专家认可的。

例如，冉永平教授在《语用学：现象与分析》中为语用学下定义："语用学就是关于语言使用的实用学。简言之，语用学就是研究话语在应用中的语境意义，或话语在特定语境条件下的交际意义，包括意义的产生和意义的理解，还包括交际中语言形式和策略的恰当选择和使用。"

在此，仅详细介绍两种与语文教学关系紧密的语用学定义，一位是我国学者王建华教授，另一位是王元华教授。王建华教授在著作《语用研究的探索和拓展》中是这样定义语用学的："语用学是在动态的语言应用中研究说写者表达的语用意义和听读者理解的语用意义，并且研究语用意义的实现和变异的科学。"[1]

也就是说，语用学关注的对象是使用语言的说写者和听读者；关注语言使用中的各大因素，特别是语境在其中起到的作用；而且语用学也十分关注语言手段本身并使它同语用主体和语境联系起来。

---

① 王建华著. 语用研究的探索与拓展 [M]. 北京：商务印书馆，2009.

换句话说，语用学是从说写者和听读者两个方面及两者关系上，研究人们的语言理解和语言表达，研究特定语境下特定话语的含义，并研究语境的多种功能，研究语用的言内之意和言外之意及其这种意义产生的条件等。"

王建华教授还在《语用学与语文教学》中为语用学下了更精练的定义，即"语用学也叫语言实用学，是研究语言运用及其规律的学科，是以话语、语用主体和语境三大要素组成的整体，其中，话语的意义为核心内容"。

而另一位著名学者王元华教授将语义学与语用学进行了区分比较，在对比中定义了语用学，他是这样定义语义学和语用学的："语义学是对约定俗成的已经凝固在语形之中的语义的研究，通俗来讲，就是字典意义和语法意义的总和；语用学是研究在具体语境中语言使用者如何使用语义学中的语义达成交际目的。"①

比较语义学与语用学两者定义的不同，还可以发现，王建华教授认为语用学的三大要素即话语、话语主体和语境，其中核心要素是话语的意义，即话语的言内之意和言外之意。而王元华教授认为语用学的核心要素是话语主体，王元华的这一观点着眼于新课程标准的理念，认为语文教育首先是"人的教育"，要提高学生的语文素养，要关注学生的全面发展和教学过程中的自主合作探究。这一观点捕捉到了语文教育的精髓，并且与语文新课标的理念相吻合，具有前瞻性和科学性。

二、语用学理论在日语教学中的应用——以日语翻译教学为例

语用学最早见于美国哲学家莫里斯的《符号理论基础》中对符号学的三分法，即把符号学分为符号关系学、语义学、语用学。语用学主要研究语言的使用与语言使用者的关系。如今，语用学与其他学科如翻译学、应用语言学等相互渗透。

当前译界将如何处理翻译中的语用学问题称为语用翻译。它同语义翻译相对应，是翻译理论中的一个新模式。

在日语翻译教学过程中，认识到语用学重视的语境、言语行为理论、关联理论等对学生正确翻译原文很有帮助，培养学生的语用意识对翻译教学至关重要。所以，笔者将以语用学的理论为指导，从语境、言语行为理论、关联理论三个方面结合实例分析语用学理论在日语翻译教学中是如何运用的，深入探讨文化意象翻译时的相关翻译策略，并在此基础之上针对语用学理论在日语翻译教学中的应用提出建议。

（一）语境与翻译

语境指语言使用的环境或语言交际的环境。在言语交际中，语境对话语意义的恰当表达和准确理解起着重要作用。

关于语境在翻译中的作用，纽马克（Newmark）指出，语境在所有翻译中都是最

---

① 王元华. 语用学视野下的语文教学 [M]. 北京：北京师范大学出版社，2012.

重要的因素，其重要性大于任何法规、任何理论以及任何基本词义。在语用翻译过程中，应该充分考虑语境因素，并通过找到语境的关联来进行演绎推理，以准确并如实地再现原文的风格、信息等。只有正确地理解话语的语言语境因素和非语言语境因素，在翻译中才能认识、把握原语的意图，从而提高目的语话语表义的准确性。

翻译无论以何种方式呈现，语言、情境、文化等各种语境因素都不可避免地影响着翻译内容的准确性。

语境在翻译过程中起着不可估量的作用。译者必须考虑语境中的诸多语用因素，对人们词语的使用能力做出合理的分析，准确地将原文表达的各种意图翻译出来。

（二）言语行为理论与翻译

奥斯丁（AUStin，1962）的言语行为理论首次将语言研究从传统的句法研究层面分离开来，强调从语言实际的角度来分析语言的真正含义。

言语交际中的间接言语行为在缺乏语境的情况下，是很难理解的。这是因为同一个句子在不同语境下，可以用来表示不同的言语行为。并且汉日两种语言的同一句式所表达的言语行为也是不一样的。

例如，在日语中否定疑问句常常被用来表示"建议""邀请"等言语行为。这种间接言语行为发生时话语的字面意义隐含着另一种意义。面对这样的话语，译者就必须充分利用语境来翻译此话语，判断说话人的真正意图，并把该话语间接实施的真正言语行为在译文中表达出来，从而实现译文的语用语言效果。

在翻译时，译者只需根据原文的字面意义翻译出来，因为目的语读者或听者也可以根据语境，推导出说话者的"拒绝"言语行为。

在日语中表示邀请时，直接询问对方的需求被认为是不礼貌的行为。这就要求在翻译时应认真研究原文的暗含用意，力求使译文真实表达出作者的意图。

日本人称赞他人，特别是下对上表达称赞之意时，往往采用"受到恩惠"和"表示感谢"等形式。这是因为在日语中语言形式的"礼貌"不等同于语用意义上的"礼貌"，有些场合即使语言形式使用了敬语等礼貌的表达形式，但会因为给听者造成不快而变成不自然的日语表达形式。

汉日两种言语在言语行为方面存在诸多差异，但是由于学习日语的时间尚短，很多学生体会不出来。作为教师有必要把这种言语行为的语用差异通过举例子的方式明确告诉学生，提醒他们在翻译的时候多加注意，避免因受汉语母语的影响而造成语用失误。

（三）关联理论与翻译

笔者试图从关联翻译理论的视角出发，探讨在日语翻译教学中将如何教授给学生一些翻译策略，从而最大限度地避免或者减少文化意象翻译中可能出现的文化亏损现象。

1. 直接翻译

直接翻译指在译文中保留原语形象的翻译方法。如果能够在原文和译文的认知语境中找到相同或相似的文化意象，译者便可以采用直接翻译法。

我国有很多古典书籍传到了日本，日本人对古汉语中典故的接受程度较高。两国读者在认知语境中具有相同的语境假设，译者采用直接翻译的策略便可以传达出作者的信息意图和交际意图。

2. 直接翻译添加注释

译者看到原文中出现一些阅读难点时，为便于读者理解译文，可以在直接翻译的基础上采用添加注释的翻译方法。

3. 直接翻译加修饰语

同一文化意象在汉日认知语境中出现文化错位现象时，译者可以采用直接翻译增加修饰语的翻译方法，以使作者的意图和译文读者的理解相吻合。

4. 直接翻译增加隐含意义

译者可以凭借其他的百科知识，在译文中增加译文读者不熟悉的文化意象的隐含意义。

5. 音译

采用音译的翻译策略传达文化意象时，有必要提醒学生注意它的可接受性。否则，需要给音译加上适当的注释，以便译文读者接受。

6. 直接翻译和间接翻译的合用

遇到典故，感到仅靠直接翻译不能传达作者的意图时，译者可以综合使用直接翻译和间接翻译两种方法，直接翻译可以传达作者的信息意图，间接翻译可以传达作者的交际意图。

如果直接翻译"举人"一词，日本读者可能难以理解，因为在日语读者的认知语境中没有这样的文化意象。间接翻译法增加了相关信息，弥补了仅靠直译作者的信息意图可能会产生的文化亏损。

如今是一个我国和外国文化交流更加频繁、更加深入的时代。在翻译实践中遇到与文化相关联的事物的概率更高，这就要求我们灵活运用上述翻译策略，力求使翻译更加准确地表达原文意义，促进跨文化交际活动的顺利进行。

三、语用学理论对日语翻译教学的启示

1. 有必要提高学生的语用意识及语用能力

在日语翻译教学中，要有意识地把语用学的相关知识融入教学中，提高学生的语用意识和语用能力。首先有必要强调语境的重要性，引导学生从语境角度去思考原文

字、词、句的翻译。基础阶段的日语教科书，很多例句比较简单，只有独立的一句话，没有特定的语境，有时难免会给学生造成理解上的困难。针对这种情况，教师可以引导学生去设想这句话的语境是什么，会话的双方是何种人际关系，从而帮助学生正确理解句子并准确翻译。

编写日语教科书的时候，在增加句型种类的同时，需要明确在什么样的语境下才能使用。翻译教学中需要有意识地分析讲解语用失误的例子，以便使学生加深语用意识，避免语用失误。

2. 有必要教授语用翻译策略

教师要对不同的语言形式的语用功能和其使用语境进行充分解释，并结合实例分析语用翻译策略，以语用来促进翻译教学。除在课堂上有意识地培养学生的语用意识，结合教学内容介绍相关的语用规则之外，教师还可以通过其他渠道来培养学生的语用能力，如观看日语电影、日剧、动漫，阅读日本文学作品等。

教师要让学生意识到汉日两种语言词汇表达的特殊语用功能，在考虑文化差异的同时，要用不同语言的语用策略来完成翻译任务。可以告诉学生，寻找关联的过程就是提取各种各样有效信息的推理过程。

初学翻译者往往不敢增减词语，以致译文生涩拗口。翻译教学中如果能从语用学的角度讲清楚增减词语的依据，将有助于学生更好地掌握这一翻译技巧。

随着全球化时代的到来，某些词汇也在悄然发生变化。作为教师有必要训练学生的语言敏感度，让学生及时关注到语言文化层面的变化，以便使翻译更加准确、贴切。

总之，在教学中需要首先引导学生正确理解原文所包含的语用含义，包括言外之意。然后在深刻理解原文的语用含义的基础上，考虑如何传达语用含义以及传达到何种程度的问题。

第五节　元认知理论及其在日语教学中的应用

一、元认知理论概述

（一）元认知概念的界定

元认知的概念起源于"记忆的记忆"的研究，由弗拉维尔（Flavell）最先提出。弗拉维尔认为，元认知一方面指个体关于自己的认知过程、结果以及任何相关事物的知识，另一方面则指个体对自己认知过程的主动监控、结果的调整以及对各个过程的协调。

后来将元认知概括为"个体对自己认知状态和过程的意识和调节"。可见，元认知是认知主体对自身心理状态、能力、认知目标、认知策略方面的认知,也就是对认知的认知。元认知包括元认知知识、元认知体验和元认知监控等。[①]

元认知知识就是有关认知的知识,主要是主体通过经验而积累起来的,关于认知活动的一般性知识,即对影响认知活动的因素、各因素之间的相互作用以及作用的结果等方面的认知。元认知知识一般储存在个体的尝试记忆中,具有比较稳定的特点,它以意识化或非意识化的方式对认知活动施加影响。

元认知体验是主体在从事认知活动时所产生的认知和情感体验。它可能被主体清晰地意识到,也可能处于下意识的状态;其内容可简单,也可复杂,可以是对知的体验,也可以是对不知的体验;可以发生在认知活动开始之前,也可以发生在认知活动过程中或认知活动结束后。

可见,元认知体验直接影响着认知任务的完成情况,积极的元认知体验会激发主体的认知热情,挖掘主体认知潜能,从而提高认知加工的速度和有效性。

元认知监控是指主体在进行认知活动的过程中,将自己正在进行的认知活动作为对象,不断地对其进行积极而自觉的监视、控制和调节的过程。按认知活动的进展过程,元认知监控策略分为四种:制订计划、执行控制、检查结果和采取补救措施。

(二)元认知理论的结构

有关元认知理论的结构,研究者也是各有看法。弗拉维尔提出元认知理论的两大组成部分是"元认知知识"和"元认知体验"。

元认知知识为个体所存储的既和认知主体有关又和各种任务、目标、活动及经验有关的知识片段,元认知体验是伴随并从属于智力活动的有意识的认知体验或情感体验。布朗提出元认知理论的两大组成部分是"有关认知的知识"和"认知的调节"。

"有关认知的知识"是个体关于自己的认知资源及认知资源与学习情境之间匹配到何种程度的知识。事实上"认知的知识"就相当于弗拉维尔的"元认知知识","认知的调节"指学习者在力图解决问题的尝试过程中所使用的一系列调节机制,包含一系列的调节过程,如计划、检查、监测和检验等。

国内研究者一般认为,元认知理论由三部分构成,即元认知知识、元认知体验和元认知监控。它们之间是互相作用、密不可分的。

1. 元认知知识

元认知知识是指个人所具有的关于影响自己的认识过程与结果的各种因素,这些因素之间的互相作用及其影响方式的知识。它一般是指有关认知主体方面的知识,即有关人作为认知加工者的一切特征的知识,可以细分为以下几点。

(1)对个体内差异的认识。如能正确认识自己的兴趣、能力水平、学习特点以及<u>自己在学习特定内容时的限度</u>,知道自己哪方面的能力比较强,等等。

---

① 张雅明. 元认知发展与教学 [M]. 合肥:安徽教育出版社,2012.

（2）对个体间差异的认识。如能认识到他人认知能力的特点与长处，认识到自己与他人的种种差异。

（3）对不同个体间的认知相似性的认识。

第一，它是通过观察他人反省自己，对人类认知的一般性规律的认识。如知道人类理解有不同水平等。

第二，有关在认知材料、认知任务等方面的知识，主体认识到材料的性质、顺序、熟悉度、逻辑特点、主观方式等制约其认知活动的进展和结果；另外，在认知目标、要求方面，不同认知任务的目标和要求是不同的。

第三，有关认知活动中的策略知识，是指认知主体在完成认知任务时所需要的有关认知策略的知识。策略是提高认知活动效率的方法和技巧，涉及的内容很多，如进行这个认知目标，有哪些可以利用的策略、每种策略的优点和缺点、怎样使用这些策略等。有关认知主体的、认知任务的、认知策略的三方面的知识组成了认知主体的元认知知识结构。元认知知识是元认知理论的基础。

2. 元认知体验

元认知体验是主体在从事认知活动时产生的认知体验和情感体验，可能被主体清晰地认识到，也可能是下意识的感受。包含已知的体验，如我认为我对这篇文章的结构理解非常清楚；也包含未知的体验，如我觉得我自己对某句话完全不理解；内容上可简单也可复杂；时间上可长可短，如在写作时可能感受到一段时间的困难，随后这种感觉就消失了，也可能非常长的时间内仍然保持这样的感受。

可发生在认知活动的初级阶段，主要是对任务的熟悉程度、任务的难度和对完成目标的信心的体验；发生在认知过程的中期，主要有对当前工作进展的体验，有关主体面临的困难或遇到的障碍的体验；发生在认知过程的后期，主要是关于目标是否完成，认知过程的效率怎样的体验以及有关主体所得的体验。

认知活动中觉得将要失败而产生的焦虑，预感成功而产生的喜悦，从成功的经历中获得经验，从失败的经历中吸取教训，借此产生各种感受，这些都是主体在认知过程中的情感体验。元认知体验一般特别容易发生在需要激发高度自觉思维的工作中，因为这样的工作要求活动主体事先有充分的计划，事后有总结评价，并要进行策略选择，所以整个过程会提供很多机会使人们体验自己的思维。元认知体验是元认知理论的驱动力。

3. 元认知监控

元认知监控就是主体在进行认知活动的过程中，将自己正在进行的认知活动作为意识对象，不断地对其进行积极、自觉的监视、控制和调节的过程。[①] 它主要包括以下四个方面。

---

① 董奇. 论元认知. 北京师范大学学报，1989(1)：68-74.

（1）制订计划，即根据认知活动的目的要求，在一项认知活动开始之前构思各种可能解决问题的方法，并预估其有效性，选择最有效的策略，制定最合理的计划。

（2）执行控制，即根据活动目标计划，在认知活动进行的实际过程中，严格及时地监视、评价和反馈认知活动进行的各种情况，一旦发现认知活动中存在不足，就及时修正并调整认知策略。

（3）检查结果，即根据有效性目的标准来评价各种认知行动、策略的达成效果，根据认知目标评价认知活动的完成结果，正确估计自己达到认知目标的程度和水平，总结这个认知活动中的经验教训。

（4）采取补救措施，即根据对认知活动反馈结果的检查，如果发现问题，就及时采取相应的补救措施来弥补失误。

实际的认知活动中，元认知知识、元认知体验和元认知监控三者互相联系、互相依赖、互相制约，有机地组成了一个对主体的认知活动有高水平的自我意识和自我调节功能的开放的动态的系统。

具体来说，主体所拥有的各种元认知知识，有利于人们在认知活动中对活动过程进行实时监控，指导认知主体通过元认知监控这个具体的操作过程自觉有效地选择、评价、修改认知策略。

同样，它也能引起人们在整个活动过程中的各种各样的元认知体验，帮助主体准确理解元认知体验的含义。元认知体验与元认知知识是相辅相成的，主体产生的任何元认知体验均受制于相关的元认知知识，元认知体验也可能转化为元认知知识；元认知体验有利于加强元认知监控，对其产生动力性的影响。

元认知监控制约着元认知知识水平，可以不断检验修正相关的元认知知识，使主体所具有的元认知知识结构更加完善；元认知监控的每个具体步骤，都会制约着元认知体验的产生。在具体的认知活动中，元认知监控与元认知体验的关系是密不可分的。

元认知理论的三个部分是相互依赖、相互作用的，如迪尤尔所述："它们可以在概念上加以区别，但是它们又是相互联系着的整体，不可截然分开。"三者的有机结合构成了元认知理论系统。

综上所述，语境、言语行为理论、关联理论等语用学理论对翻译教学起着不可缺少的作用。在翻译教学的整个活动中，教师始终处于向学生传达翻译理论和翻译技巧的核心地位。所以，教师有必要把语用学相关理论引入翻译教学当中，为学生提供一种新的翻译视角和方法。

在课堂上进行实际的翻译训练，通过学生翻译，教师讲评、修改，培养学生的语用翻译意识，教会学生首先从语境的角度去把握原文并进行翻译。此外，还要学会调动已学的词汇、语法、文化等百科知识，不断寻找关联，灵活使用语用翻译方法，以期达到语用效果。

（三）元认知的培养

教学活动包含了各种认知过程。目前，国外做了大量的元认知研究，发现元认知在语言理解、写作、记忆、注意、问题解决和各种自我学习中都起着重要的作用。

元认知的培养包括以下几个方面。

1. 要完善元认知知识

完善学生的元认知知识主要从以下几个途径入手。

（1）加强学生的认识和加强自身认知特点的意识。在教学过程中教师要有意识地引导学生采用不同的方法进行学习，让学生充分了解自己的认知特点，并选择更加适合自己的学习方法。

（2）增强学生对自己的学习任务或目标带有影响因素的意识。如学习任务的性质、特点、要求的意识性的培养，这对学生合理分配时间和提高学习中的注意力的影响起着重要的作用。

（3）提高学生的认知策略水平。其主要包括认知策略是什么、适用范围、如何使用、何时应用这几个方面。如果学生掌握了这些知识，就能够很好地习得知识，将学到的这些策略迁移到未曾训练的情境中，灵活运用，完成任务，最后达到目标。

布朗在此研究的基础上提出了"感受自控训练法"，指在教学中帮助学生学会什么时候运用什么策略，并理解使用该策略的原因。同时，让学生加以练习，掌握不同的策略和使用的条件，做到彻底完善自己的元认知知识。

2. 丰富元认知体验

只有元认知知识是不够的，还要不断丰富学生的元认知体验，这也很重要。元认知体验不仅影响学生对任务目标的确立，还影响学生个体的元认知知识和元认知策略的产生。教师应在教学中积极地去营造元认知体验的情境，并引导学生产生元认知体验，这样的教学情境和教学氛围会帮助学生学以致用，兴趣倍增，提高学习效果。

3. 提高元认知监控能力

元认知的培养，要提高学生的元认知监控能力。元认知监控不仅需要通过学生个体内部的反馈来实现，还需要外部的环境作用，营造良好的学习环境和教学氛围可以更好地引导教师从外部反馈作用于内部反馈。心理学家认为迁移是一种学习对另一种学习的影响，学生的迁移水平在某种程度上体现了学生的元认知水平。

二、元认知理论在日语教学中的应用——以日语初级听力教学为例

（一）元认知理论在日语初级听力教学中的指导意义

所谓元认知理论，就是元认知知识、元认知体验和元认知监控三者有机动态的结

合，即选择有效认知策略来控制、指导、调节认知过程的执行，其本质是人对认知活动的自我意识和自我控制。

听力是一种有目的的、积极提取有效关键信息的行为，而听力理解则需要听力活动的主体对于输入的语言信息进行解码、加工、意义重构和输出，在这一过程中，主体的积极参与显得尤为重要。

作为一名语言教师，与传授学生一种语言技能相比，教会其如何听、如何学，如何用正确的思维习惯和方式合理规划、监控、评估学习过程似乎更为重要，尤其是在语言学习的初级阶段，这也是元认知理论在日语初级听力教学中的指导意义。

具体来讲，就是彻底激发学生的内在动力和学习热情，让学生自觉主动地树立学习目标、制订学习方案、选择学习内容、设计学习环节、调整学习进度、评价学习效果，从而引导学生养成良好的语言学习习惯。

（二）教学流程设计

所谓教学模式，就是教师教学理论或教学思想的反映。任何一种教学模式除了特定的理论指导与支持外，都必须具备与其理论框架相适应的逻辑步骤和操作程序，也就是说，某种教学模式的选择，直接影响了教学活动的流程和教学行为规范。

1. 课前计划与准备

课前准备阶段，是整个教学过程的准备阶段，也是保证这一教学模式顺利实施的最重要阶段。简单的课前准备，学生盲目地听，难以实现预期效果。在这一环节中，教师应做到以下两点：首先对学生的听力理解能力、知识掌握程度以及现有的学习方法等情况进行评估，并以此作为授课基础，开展后续的课程设计。

其次教师需要对本课所涉及的内容、文化背景进行梳理和剖析，将课程与学生已有的认知水平和知识结构相联系，合理选择授课的难易程度，并帮助学生了解听力材料以及每课的教学目标，进而有效调动学生的学习积极性，让学生根据自己的实际水平和情感接受能力，自行制订短期目标和实施方案。授课材料的难易程度选择尤为重要，过于简单的材料，会造成学生无须使用任何策略；而过难的材料，又会使他们没有时间去考虑如何运用恰当的策略。

2. 过程指导与监控

过程控制阶段，是整个教学过程的实施阶段，也是教师检验学生学习效果的主要手段。过程监控不等于简单的课堂提问检查，而更需要教师在这一过程中，对学生的课前准备情况进行准确的指导。学生执行自己所制订的学习计划，对学习过程进行有意识的自我监控，缓解了教师的部分课堂教学压力，为教师观察和了解学生的学习情况，并针对不同学生进行分层次的讲解和教学，提供了充足的时间。

在实践中，根据一年级学生学习中所遇到的问题，教师的主要时间用在了指导学生掌握语音识别、选择注意力、词义猜测、逻辑推理、图解速记等听力理解策略方面，引导学生合理利用这些策略并进行有效的调节和监控，从而帮助学生有效利用课堂之外的自学时间。

3. 课后评估与调节

学生完成每节课的学习计划后，对这一阶段学习过程的评价和反思，是整个教学流程的重中之重，它直接反映了每个阶段的教学目标的达成度和教学效果。在此阶段，教师要指导学生主动对自己的学习过程进行分析和评价，如是否达成了最初设定的学习目标、在听力策略的使用方面是否合理有效、在本课学习中还存在哪些问题和不足等，为更好地进入下一阶段的学习做好准备。

这一阶段中，学生的自我评价是否准确、是否合理，会直接关系到整个教学模式能否顺利实施。学生对自身学习效果评价过高，可能会养成轻浮、不深入的不良学习习惯；评价过低，则会打击学生学习的积极性。所以，教师必须要对学生的自我评价情况进行有效监控，帮助学生进行正确评价。

（三）教学实施细节及问题分析

元认知理论的应用对学生学习的自主性和教师授课中的整体把控与课后管理都提出了较高的要求，除了基本的教学计划设计外，实践中，笔者采用了以下辅助策略。

1. 建立"听力日记"，辅助学习

为做好积极有效的课后管理和整体把控，笔者在教学中，要求学生每天至少要进行30分钟的听力练习，并在完成任务后，对自己当天的学习过程进行分析和评价，包括目标的完成度、练习中遇到的问题、自己的薄弱环节以及自己的想法和改进措施等。学生将这一切以"听力日记"的形式进行表达，教师则可借此对学生的学习情况进行实时监控。

2. 激发学生的学习兴趣

语音听力训练阶段的关键在于消除学生的胆怯心理，激发学生的学习兴趣。大一新生在开始接触听力时，常会因日语的语速过快，以及弱化、吞音、音变等语音现象而感到畏惧、紧张甚至疲惫。这时，首先要尊重学生的认知发展规律，消除学生这种不安、焦虑的负面情绪，给学生营造相对轻松的学习氛围。教师要求学生选择一些自己感兴趣的内容进行听力练习，任务目标降低到能听准发音、记录自己学过的词即可，从而让学生在语音阶段轻松过渡。

3. 督促语言知识的积累

进入基础听力训练阶段，培养学生的元认知意识、发挥学生的主观能动性又成为关键，其难点是对学生完成情况的监控。教师可在课前将要出现的生词、句型、知识背景、听力要点等进行归纳整理并下发给学生，要求学生根据自身的实际情况制订合理的学习计划、调整学习进度，通过随堂小考检验学生跟读练习的完成情况，直至学生养成良好的学习态度和学习习惯。

4.指导听力策略

在学生的"听力日记"中，笔者发现诸多共性问题，如语速太快听不清、听不到全部内容无法理解句意、单词没学过听不懂等。笔者在实际教学中引导学生，要让自己习惯听不清、听不全、听不懂，消除学生的完美主义心理。

学生要做的是能够有目的地在语流中提取自己需要的关键信息，根据语境、语音、语调、语气和上下文的逻辑关系等，对所听到的内容大意进行推测，而教师则要培养学生掌握这种策略和灵活运用这种策略的能力。

（四）教学效果评价

首先，根据教学大纲的要求及学生日常的学习情况，将课程目标设定为以下几点。

1.培养学生较灵敏的听觉辨别能力，能识别清音、浊音、促音、拗音、长音、多音节组合等声音符号，掌握日语语音的弱化、无声化规律，理解常见的语音变化现象。

2.培养学生在语流中识别单词、辨别同音词和同义词的能力。

3.培养学生的听解策略能力，在情境对话中，能根据上下文的逻辑关系和思路的脉络猜出没听懂或没听清的词和词组的意思。

4.培养学生迅速捕捉重点内容、提取关键信息的能力，理解整段会话语言表达的大意，理解内容不低于70%。

5.培养学生的速记和概括能力，能以较快的速度大致记录下所听的内容，能将所听的话题和内容大致表述出来。

6.使学生在听力能力提高的基础上，逐步养成用日语思考和表达的习惯。

其次，在考试题型设计方面，充分考虑学生的整体趋向性和个体差异性，分别设有假名识别、听写单词、短对话、长对话、提取关键信息填空、原文填空、概括并回答问题以及听写句子等题型，不仅考查学生基础语音、知识的掌握情况，还进一步考查学生分析、推理、概括等综合能力的达成情况。

元认知理论指导下的日语初级听力教学模式，对于促进学生的认知水平，加强学生自主学习、自我管控能力的培养，提高学生听力水平和日语综合应用的能力，都有非常积极的指导意义。在教学实践中，还需要建立更加完善的课后管理和日常监督机制以及更加健全的教学效果评价体系，让元认知理论指导下的日语初级听力教学模式更加健全和完善。

第四章 日语教学研究新视角——多模态教学模式实践

21世纪是新媒体时代，人们的信息传播方式和学习、交流习惯都发生了巨大的变化。新媒体技术融入日语教学，改变了传统的单一模态的教学模式，呈现出多模态发展的态势。可以说，新媒体技术的发展为日语多模态教学提供了有利环境和条件，而多模态教学是适应社会发展、日语教学改革的必经之路，本章主要从多模态研究的相关概念入手，不仅将分析多模态话语各模态之间的协同关系，还将阐述多模态话语的认知过程及对日语课堂教学的调控作用，同时还将探讨日语教学的多模态课件开发，并将系统论述认知理论与多模态日语教学的整合与同构。

第一节 多模态研究的相关概念

一、模式

模式是指有组织、有规律的表达和交流方式，不仅包括静止的图像、手势、姿势、言语、音乐、书写等基本形式，还包括由上述基本形式构成的新的形式。根据社会符号学，模式不仅指表达和交流信息的方式，也指传递信息的符号渠道。在系统功能语言学研究中，模式也用来指"话语模式"，即口头、书面、电子、身体动作等交流渠道，任何一种话语模式都是通过某一种媒体或者几种媒体协同表现的，采用不同媒体可以产生不同的交流模式，模式的使用和变化在一定程度上影响信息的流动和话语特征。以教师"讲课"为例，教师可能一边播放PPT讲义课件，一边口头讲解，一边在黑板上补充板书，甚至配以动作示范，这在实际上同时使用了言语、手势、姿势、动作、板书、电子等多种交际模式。可见，模式的概念侧重于信息生产的过程和方式，是具有意义潜势的符号资源。

二、模态

模态是事物通过一定模式、方式或形式所表现的属性或情形。不同学科对模态的划分标准不同，模态作为信息接收者所感知的话语模式，既是媒体表达信息的结果，也是人们通过感官感知的交际结果。系统功能语言学和社会符号学认为，人们通过一系列具有意义潜势的符号进行交流，主要有语言（文字）、言语（声音）、副语言、图像、肢体动作、音乐等模态。认知科学则从人类的感知器官出发，把模态分为视觉、听觉、嗅觉、味觉、触觉等模态。模态的概念应该兼顾上述两种标准，分为宏观、微观两个层次：宏观上，以感知通道为标准，模态指的是信息受体通过感官对交流模式的感知形态；微观上，模态则是具有意义潜势的符号资源，是媒体通过交流模式表达信息的结果。在多模态话语研究中，可以先从宏观入手，然后再细化为微观的符号系统，比如：课堂上学生的阅读行为，从感知通道角度分析，这是一种视觉模态，但从符号资源角度分析，它还可以细化为具有意义潜势的图、文两种模态。随着多模态研究的深入，国内外学者从多角度界定和探讨模态，比如，根据表达媒体的性质，把模态划分为物质模态、感觉模态、时空模态和符号模态等。

三、多模态

多模态指的是通过整合、编排或编织多种不同模式的符号资源而形成一个语篇。从人类感知通道的角度，多模态就是同时使用两种或两种以上的模态。人类生活在多模态的世界里。人们通常都是运用多模态来感知和交流的。例如，学生在课堂上学习，一边听老师讲（老师的"言语"模式所对应的是学生的"听觉"模式），一边看老师的动作演示和在黑板上的板书（老师的"手势、姿势"和"书写"等模式所对应的是学生的"视觉"模式）。值得注意的是，有些模态，按照感知模态的划分标准，只是一个单模态，但却涉及两种或两种以上的符号系统，也就是说，按照符号系统多少的划分标准，这些模态也是多模态的。

第二节 多模态话语各模态之间的协同关系

一、多模态话语的基本内涵

（一）话语

话语是一个长期以来被十分广泛地以不同目的用于不同学科和思想流派的术语，不同学科对话语有不同的理解视角和研究方法。例如，在话语语言学里，话语是指能够完整地表达某种思想或意思的文字或语言，是比句子更大的语言单位。根据超语言学和符号学，话语指的是以表述为基础单位的活生生的言语整体。话语学界和系统功能语言学还常用"语篇"或"文本"指代话语的概念。

（二）多模态话语

多模态话语是相对于单模态话语而言的。根据话语涉及的模态数量，只有一种模态的话语是"单模态话语"，例如，广播仅涉及听觉（言语）模态，一份文字通知仅涉及视觉（语言）模态。同时涉及两种或两种以上模态的话语就是"多模态话语"。根据社会符号学，多模态话语是指在一个交流成品或交流活动中不同符号模态的混合体；换句话说，在一个特定的、完整的话语中，不同的符号资源协同地构建意义、实现交际目的，可通过整合模态的两个不同标准，把多模态话语定义为"运用听觉、视觉、触觉等多种感觉，通过语言、图像、声音、动作等多种手段和符号资源进行交际的现象"。

总之，多模态话语中"多"的含义十分丰富，它既包括交际者的视觉、听觉、触觉、嗅觉等感知渠道，又包括交际时的各种媒介及其符号，如声音、语言、动作等。多模态话语使"话语"不再局限于语言和文字两种表达方式，而是由多种方式表达的意义实体。多模态话语可以体现出"话语"更深层次的意义及复杂性。

二、多模态话语形式之间的关系

（一）多模态话语间关系的理论基础

基于系统功能语言学理论，可以组成多模态话语分析综合理论框架，根据这个框架，可以设计出动态多模态话语分析框架。

受意识形态的支配和体裁系统的制约，在特定的语境中，交际者根据实际语境和交际目的，选择合适的模态和体裁结构将要表达的意义表现出来。交际者可以选择用视觉模态（如图形）表达，也可以用听觉模态（如音频）表达。在系统选择中，最关键的因素是利用好不同模态之间的关系，使不同的模态相互配合，从而构建动态多模态话语的整体意义，因为不同的模态体现的意义属于同一个交际事件，需要整合为一体才具有交际意义。这种模态之间的配合主要体现在模态的形式层面，即在词汇语法层面表现出来。将此关系可以总结为互补关系（强化和非强化）和非互补关系（交叠、内包和语境交互）两大类。

模态之间的关系不是静止的，而是随时间推移而变化的动态过程，可能是以图像为主、语言为辅的过程，也可能是以语言表达为主、图像和动画为辅的过程。如果是以图像为主，那么图像中的文字与图像之间也是一种互补的关系。两者之间关系的变化是和交际事件的进程密切相关的、这种动态性的文字、图像与动画的关系，是动态多模态话语分析的研究要点。

（二）课堂中多模态之间的关系

课堂教学话语是以多模态为特点的。多模态基本上分为五种：视觉模态、听觉模态、触觉模态、嗅觉模态和味觉模态。教师的话语在教学中属于主要模态，但是话语是抽象的，不能形成具体的、形象的且能够存留的信息，所以教学过程中还需要多种模态相互配合。在一般的课堂教学中，文字是话语的主要补充方式。但是在科学技术飞速发展的今天，新技术能够为课堂教学提供更多的模态配合，各种模态之间相互协同，共同构建有意义的课堂教学。在研究各种模态话语形式之间的关系时，首先需要考虑的是：人们使用多模态进行交际的意义是什么？是生理和心理的表现需求？还是因为多模态能更加充分地体现出交际者的实际意图？一般情况下，可能这两种情况都会涉及，但是最主要的原因应该是第二种，即一种模态不足以表达清楚交际者的意义，从而利用另一种进行强化、补充、调节、协同，使交际者能够更加充分、准确地表达其实际意义，使对方更容易明白交际者的目的。

从这个方面看，多模态话语的作用就是要充分表述讲话者的实际目的。典型的多模态话语模式是指一种模态的话语不能充分表达其意义或者无法表达其全部意义，需要借助另一种模态补充，这种模态之间的关系称为"互补关系"，例如，在课堂教学中，教师的话语不能充分表达其真正目的，从而借助投影仪播放一段动画，将语言和视觉模态相互补充，达到使学生充分理解和深刻记忆的目的。

在这种互补关系中，各种模态各司其职，通常其中的一种模态是基本模态，如语言，在多模态中具有基础的交际作用；另一种模态具有补充作用，补充可以是强化，也可以是补缺。强化关系是一种或多种形式对基本模态的强化；补缺是在两种模态缺一不可的时候，互相作为对方的补充，视觉和听觉就是一对模态组合。

非互补关系，是指其他模态对基本模态在意义的表达上作用不明显，但是依然可以作为一种模态进行意义表达。这种关系一般体现为模态交叠和语境交互的关系。交叠现象是两种或两种以上的模态同时存在，相互之间却没有强化的关系；模态与语境的关系可能是积极的关系，也可能是消极的关系。情景在参与交际的过程中，所依赖的是交际者的交际目的和方式。所以，多模态性多体现在对情景依赖较强的交际中。

三、多模态话语在日语教学中的协同关系

（一）多模态话语在日语课堂教学中的协同关系

1. 课堂话语的意义建构

课堂话语的意义建构过程是符号实践的过程，也是物质过程。社会符号及系统功能语言学的理论为多模态课堂话语分析提供了理论框架。课堂教学是由教学内容、师生关系和课堂模态调用三个方面组成的。课堂教学内容的大纲是以布鲁姆的理论为指

导的；各种符号资源之间通过相互作用实现整体的意义；元功能理论为课堂教学中各符号间相互作用的研究提供了分析工具，学生在理解符号资源相互作用中完成意义建构。建构主义认为教学环境中的符号作用于意义建构。意义构建是学生根据已有的知识对现实情况进行认识并理解的过程，是学生个体建构与社会协商的结果。

鉴于其他模态具有与话语模态相近的作用，所以要对多模态进行系统描述，对多模态交往过程形成的结构进行分析与研究。首先要研究的是语言系统中的词汇语法，多数语言的词汇和语法系统都能得到系统的研究与描述。其次是对各个模态的系统和结构的研究，大多数情况下，到了意义层面就不能真正厘清词汇语法系统和意义系统的区别，所以，对多模态的研究还处于认识阶段。

2. 日语多模态课堂

（1）日语多模态课堂中的要素

教师、学生、教学内容以及教学媒体是构成大学课堂教学的四要素。这四个要素对于课堂教学来说缺一不可。在课堂教学过程中，教师利用教学媒体，将教学内容传授给学生，学生是学习的主体，教师是课堂的主导，各个要素相互影响与制约，使教学具备了特殊的意义。在教学过程中，如何利用多模态使课堂四要素的功能得到充分的发挥，是值得日语教育者思考的问题。

①教师。教师处于课堂教学的主导地位，不仅在教学过程中，而且在课前组织和课下反思中都发挥着重要的作用。教师在语言表达上，除了用日语表达，还用面部表情、声调语气等多模态话语对学生进行教学。话语表达是课堂教学的基本模态，教师的声调、语气、音量、口音等都会对教学产生影响。在平常的教学中，日语教师的基本要求是发音标准、音量适中、抑扬顿挫、字正腔圆。

在课堂学习过程中，学生仅使用听觉模态是不行的，还要通过视觉模态帮助理解和强化记忆。一个人的真实情感和情绪都可以在面部表情上得以体现。所以面部表情是师生交流情感的纽带，起着不容忽视的作用。在课堂教学过程中，教师可以用点头、微笑、眼神与学生进行情感的交流，不仅能增进师生之间的感情，还能活跃课堂气氛、增强学生的自信心。

同时，身体语言在课堂教学中也起着强调与补充的重要作用，甚至可以替代话语，当学生不能明白教师的讲解时，可能通过教师的一个手势立刻理解所讲之意。

②学生。在课堂教学中，学生处于主体地位。学生是多模态教学课堂的重要组成部分，学生在学习过程中应主动探寻未知世界进行知识建构。在多模态课堂教学中，学生应积极调动自身的感官，主动接收通过视觉、听觉、触觉等获得的信息，主动建构自己的知识体系并及时与教师进行沟通。学生通过听、说、模仿等练习提高日语能力和听力。想要说一口地道的日语，必须通过大声读书和模仿练习才能实现，这种练习属于听觉模态符号。学生回答教师的提问，表明学生能够积极参与课堂学习。

在多模态课堂教学过程中，一些话语的意义需要通过非语言因素体现。这不仅要求教师注意语言语气、手势体态，也要求学生对教师的教学内容做出反馈行为，用语言或眼神与教师进行交流。这样既可以督促教师改进教学方法，又可以构建和谐课堂，实现多模态教学的最佳效果。

③教学内容。在多模态教学中，教学内容的传播主要以视觉模态和听觉模态为主。视觉模态符号由书面语言和与教学相关的图片等组成。随着计算机技术的发展，多模态教学中大多会用到 PPT。教师在制作 PPT 时，要充分考虑到字体、背景、色彩、图片等因素，使 PPT 课件发挥最大的作用。在情景教学中，实物展示最利于学生单词的识记及内容的联想；图片是对文字最重要的补充，有时一张图片比一段话更加形象和直接；而视频是对图片的补充，它能更加生动形象地实现教学目标，有利于活跃气氛，加深学生的理解。当然，过于复杂的教学模态可能会影响到教学效果。听觉模态符号由教师的讲述、录音的播放、学生的发言和讨论等组成。教师字正腔圆的讲述，能够得到学生更多的关注，使学生了解更多相关的知识；同学的发言和谈论也会激发学生学习的主动性，促进学生之间的知识和情感交流，用发散思维学习日语。音频材料在日语教学中使用得比较广泛，学生通过长期的、大量的听和练，才能提高听力水平和日语水平。要选择适合本阶段学生学习的音频资料进行练习。

④教学媒体。多模态教学是多种模态协同合作的教学模式，在日语教学中使用的多媒体教学平台、语音教学平台以及网络互动平台是多模态日语教学的辅助手段，让学生能够身临其境地享受日语教学，激发学生的学习热情，达到最佳的学习效果。在日语教学中，各种模态相互协同发生作用，有教师的口语表达、学生之间的问题讨论，还有通过 PPT 展示的图片、文字、动画等。

（2）日语多模态课堂的教学过程

根据功能对教学过程进行分段分析，可建立为教师提供参考的基于模态的日语教学语类结构。其中，有七个阶段是必选因素，六个阶段是可选因素，两个因素的顺序可以根据所教内容安排。基于多模态的日语教学语类结构可以总结为：

开始—教学目标—（学习要求）—（过渡阶段/复习阶段）—导入—文化背景—课文内容—语言讲解（语言相关的活动）（情境相关的活动）（学生自学）—主题类总结—语言类总结—作业（作业相关的活动）—评价。此外，他还对修改版的布鲁姆教学目标分类法进行分析，总结教师在每一个分目标下的最佳角色。

（3）日语多模态课堂中的角色建模

角色建模是指从社会协作角度分析一个角色模型内的角色交互，定义承担这些角色的实体应具备的任务和能力，目的是建立完整的角色描述。建模侧重于一个对象在系统中的位置和责任以及与其他角色的行为交互。角色建模语言里的两个最基本角色是人角色和非人角色。课堂环境下的人角色指的是教师和学生；非人角色指的是课本、黑板、音频、视频等。教师角色是行为发起者，学生、视频、音频、课本、黑板等角色是行为引发者。教师角色策划、设计、组织实验、反思教学活动、实施教学理念，学生和上述非人角色对教师行为等做出回应形成互动。

（4）日语多模态课堂教学的环境

日语课堂多模态环境由媒体、模式构建而成。学生是媒体服务的对象，是课堂信息的接受者，课堂上主要采用视觉、听觉、触觉三种模态。在多模态日语课堂上，学生与学生之间传递信息，学生也反馈信息给教师，通过口头表达、书面表达、肢体动作等方式进行信息传递与反馈。

（5）多模态在日语课堂中的协同建构

21世纪的日语课堂不单是语言模态教学，而是多种模态协同完成的教学模式，包括日语、文字、图片、音频、视频、动画等。不同的符号系统在适当的语境中表达出交际者的目的，但是系统符号不会独立表达交际者的目的，而是和其他模态符号共同完成交际者的目的。从模态的角度讲，课堂教学涉及多种模态的配合，第一是口头模态，表现为教师和学生的口头对话和交流；第二是以 PPT 为载体的模态组合，包括图像、文字、录像和声音等；第三是教师和学生在教室内的活动；第四是教师和学生的手势和身势动作；第五是教师的面部表情；第六是教室的空间布局以及周围的相关事物。

①课堂布局属于视觉模态的范畴。它确定了教学的环境，也确定了教师和学生的权位关系和角色。黑板、幻灯片是学生的视觉对象，讲桌和讲台象征着教师的权威和职责，也是教师权威教学的主要工具。

②课堂教学中以听觉模态为主。教学的过程实际上就是口头交际的过程，视觉模态只是为课堂教学提供背景信息，起辅助和强化听觉模态的作用。

③在课堂教学中，教师的话语占整个话语量的 60%~80%，占主导地位。学生接受的主要信息来自教师的话语，所以对教师话语的质量有较高的要求：日语表达要准确深刻，要有正确的语法、精准的词汇、字正腔圆的发音以及匀速的表达。日语教学要求教师具有很高的日语口语能力。此外，教师在课上的发音高低、语调和节奏、吐字清晰度，都会影响教学效果。在听觉模态内，各模态之间协同合作，辅助日语模态进行教学。

④教师在实际工作中也会使用视觉模态作为话语模态的补充，用图片或动画补充话语模态，用面部表情或手势辅助话语模态进行意义的表达。此外，教师也可以通过人际意义来提高教学效率，如亲切的表情、工整的着装、站姿挺拔和适当的走动等。所以，教师的表情冷淡、没有微笑、不亲切等，在一定程度上会影响教学效果。

⑤话语交际是双边的，教师只教而学生不学也不能达到教学目的，教师尽量获得学生的反馈，没有什么比日语交流更能提高日语交际能力了。

（二）多模态话语在日语"课外"教学中的协同关系

随着互联网技术的发展，有许多聊天室和在线访谈服务为学生的日语练习提供了便利的场所，在这样的环境下，每名学生都能进行课外练习，并以此作为课堂教学的辅助手段。

1.作为教师，可以在固定网站上设置专门的课程站点，也可以导入学生站点。同时，还可以完成授权学生用户、布置作业等任务，以导学方式吸引学生展开学习资源的分享与协作学习项目的创建过程。

2.教师可以利用QQ、微信、电子邮件等方式，在线辅导学生学习，及时评判作业，还可以建立QQ群、微信群等，实现即时的交流与讨论。

3.网站可以提供页面流量统计与分析的功能，这些功能有助于教师了解有多少学生参与线上协作学习，有哪些学生对哪些栏目感兴趣，有利于教师对协作学习进行更加客观的评价。

第三节　多模态话语的认知过程及其对日语课堂教学的调控作用

一、多模态话语的认知过程

（一）多模态话语信息认知教学模式

大脑在学习过程中所起的作用和外部行为背后的意义构建是认知心理学所关注的。认知心理学强调，学习的过程是知识构建与理解的过程，是构建意义的过程。学习者通过与他人的交际来掌握知识。"构建意义"并不是让学生空想出一个意义，而是让学生在与他人交际的过程中，构建自己所理解的意义。这个过程分为三个部分：

第一，在交际过程中，通过视觉、听觉、触觉等多模态方式来获取信息。

第二，大脑通过交际过程获取信息，进行意义构建。大脑需要视、听、触、嗅和味五个模态进行内部与外部信息的互动。这五个模态有各自的子模态。模态的感受器有的是外感受器，负责处理与外部互动时进来的信息；有的是内感受器，负责接收和处理来自身体内部的信息。

第三，学习者通过学习效果的外部行为表现来获取实践能力。

多模态信息认知教学模式是三位一体的教与学模式，由信息、认知和多模态三者构成（图4-1），是一个多模态语篇的设计者（教师）和学习者（学生）互动的过程，其指导理论是认知学习理论。21世纪，日语课堂由教师、黑板、电脑、投影仪等组成，学生的学习过程是与上述多模态进行和谐互动、构建意义的过程。教师是这个过程的设计者、组织者和信息的传播者。具体而言，多模态是教学过程中教与学的方法，信息（主要指语篇信息与非语篇信息）是教与学的内容，学生认知能力发展是教与学的目标。

图 4-1　多模态信息认知教学模式

需要注意的是，学生与教师的位置可以互换，图中的箭头并不是单向的而是双向的，学生在某些时候可以替代教师的角色。根据该模式，教师应多模态地教，学生应多模态地学，师生合作进行多模态评估，这种教学理念是多模态信息认知教学模式所独有的。该模式的教学目标是培养学生的信息敏感度，提升学生的认知能力。

多模态信息认知教学模式对教师提出了新的教学要求，要求教师教学从教材权威型、知识获取型转向技能训练型、经历体验型和资源发展型（认知发展）。

（二）认知过程分析

1. 学生主体认知的模式

教师设计和组织的教学内容是学习者认知方面的重要组成部分。在教学过程中，学习者是认知的主体，需要输入和整合教师所提供的如声音或文字模态的信息，其最终目的是使学习者能够对这些信息内容加以理解、消化和吸收，而教师应该关注学生的认知程度和认知效果。从宏观角度来看，影响学习者对信息整合的深度、认知效果的因素有多种，对以学习者为主体的认知模式的分析，教师可以通过调整讲解信息的组织方式和传授方式以及元注意能力的培养等方面提升自身的教学水平。

本节依据不同的模式特点，总结出其共性，并设计出学习者主体认知模型。以学习者为主体的信息整合加工过程如图 4-2 所示。

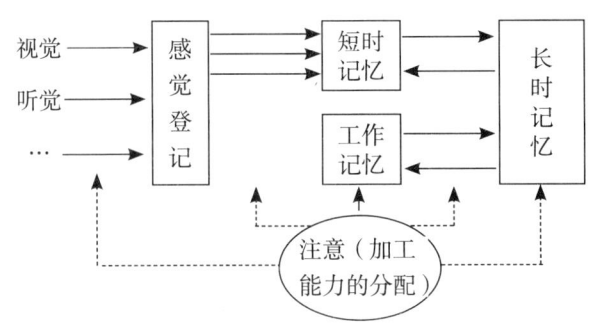

图 4-2　信息整合加工过程

学生主体认知模式的核心内容是"注意"。"注意"的局限性会影响整个认知进程中的信息整合过程。换句话说，学习者能够在某一个时间段内注意到的信息内容是有局限性的。这种局限性会引发两个问题：第一，教师在进行教学设计时要考虑到学生在课堂教学中是否能够充分吸收教学内容，教学内容是否简单易懂；第二，外部环境的刺激物较多，认知活动较复杂，学生应该关注信息的内容和认知的方式是否适合自己，应该怎样高效地进行认知。所以，如何组织信息、传递信息是教师首要考虑的问题，帮助学生提高调解能力和保持好注意力是教师在教学过程中应该注重的方面。

2.教学实践中的信息组织方式

通常情况下，学习者有两条信息加工的路径：第一，学习者对事物的认知是由点到面再到整体的，是基于数字信息进行制动的加工模式；第二，用学习者自己原有的信息或知识对当前接收的信息进行加工，这是对概念信息的再加工模式。在实际学习过程中，上述两条路径都是常见的。学习者自身的知识结构、能力水平存在着一定程度的差异，这使学习者加工信息的深化程度和最终所取得的信息加工成效出现一定程度的区别。作为认知和信息的发布者和传递者，教师应在承认和尊重这些差异性的前提下，尽可能地将所要讲授的内容合理加工成容易被理解的信息，同时注意因材施教。笔者认为，在教学过程中要把握以下三点才能将传递的信息有效组合。

（1）充分精练地演示认知对象的特点

认知对象可以指某些学习者认为较难消化的知识点，如某个计算系统、某个专家的观点或某个数学定理等。这个原则以强化知识点为主。比如，遇到一个既难理解又容易出错的计算系统，那么我们应该重点把握系统的特点，理解系统输入和产出存在的关系，而不是从系统理论的讲解入手。这就是所谓的先来后到，而且针对特征的深化认知也有利于学习整体化的构建。

（2）已传递的知识点能够为新知识点的介入奠定基础

这种表现模式主要体现在将旧知识中的某些条件更换或某种形式变更这两种情况上。旧知识点和新知识点之间或是一种补充关系，或是在此基础上的提升。

（3）最大限度地体现知识点之间的关联

事物之间的关联性是客观存在的、不可改变的，落实到学习中的知识点也是这样的。因为学习者对知识点的学习是建立在自身已有的知识点之上的，它们之间有一定的关联性，对于学习者知识层次的构建、知识的转移和创新技能的提升有着重要的现实意义。

需要注意的是，作为认知的主体，学生在对信息进行加工的过程中存在个体差异性，即不同的学生对同一教师传授的相同知识点的信息加工效果差异显著，同时他们的编码过程是不同的，所以学习者的学习效果呈现出明显的差异性。这也是教师在授课过程中需要考虑的一个方面。

3. 激发学习者的"元注意"能力

从实践的角度来看，元注意力是教学实践的最底层。注意是心理活动对一定对象的指向和集中，是伴随着感知觉、记忆、思维、想象等心理过程的一种共同的心理特征。注意的有限性取决于认知材料的质和量，取决于可以执行的信息任务的类别以及各类信息任务之间的差异度和协同性。换句话说，学习者的认知注意在某段时间内加工和整理的信息是有限的。激发学习者有意识地注意自己的注意力和有意识地限制和控制自己的注意力是非常必要的，其中涉及注意的选择、注意力的监控、注意力的调配以及使注意力变得自动化。下面从教师的角度列举了几点培养学习者元注意的策略。

（1）展示学科内部的趣味性和价值所在

物质鼓励固然重要，但是学习者对所学知识点的趣味性和价值观的认同更为重要。某些课程的教学目的、任务目标和授课意义都在教案中给予了详尽的描述，但是这样的描述往往都是非具体且晦涩难懂的。所以，学习者很难对此有兴趣，难以激发"元注意"能力，更不能将其转化为学习动机和潜力。每位教师都应该对学科内部的趣味性和价值所在进行深入探究。从实际教学来看，课堂上发言积极、讨论激烈的那些学习者激发了较浓厚的学习兴趣，学习渐渐地变成了一种积极和主动的探究过程，因为自信是建立在成功的基础上的，源于这些学习者已经感受到了成功运用知识的喜悦感，而这种喜悦感让他们体会到了这些知识对他们是有益的，进而激起了他们的学习热情。所以，在教学实践中，教师应该设法提供给学习者一些成功的案例和较好的实践体会，让学习者感受课程的知识结构带来的成就感和兴趣，从而探究和了解课程的价值所在。

（2）巧妙运用"设疑—解疑"的讲授方式

在授课过程中，无论从提升学生的注意力还是以信息内容进行深层次加工来看，在恰当的时间和地点提出一些应景的问题是一种常见和有效的教学方式，这也是教师采用比较多的一种授课方式。应该强调的是，提出疑问的方法和时机是值得再思考的。经常性的提问容易使学生产生厌烦和懈怠的态度，而对疑惑的不充分解释会让学生疑惑，不能达到较好的学习效果，同时学生的注意力会被分离。此外，提出疑问的人不能仅局限于讲授者，应该鼓励学生向自身提出且自己找到答案，最后由教师给予充分的解释。

（3）显露认知过程，建构认知结构

学习过程强调的是过程而不是结果，因为学习的过程是学习者对知识探求的一个过程。科学知识都具有一定的认知规律和内在的认知过程，若学生通过充分融入知识的获取过程而对某些认知规则能够深入地识记、加工和利用，那么学生的注意力则会呈现出较高的聚集性，对某些学科的感知程度、信息的加工程度也会比较深刻。在教学实践中，教师要充分地讲述认知过程并积极地构建认知结构，使学生在大脑中形成对比、连接的关系。通过这种认知活动，学习者自身所储备的信息和资源将会得到高效利用。此外，还可以通过建构学习者的知识结构来完善教学过程。

（三）多模态话语在教学认知中的意义

多模态话语教学符合信息时代的发展趋势，使用多种符号的形式进行师生交流，更能提高学生的多元认知能力。从这个意义上讲，多模态教学模式不仅改变了教学方式，还提高了教学效率。日语教学的目标是培养学生的多元识读能力和多模态交际能力，而这个目标必须是以多模态话语分析理论为基础的。日语教师要通过明确指导、多模态示范和设计情景任务等，引导学生多元识读和多模态交际，最大限度地发挥学生的主体意识，实现课堂互动，从而提高学生的综合能力。教师在课堂上可利用多媒体技术，将文字与图像、声音、视频等相结合，通过听觉和视觉模态，调动学生学习的积极性。

多模态教学是一种新型教学模式，它打破了传统教学模式以教师讲授为主的单一线性模式，主张利用多种教学手段来调动学生的多种感官，是一种立体化的教学方法。因此，多模态教学模式符合教学的要求，是超文本思想的集中体现。随着科学技术的不断发展和创新，先进的科学手段和信息技术应用到了社会的多个领域，教育领域也不例外。为了更好地开展高校素质教育，现在绝大多数高校已建立了多媒体教室、语音教室等教学场所，大部分普通教室也配备了计算机、投影仪等多媒体教学设备，有的高校还建立了校园局域网以及数据库，甚至开通了网络在线学习平台，这些都为多模态教学提供了充足的资源基础和有力的技术支持。

在日语教学中，利用多模态教学模式进行教学具有积极的意义。多模态话语理论和多模态教学法等最新理论和研究成果立足于课堂教学，构建了"多模态信息认知"的教学方式。该教学方式的特色是教师多模态地教学，学生多模态地学习，师生多模态地综合评估教与学的理念。多模态教学指教师（在某些教学环节中也可指学生）在多媒体环境下，充分调用多模态获取、传递和接收信息。教师可采用视频、电影剪辑、录音、图画、图表、实物等传递信息，充分开展教学活动。每次课程准备均关照多模态的有效结合。教师根据课程具体内容清晰地搭配使用各种模态，准确掌握语篇信息与非语篇信息的合理比例和关系。多模态学习指学生（也可指教师）运用多模态观察、分析、表述各类信息的认知能力。教师引导学生多模态地获取、加工各类语篇信息并在课堂上呈现和交流，引导学生敏锐地捕捉课堂上老师和同学所提供的各类与语篇信息相关的非语篇信息，将非语篇信息转换为语篇信息，达到课堂高度互动。多模态综合评估指教师和学生采用多模态评价模式进行互评和自评，每节课后收集整理评价结果，将其作为动态评价师生表现的重要根据。要加大对教师和学生运用、辨识、处理多模态信息的能力的评价比重。每学期各项动态测评成绩按一定比例计算，计入学生总评成绩。

总之，多模态教学以主模态——语言模态为基础进行意义构建，以其他模态为辅助手段，共同进行意义构建，使主模态产生最佳的效果。

二、多模态话语对日语课堂教学的调控作用

（一）多模态话语理论在日语教学中的运用

1. 利用多模态话语构建日语课堂

根据多模态话语理论的要求，日语课堂构建要通过利用如音频、图片、文本、食品等各种教学资源来实现，充分展现教学资源的多元化特点。相关研究表明：学习者在学习过程中通过各种感觉器官接收信息并经过大脑处理，再经语言进行输出。学习的过程是各种感觉器官相互配合、通力协作的过程。所以，在教学中，教师要根据多模态话语的互动教学理论，利用各种教学设备激活学生的思维，引导学生从多个角度理解和分析日语知识。

2. 基于视觉符号的视听教学

多模态话语理论是利用两种以上的感官教学理论；通过视觉符号的视听教学是日语教学的一种多模态话语教学模式。视觉图像可以将画面生动地再现，增强学生的视觉效果。具体的视听教学方式可以从语料选取、课堂实施和能力评价三方面着手。

（1）语料选取：视听教材种类很多，选择不当不仅不会提高学生的学习效率，反而会分散学生的注意力。视听材料的选取要以实用性和真实性为原则，如学术报告、话题访谈等，应尽量避免冗长的材料。

（2）课程实施：互动形式为"教师—试听语料—学生"。教师首先要激发学生对听力的兴趣，然后展示视觉符号。课堂实施中，教师要充分利用会话形式，交互呈现视觉、听觉、文本等模态，利用文字、图片、视频等方式传递信息。

（3）能力评价：除了检验学生有关音频输入的能力，教师还应对听力材料中的背景知识、表情动作、语音语调等因素的再次重现进行精心的模拟考核，这也是多模态试听能力的培养目标之一。

（二）多模态话语对日语课堂教学的作用

1. 激发学生的参与积极性

多模态话语理论中的非语言因素对于信息的传递以及意义的建构起着不可小觑的作用。这些非语言因素主要包括：语言特征如语调、声调、音响度等因素；身体特征如表情、手势、动作等因素；非身体特征如设备、环境和网络等因素。在多模态的教学方式下，教师利用图像、音频等方式对语言知识进行多角度的诠释。例如，单词课上，教师可以播放含有目标单词的英文歌曲及电影视频，吸引学生注意，从而加深对单词的记忆。在多模态教学环境下，通过文字、声音、图像等因素的相互作用，对提高学

生日语学习的积极性具有举足轻重的作用。

2. 提升学生学习兴趣

多模态话语理论能够通过视觉和听觉实现场景互动的功能，采取"教师—试听语料—学生"三方互动的形式，刺激学生的相应感官，生动传递并强化知识重点，丰富课堂教学内容，加深学生对知识的理解。例如，教师通过具有感染力的语言描述以及肢体动作，同时播放背景音乐渲染气氛，使日语学习变得生动有趣，充分激发学生对日语学习的兴趣，从而提高教学质量，加强日语课堂的学习效果。

3. 强化学习记忆

在日语课堂中运用多模态教学模式，可以强化学生的学习记忆，并提高记忆的持久性。经大量的实践研究证明，记忆与获取信息的模态有着密切的联系。而多模态的课堂教学模式注重多种感觉器官并用，可以帮助学生提高记忆的持久性，使学生对词汇、语法等内容的记忆更加牢固，从而增强学生的记忆效果，提高课堂教学质量。

4，促进知识内化

在课堂中运用多模态的教学模式，可以将文本的内容生动、活泼地呈现出来，有利于营造真实的语境。在课堂学习的过程中，学生可以亲身接触到不同形式的规范日语，使日语贴近自己的生活，而真实的语言环境可以促进学生摆脱母语的束缚，提高大脑对日语的综合反应能力，便于学生对日语知识的理解和吸收，有助于日语知识的消化。多模态的课堂教学模式要求语言与文化紧密结合。视觉、听觉模态的融合加之语言与文化的自然结合，会让学生在声情并茂的故事表述中不自觉地吸收着日语知识，并将其内化。

5. 提高语言运用能力

多模态在日语课堂教学中的应用，可以提升学生的听、说、写能力与日语表达能力，从而提高学生对日语的综合运用能力。例如，日语试听课上运用视频语音教学，学生通过视觉模态与教学视频的互动，在视听学习中获得直观性和体验性，通过视听途径获取语言信息，然后通过语音系统进行日语表达，以团队制作的形式，运用计算机设计功能，融合图片、表格、视频短片符号模态展示观点及看法，在这个互动的视听说过程中，学生的日语综合运用能力得以提高。这种体现性的学习模式符合隐形教育模式的理念，让学生在不知不觉中获取知识，并提高了自己的日语综合运用能力，从而提高课堂教学质量。

第四节 日语教学的多模态课件开发

一、多模态课件

课件是指在某种学习理论的指导下,为实现特定的教学目标或为支持教学活动而开发的课程教学软件包,包含了特定的教学内容和教学策略。根据应用环境的不同,课件可以分为一般多媒体课件和网络多媒体课件等;按照课件在计算机辅助教学中进行的教学活动的类型可以分为课堂演示型、练习测试型、仿真模拟型等。

多媒体课件与多模态课件是从不同的视角对课件进行界定的。多媒体课件侧重课件的媒体编码形式,即指课件是集合了文本、图形、图像、动画、音频、视频等两种或两种以上的媒体表现方式和超文本结构制作而成的课程软件。而多模态课件是从认知主义理论和多模态符号学理论的视角来界定课件的概念,是探讨课件开发的,即课件具体表现为多种逻辑媒介编码的教学内容与多模态感官的认知互动过程中意义的构建。

二、多模态课件的模态选择原则

(一)有效原则

有效原则表示选择任何一个模态都要以取得更好的教学效果为前提,避免无效使用某个模态,或者其所产生的负效应等于或者大于正效应。有效原则有自己的次级原则,包括工具原则和引发原则。工具原则是指在教学中,多种媒体和模态互动为教学主程序提供新的途径和可利用的工具。引发原则是指多媒体技术还可以从内部提供动力,即通过前景化或者任务设置激发学生的学习动机。

(二)适配原则

适配原则表示选择不同的模态时,要考虑不同模态之间的相互配合,以获得最佳搭配为标准。适配原则的次级原则包括强化原则、协调原则、前景背景原则、抽象具体原则等。

三、多模态课件开发的建模

(一)感知风格与多模态课件设计

影响感知学习风格的要素有很多,所以不同的研究者对感知学习风格的分类也各有不同。信息加工理论从学习者认知通道偏好角度，根据个体在接受和保持新的信息时所偏好使用的感官方式，将学习风格分为视觉型、听觉型和动觉型三种类型。

在媒体界面设计过程中，常采用超文本形式组织教学信息，将图、文、声、像等不同逻辑媒介的信息整合，构成一个丰富生动的超媒体学习环境，教师可以根据学生情况有选择性地展开学习内容和学习策略，从而极大地提高学生的学习动力。多媒体课件的结构是多媒体内容信息的组织方式，即将教学内容结构化，它定义了课件中各部分教学内容的相互关系及发生联系的方式。传统教学内容的信息组织形式都是线性的，即学生顺序地接收信息，从一帧到下一帧，按设置好的序列。而人类的记忆是网状结构的，联想检索必然对应不同的认知路径，按线性结构组织的信息客观上限制了联想能力。现在，多媒体教学课件的信息结构越来越多地采用非线性的超文本方式，即一种类似于联想记忆结构的非线性结构来组织信息，信息没有固定的顺序，也不要求学习者按顺序获取信息。在对导航链接进行设计时，应能实现从不同角度呈现同一内容的结构关系，并能以全局或者局部视图的方式显示各层级学习内容之间的链接关系，从而使学习者能清晰地了解界面的内容结构，从而根据自身的感官风格选择不同逻辑媒介的超媒体链接，通过不同的模态互动达到更有效的信息感知和意义建构。

（二）认知风格与多模态课件设计

认知风格是学习风格的重要组成部分，指个体信息加工的方式，即个体在感知、记忆和思维过程中如何与学习环境相互作用并对之做出反应的相对稳定的学习方式。它的研究模式主要有：场独立型/场依存型、分析型/综合型、审慎型/冲动型。其中，影响最大的是场独立和场依存的认知方式。一般认为，在信息处理方式上，场独立者不易受外界干扰，能借助视觉线索或直觉顿悟洞察事物间的关系。相反，场依存者易受外界因素干扰，倾向于外部参照作为心理活动的依据。在语言学习中，场依存者属于感性型，这种风格有利于口头语言交际，也比较容易获得自然语言输入。而场独立者则在语言学习的高级阶段，特别是阅读与写作方面表现得较为突出。

多媒体计算机作为一种认知工具，既能支持和拓展学习者的思维过程，又能帮助他们建构认知模式。一方面它可以是学习者的任务表征工具、知识建模工具、信息收集工具、评价工具等；另一方面，它的交互视频能把学习者的认知模式与真实世界联系起来，使学习者建构和分析情况，特别是建构社会情景的认知模式。利用多媒体学习的过程是在学习者控制下动态地呈现结构和程序关系。学习者利用这些结构和程序关系去建构和修改自己的认知模式。多媒体中的超级链接能使学习者建立起文本与其他表象形式的联系，并在此基础上建构意义。此外，多媒体所提供的外部学习环境是非线性的，它能把文本、图形、动画、声音等信息结合在一起，完成一系列的信息交互，并能及时提供各种反馈，这改变了传统的循序性的学习模式，使学习内容以一种更灵活、更具变化的方式呈现出来。这种方便性与灵活性能根据学习者的需要、兴趣、任务要求、偏爱及认知特征提供不同的信息表现形式。

首先，场依存者需要更多的技术支持和教师的帮助，而场独立者则要自己解决困难，但是在完成较复杂的学习任务时，两者均需要不同程度的额外帮助。所以，多媒体课堂系统要为场依存型提供清晰的和最大量的指导，为他们提供"先行组织者"，以帮助他们建立结构图式，这有助于理解新概念、新知识；而对场独立型则应提供少量的指导，并为他们提供概要性的"事后组织者"，以支持其新知识的建构。

其次，多媒体课堂设计应具备程序控制和学习者控制功能。

最后，充分利用场依存型的好奇心和积极的态度，及时提供最大范围的信息反馈。反馈的呈现方式应该具有明显的标识和组织性强的提示。

（三）课件开发的脚本与角色建模

在课件开发过程中，脚本的地位非常重要，它是在教学设计的基础上描述计算机与学习者交互方案设计的详细报告，是课件制作的直接依据。课件的脚本包括文字稿本和制作稿本两种。

制作稿本是在文字稿本的基础上，按照软件系统设计的要求进行描述，即将文字稿本改变成适于计算机实现的形式，完成课件交互式界面和媒体表现形式的设计。它告诉课件制作者如何制作课件，给出具体的制作要求，包括界面的元素和布局、画面的显示时间及切换方式、人机交互方式、色彩的配置、文字信息的呈现、音乐和音响效果及解说词的合成、动画和视频的要求，以及各个知识点之间的链接关系等。课件制作脚本的编写包括软件的系统结构、主要模块的分析、软件的屏幕设计、链接关系的描述等内容，直观地将屏幕外观设计、各元素的内部链接关系和人机交互机制表达出来。

根据认知心理学，可以用"角色建模语言"对多媒体、多模态学习进行结构化数据建模。用角色建模语言来构建的学习行为模型可应用于多模态课件的设计开发及计算机模拟中。所谓学习行为的模型就是对真实的学习行为进行抽象，即三个基本角色被用来搭建学习行为的模型框架：①外部环境互动角色，用信息获取角色表示。②大脑对外部环境互动角色所获取的信息进行处理，用意义构建角色表示。③学习效果的外部行为表现，用实践能力角色表示，每个基本角色都有各自的子角色。

角色建模语言里有两个最基本的角色：人角色和非人角色。人角色用来建模人类的行为。人类行为以外的所有其他角色的行为都用非人角色来建模。教师角色、学生角色是人角色，其余的是非人角色。所有角色都有两个基本属性：特征和行为。特征指参与互动时所激活的要素。行为分为两个最基本的类型，即自发行为和引发行为。自发行为是角色引发的，没有直接的外部力量引导，在现实世界中，人和动物是可以产生自发行为的。引发行为是行为者对外来行为做出反应的行为。

以教师角色跟视频角色之间的互动关系为例。这两个角色互动时教师所具有的一般特征如性别、年龄、工资等是不参与互动的,要激活的特征是由互动的目的所决定的。教师角色是始发行为者。教师所具有的"意愿""策解""教学理念"等特征需要被激活参与互动。他/她用视频片段来教学,如强化日语教学,成为互动的目的。视频角色对教师角色的互动行为要做出反应,这就是它的引发行为。它也有特征,同样是由互动的目的所决定的,如展示包括场景、人物、活动、长度等特征的声音和动态的图像,由此构建教师角色跟视频角色的互动视图。教学过程的结构化数据建模完成后,就可以转换成计算机应用程序。

第五节 认知理论与多模态日语教学的整合与同构

一、认知理论

(一)认知日语教学法的定义和产生背景

美国心理学家卡鲁尔(J.B.Carroll)在1964年撰写出版了《语法翻译法的现代形式》,文中首次提出了认知法教学,然而对认知教学的广泛研究开展于20世纪60年代中叶。

认知日语教学法就是关于在日语教学中发挥学生智力作用,重视对语言规则的理解,着眼于建立实际而又全面地运用语言能力的一种日语教学法体系,重视语言规则的理解和创造性运用,重视听、说、读、写技能的全面发展。提倡学日语不能只靠死记硬背,学习、记忆的前提是对语言材料的理解,主张在理解的基础上创造性地进行交际练习。

(二)认知日语教学法的学习理论基础

1.学习的实质

认知学习理论认为,学习的基础是学习者内部心理结构的形成或改组,而不是刺激——反应链接的形成或行为习惯的加强或改变,学习的实质是学习内容的内在结构与学习者原有的知识结构相互作用的过程。同时该理论还认为学习者的认知能力将会对语言学习产生重要的影响,它提倡学习者不应该对所接收的知识进行机械的记忆和被动地接受,而要对所学的知识进行归纳、理解和概括。总的来说,认知法主张日语是学习者通过认知技能,对语言素材进行分类、分析、归纳、推理而习得的。

既然日语习得必须依赖学习者认知能力的发展,那么,认知法主张教师在日语教学中必须考虑到学习者生理的成熟程度、心理的发展特点和智力发展等因素。教师必须了解学习者当前的认知结构,并明确学习者所要建构的认知结构包含哪些组成要素,并根据这些因素来选择语言材料并进行教学设计。

2. 学习过程的三要素——获得、转化与评价

认知学习理论的代表、美国心理学家布鲁纳提出学习包含三个几乎同时发生的过程:新知识的获得、知识的转化与评价。

学习者在学习知识的过程中,首先要对获得的知识进行加工和整理,将其转变成自己容易接受的知识。这些新知识可能与原有的知识相冲突,但是学习者可以通过自身的调整使新旧知识相融合,最终形成自身知识体系的一部分。在掌握了这些知识以后,我们还应把这些死的知识转变为活的知识,将其应用到实践中去,在实践中进一步检验、巩固、内化我们所学到的知识,使这些新的知识真正转变为我们自身的能力。同时在检验的过程中,我们还可以对所学知识进行检验,来判定其是否正确,是否有价值。

认知日语教学也同样可以分为三个阶段:语言的理解、语言能力的培养和语言的运用这三个阶段。这就要求教师首先要筛选合适的语言知识,并且把它们编辑成易懂的方式供学生理解。在传授完这些知识之后,教师还要通过一些教学手段将这些知识内化到学生的大脑中,使其成为学生知识结构的一个组成部分。最后,教师还要设计一些实践活动,使学生掌握的死的语言知识变活,达到能够熟练运用的程度。同时,学习者自身也可以多参加一些社会实践活动,在实际的语言活动中进一步检验和完善自身的语言能力。

3. 学科知识结构

布鲁纳(Bruner)提出:"任何学科知识都是一种结构性的存在,知识结构本身具有理智发展的效力。"所以,他认为学习的中心就是要学习这个知识体系的基本结构,只有掌握了该学科的基本结构,我们才能从根本上掌握这些知识。因此,教师在授课的过程中应当注意把基本概念和基本原理贯穿到教案中,依照科学的结构来安排教学步骤,这种方式符合学生的认知过程,能够提升学习者的记忆能力,提高教学效率,促进学生的学习。

在以往的教学中,经常有违背学科知识结构的情况出现。比如在日语的学习中,很多教师主张让学习者首先学习真实的语言材料,从整体上对要学的知识进行把握,然后再从基础上,例如语音、语法上进行详细的讲解。这样的授课方式违背了学科的知识结构,因为学生如果没有一定的语言基础,他们就无法对所学知识有一个全面的理解,很容易就对语言知识失去兴趣。这种教学法违背了学科知识的结构,因而对日语教学产生了消极的影响。正确的做法是,教师首先应该对语言内部最基本的语言规则等知识进行讲解,通过有限的语言规则扩充出无限的句子和语篇。这样才符合语言学习的自然规律。

4. 发现学习理论

布鲁纳认为,学习者不是被动的知识接收者,而是积极的信息加工者、知识建构者。行为主义认为"刺激—反应"式的机械学习不利于学习者掌握和运用知识,也不利于学习者将所学的知识进行应用。所以,在教学的过程中,教师不能简单地将知识灌输给学生,使他们成为被动的接受者。教师应当设法创造合适的教学环境,帮助学生自己发现所应学到的知识,这样的教学才会使学生对所学内容印象深刻,提高学生的学习效率。

发现学习理论和我们传统的听说教学是截然不同的。在传统的听说教学过程中,教师在课前将知识整理好,在课上按照自己的教学步骤进行教学,学习者需要做的就是,按照教师安排好的教学步骤,机械地、毫无创造性地学习教师已经准备好的知识。在这个过程当中,学习者的心理结构和认知能力完全被忽视,个体差异性在教学过程中完全没有体现。发现学习理论则与此不同,它充分重视个体的差异性,懂得每个学习者的认知能力和心理结构都是不同的,所以教师在授课中并不为学习者提供现成的学习资料,而是让学习者充分发挥自己的主观能动性,通过自己的手段发现,主动地发现语音、语法等规律。其结果是学习者能够有效地理解语言并且能够灵活地运用语言。

5. 有意义学习

奥苏贝尔(Ausubel)认为,有意义学习是指将符号所代表的新知识与学习者认知结构中已有的适当观念建立非人为的和实质的联系。与有意义学习相反,如果学习者并未理解符号所代表的知识,只记住某些无意义的词句或组合,则是一种死记硬背式的机械学习。

认知法是一种有意义的学习。这主要体现在两个方面:第一,认知教学法是在充分了解学生的语言基础的前提下进行的教学。这就保证了教学资源的难度适中,既不会使学生因为难度太大而产生厌学心理,也不会因为难度太小而无法提高学习者的语言能力,这就使得教学过程很有意义。第二,认知法侧重实际语境的作用。学生们所学的语言知识一方面要有逻辑意义,另一方面要有实际意义。所以认知法要求学习者必须理解语言材料,在理解语言知识和规则的基础上进行有意义的操练,反对机械式的死记硬背,反对无意义的学习。

二、认知理论在多模态日语教学中的整合与同构

(一)主观性和主观化在多模态日语教学中的整合与同构

1. 主观性和主观化

主观性是指语言的一种特性,即在话语中多多少少总是含有说话人或自我的表现成分。也就是说,说话人在说出一段话的同时表明自己对这段话的立场、态度和感情,

从而在话语中留下自我的印记。主观化则是指语言为表现这种主观性而采用相应的结构形式或经历相应的演变过程。

2. 主观性和主观化与多模态话语的关系

在多模态话语语境中，除了言语形式外，发话者还可以通过副语言和体势语言等符号传递信息，借助符号表征心智的计算过程，进行社会认知活动，使得认知具有分布式特点。认知不仅存在于个体中，而且可以分布在媒体、工具、环境、社会规则、文化等系统中。而在教学活动中，认知分布于教室座椅的排列、黑板和多媒体中，分布于教学规范（如完成作业）中，分布于师生的角色之中等等。

在认知过程中，因为文化背景或地域背景的不同，认知的方式也会有所不同，表现出一定的主体差异性，因此在多模态的认知中也存在同样的情况，通过对认知风格的测量我们可以将其分为以下三种类型：依存型和场独立型、冲动型和沉思型、整体型和分析型。不同认知风格主体偏爱特定模态的表达方式和接受方式。具有不同风格的认知主体选择特殊的模态的接受方式和表达方式。场独立型很少受模态影响，因为其很少受环境和他人的影响，能够独立地思考。而场依存型就要借助各种声效、图像等多种模态来创立情境以便理解信息，而且其偏爱交际法，通过各种活动体验完成对信息的吸收和知识的建构。冲动型能根据部分模态或部分媒体信息做出快速反应，但往往都会出错；而沉思型需借助多种模态对信息进行全面的深思熟虑后才能做出反应，准确性高但速度慢。所以，根据两种认知方式的特点，冲动型适合口头模态的即兴表达，而沉思型适合于先形成完整构思，例如可以先用书面模式构思完毕，然后再做出口头模态的表达。整体型使用整体、联想的方式，从具体的例子入手归纳出一般概念，通过图形或例子的直觉学习规则；而分析型往往把问题分解，根据语义规则和理论解决问题，用逻辑寓意关系将信息加以演绎并联系起来。因此，只有当说话人和听话人的认知风格相一致的时候，听话人才能很好地接收到说话人的信息，降低他们的认知难度。因此，如果在认知过程中，能根据主体性的不同采用不同的认知策略，说话人就能更好地传递信息、情感和态度。

认知主体的差异还表现在主体在使用话语时以何种模态为主，如以言语为主，或以图片为主，或以乐趣为主，或以动作为主，而其他模态作为辅助方式。这在教学中也表现出不同。比如，在讲授日语精读课程的时候，就需要以教师的讲解为主，也就是要以视听的模态为主，而学生接受知识则要以接受为主，也就是以听力模态为主，同时可以辅助板书的视觉模态。在网络自主学习中，就需要以多媒体课件和网络资料为主，即以视听模态为主。日语课程则是以日语活动为主，辅以视听材料，即以日语为主，视听模态为辅。

3. 主观性和主观化在多模态日语教学中的整合与同构分析

在日语教学中，教师和学生是教和学的主体。教师作为教的主体，在配置教学资源时，制订教学计划和教学模式时，设计课堂教学内容、步骤时，选择教学方法和手段时，要考虑学生的认知特点和模态的适应性，选择恰当的知识呈现模态。

根据认知风格的不同和学习模态的差异性，可以组合出主体模态课程。日语课程主要分为输入课程和输出课程。在输入课程中，可建设以听力为主体模态的听力课程，以视觉为主体模态的阅读课程，以此为日语或写作课做准备。在输出课程阶段，设置口头模态和活动模态为主的课堂日语教学课程、以全身模态参与的实践课、课外项目研究等形式，全方位、多模态地完成同一主题或知识单元学习。

从社会认知角度看，不同认知风格的学习者偏爱不同于模态的学习，所以网络自主学习课程内容须使用不同的媒体方式加以组合。比如说对于依赖单一视觉模态的场独立型和文本型的学习者，提供单一的电子文档即可；对于场依赖型学习者，就须提供附有图片的课件；而对于混合型学习者，需要提供多媒体的材料。因此，我们可以把不同风格的学习者搭配到一起，先使其按照自己所擅长的模态学习，然后再将他们组合到一起，实行多模态互动学习，建构出一套完整的意义。

在日语精读课程上，教师应以口头模态进行教学，而学生则主要应以视听模态接受知识。所以，课堂教学应以教师的讲解为主，讲授文章的背景知识、重点难点，分析文章的结构，培养学生的阅读和写作的能力。当然在口头模态为主的同时，教师还应借助文字和多媒体等辅助模态，以达到最佳的授课效果。同时我们要注意针对不同学习者的不同认知特点，使用不同模态的辅助模态和手段。一般来讲，对于重点和难点，可用口头模态辅以视觉模态形式，用文字为主流媒介显示，而对于已有知识则可以用声音或图片等次要媒介创设情境。

在日语的日语课堂上，语言知识输入部分的主要模态应是听力模态，而辅助的模态则是图片或短片。在语言知识的输出部分中应当以口头的模态为主，形式主要有问答检查、独白、对话、讨论、演讲及影视角色扮演等。

学生是学习的主体，所以教师应认识到学生主体性的差异，充分发挥每名学生的特长，从多方面进行整体的意义建构，从而达到最佳的效果。所以教师可以通过小组协作的方式进行课堂教学。在分组的过程中，根据认知风格差异，分配学习角色，小组内成员根据擅长的模态担当一定的角色。同时，建立师生互动评价，以便更好地组合课程学习内容，完成教学目标。这样，通过多媒体形式表达了概念意义、人际意义和语篇意义，完成了整体意义的建构。

（二）隐喻在多模态日语教学中的整合与同构

1. 多模态隐喻的定义

多模态隐喻是指用两种或两种以上模态来体现源域和目的域映射的隐喻现象，它主要是通过视觉模态和听觉模态来实现的。具体而言，多模态隐喻主要有六类物理形式：书面文字、有声话语、静态或动态图像、音乐、非语言声音、手势。

2. 多模态隐喻在日语教学中的整合与同构

传统的课堂教学是教师主讲，学生机械地听，互动较少，学生缺乏主动学习的积极性和参与意识。然而随着现代多媒体技术的广泛使用，大大地改变了课堂教学模式，教师可以整合各种多模态的教学模式来调动学生的学习积极性。这样，在课堂教学过程中，教师如何在一定时间内，让学生在轻松愉悦的心境下，接受、理解大量的信息，协调和发展各种语言技能，真正具备建构性学习，是值得研究的课题。多模态隐喻理论则为此提供了很好的理论基础。由于多模态隐喻的自身特点，它意义的创造呈现动态和互动的特点，所以多模态隐喻的意义要比单模态隐喻的意义丰富。这就要求教师一方面使用多种模态的教学材料；另一方面要善于使用那些具有隐喻意义、能使人产生联想的教学材料，我们日语教材中的语篇题材丰富多样，对于各种类型的语篇教学，尤其是科技类的文章，运用多模态隐喻中的声音、视觉等形式可以很好地表达课堂交际效果，使教学形式生动，场景逼真。在大量的视觉、听觉等模态中，学习者转换为感觉模态和类似"触"觉的模态，加深了学习者的理解，加强了教学的效果。

学生具有天然的学习潜能，真正有益的学习主要都是学生自己主动参与完成的。所以在多模态教学中还应考虑学习者的学习能力，只有帮助学生更好地了解多模态，才能达到良好的课堂教学效果。我们首先要为学生传授隐喻、多模态等的相关概念，引导学习者领会理论，并指导学生将其应用于学习实践当中，增强学生对各种模态的敏感度和识读能力。其次，教师应指导学生利用多模态隐喻来认识世界，理解各种抽象的概念，解释单词的隐喻语义的演变，语篇非文本意义的构建等，使学习者在学习实践中切身体会并逐步恰当使用和灵活掌握。现代社会的多模态化使得意义的构建越来越依赖多模态话语的融汇，我们应当引导学生把多模态隐喻能力的培养当作创新能力的一部分，自觉养成学习的习惯。

第五章 "互联网+"时代的日语教学模式创新探索

在21世纪的今天，信息化技术在教育领域中进一步深化，"互联网+"教育已经成为当今教育行业的主流模式，各个学科纷纷兴起了具有针对性的教学改革。运用移动互联网技术开展教学，改变以往的教学模式，提高教学效率是当前教学改革中新的思路。本章重点探讨"互联网+"时代日语智慧教学模式、"互联网+"时代的多元化日语教学模式、基于混合教学模式的日语听力课程改革、翻转课堂模式与慕课在日语教学中的应用以及"互联网+"时代协同教学创新方法在基础日语教学中的应用。

第一节 "互联网+"时代日语智慧教学模式探析

当今社会已经进入一个信息技术飞速发展、移动互联网和大数据技术广泛普及的时期。"'互联网+'教育"这一新型教育形态要求教学不再是固定场所、固定时间、一名教师单纯的知识讲授，而应是基于信息网络技术、通信技术、大数据的可在任何时间、任意地点提供丰富选择性内容的现代化新型教学模式。2016年6月教育部正式印发《教育信息化"十三五"规划》，文件指出要建设"人人皆学、处处能学、时时可学"的学习型社会，推动形成基于信息技术的新型教育教学模式。然而，外语教育是一项动态、非线性、多变量的长线工程，仅依靠有限的课堂学习难以实现语言知识和语言技能发展的目标，迫切需要现代教育技术支撑外语教学发展。在这样的背景下，如何充分利用新时期的信息技术，推进外语教学中智慧教育理念的形成及智慧教学模式的广泛应用成为一项亟待实施的新课题。

一、智慧教学概述

（一）智慧教学的定义

2009年年初美国国际商业机器（IBM）公司首次提出了智慧地球的理念。随后智慧城市、智慧医疗、智慧教育等概念相继而出。智慧可以让人深刻地理解人、事、物，并且拥有思考、探求真理的能力。所谓智慧教育，可以认为是在移动互联网等智慧环境下，拥有智慧且在学生学习中充当指导者、启发者的智慧型教师采用智慧教学模式以达到培养智慧型人才的目的。而其中的智慧教学是依托移动互联网、物联网、大数据等新一代信息技术所打造的泛在化、感知化、一体化、智能化的新型教育生态系统。

（二）智慧教学的研究现状

教育信息化可以认为是一个逐步朝向智慧教育发展的过程。对于智慧教育的研究和实践在全球很多国家早已展开。新加坡在2014年公布了"智慧国家2025"的十年计划，提出了在教学中使用最新应用软件，开发3D仿真学习情境模式，培养师生自主创新能力等"未来学校"计划，这是全球第一个智慧国家蓝图。韩国在2011年发布了《推进智慧教育战略》，计划以电子教科书为突破口改造课堂，提高技术支持的学习效果，培养适应未来信息社会的创新型国际人才。此外，马来西亚、澳大利亚等国家也正在对智慧教育研究方面进行积极探索。

在我国智慧教育的宏伟蓝图下，基于思政、语文、外语等各类课程的智慧教学研究正在如火如荼地进行。其中在外语教学领域中，英语智慧教学的实践探索已初见成果。成果主要集中在对英语智慧教学理念、英语智慧教学模式、英语课程智慧教学设计等方面的研究上。但日语智慧教学的相关研究较为缺乏，因而对高校日语智慧教学的研究是具有实践意义的。

（三）智慧教学的特点及优势

在互联网技术的迅猛发展中，传统的课堂教学模式已受到冲击，随之出现了慕课、微课、翻转课堂等一系列新兴教学模式。这些新兴的教学模式在给教师带来全新授课体验的同时也逐渐显露出了问题：如具有开放性和规模性的慕课，在给学生提供个性化学习方式的同时也随之带来了学习的随意性和盲目性的问题；具有短时性、易操作性的微课虽然符合学生学习的规律性和认知特点，但对学生的专注力和自觉性要求极高。余胜泉教授指出，教育环境走向智慧教育环境有八个特点，即情境感知、异构通信、无缝移动、自然交互、任务驱动、可视化、智能管控、自动适应。由此可以认为在智慧教育环境下，智慧教学应是集慕课、微课、翻转课堂的优点，具有个性化教学、实时性教学、移动性教学、交互性教学等特点的教学模式。并且这些特性能够大力推进信息技术与课程教学的融合，使学生朝着自主学习和个性化方向发展。

二、智慧教学模式在日语教学中的应用

（一）日语教学中实施智慧教学模式的必要性

2018年1月，教育部发布了《普通高等学校本科专业类教学质量国家标准》（以下称《国家标准》）。这是我国面向全国、全世界发布的第一个高等教育教学质量国家

标准。《国家标准》在培养日语人才听、说、读、写、译基本能力的基础上，更加注重对学生语言表达与交流能力、跨文化交际能力、思辨能力、终身学习能力的培养，这些要求给今后的外语学科建设、教学改革、人才培养等方面提出了新任务。《国家标准》的制定原则及其中对日语人才的要求与以学生为主导、遵循个性化学习方式的智慧教学理念相契合。因而，高等日语教学走向智慧教学模式的道路是必然趋势。

（二）日语教学中智慧教学模式的实施策略

完整的教学过程通常包括课前、课中、课后三个环节。课前是学习内容的准备阶段，课中是学习内容的导入阶段，课后是学习内容的巩固阶段。智慧教学模式下的教师在整个教学环节中应始终充当指导者、组织者的角色。

1. 智慧教学模式在课前的实施

在传统模式的基础日语教学中，教师通常都会要求学生自主预习新单词和课文，而其实际情况是在课前能主动完成预习任务的学生不多，教师在上课前也无法获取学生预习情况的各项数据。

在智慧教学模式下，教师可借鉴翻转课堂的方式，利用现代化的智慧教学工具，在课前发布与授课内容相关的视频资源以提高学生学习的兴趣。同时教师还可以将需要预习课件推送到学生手机上，学生可以随时随地预习，实时地与教师进行沟通，教师也能实时获取预习的学生的数量及进度数据。整个过程充分满足了学生的个性化学习需求，有利于学生自主学习能力的培养。

2. 智慧教学模式在课中的实施

在传统模式的基础日语教学中，教师通常以讲单词、讲语法、讲课文、做练习的流程在课堂上对学生进行知识点的灌输，以教师为主导、班级同步教学的特点明显，从而导致课堂缺乏互动，教师无法得知每位学生对知识点的掌握情况。

在智慧教学模式下，信息技术伴随整个课堂。学生扫码进入课堂便可同步接收教师的授课课件。在教师对知识点的讲解过程中学生还可同步匿名反馈不懂的内容，便于教师调整教学节奏。教师也可以通过推送习题的方式及时了解学生对知识点的掌握情况。此外，还有弹幕互动、答题红包等当下流行网络元素也被智慧工具引入课堂中。整个过程让课堂气氛可以更活跃，让学生的学习方式可以更灵活，让教师获取学生各项学习数据可以更及时。另外，通过将单词讲解、语法讲解等知识点内容更多地翻转到课前预习环节，引导学生主动学习，而课中把更多时间留给学生之间的会话练习、小组合作练习等实践活动。

3. 智慧教学模式在课后的实施

在传统模式的基础日语教学中，教师会通过布置课后作业的方式来检验学生的学习成果。布置作业也意味着教师接下来要面对辛苦搬运作业本、做机械式批改、耗时统计作业完成情况等问题。长此以往容易让教师产生疲劳感和职业倦怠感。

在智慧教学模式下，教师可以利用智慧教学工具在课后及时将作业推送到学生手机上，并能实时获取学生作业的完成情况及答题数据，这极大地缩减了教师对作业的检查时间。有些智慧教学工具（如雨课堂）在课程结束后还会向教师自动推送课堂小结，通过查看课堂小结，教师可以了解到该堂课的所有数据，如课堂人数、习题数据、课件数据等。

在信息技术与高等教育的深度融合中，创造智慧学习环境、构建面向未来的智慧教学模式已成必然趋势。开展智慧教学研究是推进教育信息化深度发展的重要切入点。作为一线外语教学工作者，如何应对新形势下外语教育遇到的机遇和挑战，如何将前沿的信息技术融入到教学中，如何用教育的智慧去对待智慧教育是值得不断思考的问题。

第二节 "互联网+"时代的多元化日语教学模式探析

如今社会已进入信息化的 21 世纪，信息化技术不仅在各个领域崭露头角，而且在教育领域也不断地进行深化变革。在党的十二届全国人大三次会议政府工作报告中，李克强总理提出了"互联网+"的思想，这个思想指导着现代大学教育的发展。"互联网+教育"的教育思想改善了高校教育的生态环境，重新激发了高校传统教育的生机和活力，是探索多元化教学模式的基础。

一、日语教学的特点

大家都知道，培养综合素质的创新人才是如今高校的目标，尤其是一些理工科院校，都把培养学生的创新能力和实践能力放在了重要位置。和英语教学相比，大学生从小学习英语，有一定的英语基础，但是，对日语专业教学来说，大多数学生都是零起点的，因此，在大学日语的学习中，学生需要学习的内容就十分庞杂。与此同时，基于理工院校自身专业的特点，招收的日语专业的学生也有自己的独特特征。

第一，理科院校的生源一般为理科学生，因此，在日语语言的学习中经常会出现总体的积极性不高、语言学习天赋不高、学习效率较低等情况，这些学生在日语学习中往往使不上力气。

第二，学校不断增加实践教学的学分比重，使得用于教学的学时减少，日语专业的教学学时不太充足，对于日语教学内容的完成质量、教学方法的多样性以及教学效果的呈现等方面产生了一定的影响。

第三，虽然在网络技术不断普及和发展的大环境下，教师在教学过程中大多数使用了多媒体技术以及整合后的网络资源。但是，学生对于网络平台和网络资源的使用都较为单一，多数集中在 QQ、微信、百度文库、优酷等软件上，没有意识到网络日语试听、阅读和在线词典等较为专业的网络资源在学习中的重要性。

"互联网＋教育"这种教育模式以丰富的网络资源为基础，为多元化教学模式提供了多种可能，丰富了教学内容，同时改变了以往枯燥的课堂学习模式，是一种课内外相结合的新模式。

二、"互联网＋"多元化日语教学模式

（一）教学模型设计

日语课程在日语专业教学体系中处于核心地位。然而，学生在日语知识方面的积累基本为零，在日语教学中，需要从头培养学生听、说、读、写、译等多种综合能力。因此，充分利用如今丰富的网络资源，结合学生课内与课外的学习情况，利用有限的时间培养学生的日语能力，使其达到教学要求的目标是如今新型日语教学模式的改革重点。本节将通过分析当前理工院校的现状，运用"互联网＋"优秀的网络资源，并通过多媒体手段（如移动设备等），来实现学生课内与课外无差别、无时间空间限制的学习。

首先，要求学生课前充分预习。教师以微信或 QQ 为沟通途径，将学习资源提前发送给学生，并布置任务。学生可以利用课下时间进行知识点的预习，并通过移动设备及时与教师和同学交流问题和难点。其次，在上课时，教师可以重点解决学生的共性难题，并以培养个性的小组合作方式对知识点进行深入探究。最后，教师以课堂学生的反馈为前提，进行作业的布置，要求学生将作业上传到交流平台进行分享、交流以及互动，这种学生之间互相批改、讨论的方式，有利于教师多样化互动教学模式的开展。

（二）教学流程设计

1.教学准备阶段设计

教学准备阶段与互联网密不可分。如今，有沪江日语、贯通日语等一些内容完善而且评价很好的国内学习网站，学习资源十分丰富，如在线词典、考级词汇及语法、会话音视频、读解听力材料等，这些网站能够实时更新资源以及前沿的日本新闻和文化信息。但是，大量的资源也会浪费学生选择的时间，作为教师则需要根据实际情况帮助学生对信息进行适当的筛选，使互联网教学真正在课堂教学中发挥作用。对于教学重难点的讲解，教师也要充分利用信息化资源，利用电子课件、微课视频等方式完成课堂教学。

以"互联网+"为依托的教学模式，打破了传统教学的时间和空间的限制，有效补充了教学时间，同时也极大地促进了教师教学水平的提升，促进了教学团队的建设。

2.教学实施阶段设计

将日语教学的理论向实践方面进行转移，创造特定的情境来运用已经学到的知识，是当前零起点日语教学的重要方式。

课前，大多数学生通过社交平台的分享、交流、讨论，掌握了基本的语法知识点，并据此完成了教师所布置的任务。这些准备对于之后教师运用翻转课堂和任务式教学理念，对于设计课堂活动、解答学生共同的难题以及引导学生提高日语交流的综合水平有很大的帮助。

在"互联网+"背景下的新型教学中，学生是课堂的参与者与完成者，教师则是组织者及监督者。这种模式将课内教学理论和课外教学实践相结合，不仅树立了学生在教学活动中的主体地位，还为学生提供了运用日语进行交际的平台。

3.教学评价阶段设计

以"互联网+"为基础的新型教学评价体系，采取多样化的评价方式，如教学评价、学生互评、小组互评等，注意学生日常在交流平台和课堂中的表现，增加了平时成绩在总成绩中所占的比例，有利于提高学生学习的兴趣及主动性。

所以，"互联网+"多元化日语教学模式在互联网平台的支撑下，使教师能够充分地利用学生课外的零散时间进行教学，还能够充分地提高学生学习的主动性，加强了学生间的交流。自主学习、合作式学习等模式，大大解决了理工科院校在日语教学中的一系列问题。这种教学模式对教师和学生来说，不仅是机遇也是挑战。

第三节 基于混合教学模式的日语听力课程改革探究

针对零起点的日语听力课程教学不同阶段的特点，高校应坚持以学生为主体、以教师为主导的教学理念，借助校园网络教学平台，运用多种教学设备和工具、教材和媒体，将传统的课堂教学方式与互联网教学方式有机结合起来，构建不同的线上网络教学和线下课堂教学比例，建设良好的教学环境。混合教学模式改革的目的是通过教学内容、教学手段的混合，强化教师的主导地位，突出学生的主体地位，不断完善网络资源建设，实现教、学、做三方面的跨越式发展，从而达到最优的教学效果。

一、混合教学模式

教学模式分为传统教学、网络辅助教学、网络教学、混合教学等，这主要是根据教学过程中运用网络技术的比重来划分的。通常情况下，教学方法中没有采用任何网络技术的话，则为传统教学；网络辅助教学模式中通常会运用到 1%~29% 不等的网络技术；网络教学中至少有超过 80% 的教学内容是通过网络形式来呈现的；混合教学则是指一门课程有 30%~70% 的教学内容以网络形式存在，并且教学形式多样化。

总而言之，传统教学就是指师生进行当面交流，这个过程中也不会使用任何的网络技术和信息，所有的教学内容都需要教师来板书，并以口头传授为主要教导手段的一种教学方式。传统教学在教育界的作用也是不能被完全否认的，它的主要特征是在教学过程中，教师掌控着整个过程的进程，学生则往往只能被动地接受，其主体地位一直没有凸显出来。这种模式非常不利于激发学生的主动性和积极性。

20 世纪 90 年代初，随着科技信息的迅猛发展，将信息技术引入课程教学，"网络辅助教学""网络教学"这种新兴的教学模式应运而生。网络辅助教学模式中会采用一定的网络形式来呈现课堂教学内容，不过其主要的教学活动还是需要师生当面来完成的。所以，网络辅助教学也只是在信息时代的需求下，对传统教学的一种改进和完善。借助网络辅助教学模式，网络技术已经真正地进入教学中了，不过这种模式还是强调教师的中心地位，学生的主体地位也没有很好地凸显出来。

网络教学就是真正意义上的利用网络技术进行教学，不但是教学内容以网络的形式呈现，就连教学方式也已经变成了在线教学，不需要师生面对面来完成。网络教学主要是采取在线教学的方式展开，是符合信息时代发展要求的。该教学模式凸显了学生的主体地位，使得学生具有较好的自主学习动力，但是，其局限性在于虽然重视了学生的主体地位，但是对老师的主导地位却很有影响，不利于师生之间的有效沟通和交流。

综上所述，网络教学和传统教学各有利弊，为了结合两者的优势，实现教学效果的最大化，一种混合教学的模式逐渐被人们所重视。所谓混合教学指的是结合传统学习方式和网络化学习方式的长处，使得学习效果获得较好地提升。这就必须在重视老师的主导作用的同时，还要充分发挥学生的学习主动性和积极性。两种教学方式相结合，可以取长补短，将教学中的优势最大限度地发挥出来，这样可以确保学习效果不断获得提升。教学过程是复杂的、长期的，想要将其简单化或者简化的想法，都是不科学的。混合教学模式结合了多种学习方法理论，并综合了课堂教学和在线教学两种方式，将个人学习和小组学习相结合，它的教学目标是寻找合适的机会，采用恰当的方法，确保教学效果的实现。混合教学模式需要借助网络教学平台完成教学。

二、日语听力课程教学的特点分析

商务日语专业中有一门日语听力课程，是基础课也是必修的课程，一共分为 204

个学时,课程安排为三个学期。

设立日语听力课程最主要的目的就是让学生获得一定的日语听说能力,基于这个目标,开展由浅入深的听力练习,经过系统的、科学的训练,给学生播放大量的、涉及各个方面、各个层次的听力材料,让学生掌握听力材料中涉及的主要词汇、语法或者社会文化知识。这样能有效地提升学生的听力水平,并对学生克服听力障碍也有着积极的意义,为以后的日语商务课程的学习做好准备。

听力课程的核心内容就是语言交际能力和语言能力的培养。因此,这种教学是有别于其他课程教学的,更注重听力技能的获取和足够的输入练习。一般来说,商务日语专业听力课程所针对的学生,都是没有任何日语基础的。因此,对他们进行听力训练,不仅仅要提高他们的听力理解水平,更要将与日语有关的词汇、语法结合社会文化背景进行日常渗透,这样才能有效地提高学生的实际运用能力。

零基础日语听力课程包括几个重要阶段,即入门、初级向中级过渡、中级向高级过渡阶段,而且各个阶段都有独特之处,这主要表现在每个阶段的教学任务、教学内容、教师的作用和重难点的把握上。所以,在开展教学活动时,要根据实际情况进行教学模式和教学策略的制定。

三、混合教学模式下日语听力课程教学设计

针对零起点日语听力课程教学的特点,按照"以学生为主体、以教师为主导"的教学理念,从课程内容、教学方法、课程组织形式、资源设计等方面探索三阶段递进式的混合教学模式,见表5-1。

表5-1 日语听力课程三段式混合教学模式

	入门阶段	初级阶段	中级阶段
能力要求	基础辨音能力	日语听力理解能力	日语听力理解能力以及用日语思考的能力
学习内容	日语语音以及数字、日期等简单词汇	自我介绍、交通出行、饮食、看病等低难度的日常生活题材	拜访、日常业务、旅行等中等难度的生活、工作题材
课堂教学方式	模块化教学	任务驱动、情景教学	任务驱动、项目驱动、情景教学
学习环境	语音室+教学网站	语音室+教学网站	语音室+教学网站+日本文化体验室
学生学习方式	个人自主学习	个人自主+小组分工合作学习	研究性学习

续表

	入门阶段	初级阶段	中级阶段
线上教学时间（学时）	6	24	36
线下教学时间（学时）	54	48	36
线上教学比例	10%	33%	50%

（一）入门阶段教学设计

零基础教学面对的学生都不具备基础的语言文化知识，也没有学习日语的经验，所以，在教学过程中要注重对学生日语词汇的积累、语音发音的标准等进行培养。这个时候要以对学生进行听音辨音能力的培养为重点，而且在听的过程中进行词汇量的积累。听力理解的前提是要能听懂和能进行分辨，这就要求这个阶段对学生的听音辨音能力进行系统训练。另外，影响听力理解的另一个重要因素就是对生词的掌握，学生词汇量的大小直接决定了他的听力理解水平，所以，为了确保学生的听力理解能力获得提高，教师对词汇进行教学也是一项重要的教学任务。

在进行零基础教学时，学生没有任何的基础可言，导致学生会更加依赖教师的授课。所以，这个阶段建议采用传统的教学方式，也就是需要教师面对学生进行授课。教师可以将教学内容细化为地点板块、时间板块、数字板块、语音板块和人物板块等。可以借助一些线上教学来强化教学效果，要注意线上教学的时间占比不宜太大，基本上在 10% 比较适宜。入门阶段的学习仍然提倡学生学习的自主性，一般采用跟读的手法来督促学生进行听音辨音的训练。

（二）初级阶段教学设计

到了初级阶段，学生已经掌握了一定的听音辨音知识，并储备了一定的词汇量，基本上可以听懂听力材料所表达的意思，在此基础上，可以进一步学习语法规则。所以，这个阶段主要是让学生能够听懂一些涉及日常生活的听力材料。主要是为了对学生的听力技能进行培养，并提高学生的日语听力理解能力，同时要求学生学习语法。初级阶段的教学目标需要学生对听力材料中的语调、语音等有比较准确的分辨和理解，能听懂教师用日语进行的课堂教学，并可以进行一些简单的日常生活类话题的交流。

该阶段的教学重难点体现在让学生对语言所包含的信息内涵进行理解上，并加强对学生听力技能的培养。基于此目标，这个阶段的教学方法较之零水平教学阶段时应该有所转变，可采用工作任务式的任务驱动教学法，可以从自我介绍、日常饮食、交通出行等方面来进行，并进行相关的听力锻炼。这个阶段应该凸显学生的自主学习能力，因此，可以加大线上教学的占比，一般占比 30% 比较适宜。此外，教师需要在教学中突出重难点并进行听力技能的讲解，而学生既可以采取自主学习的方式，也可以采取小组分工合作的方式，或者两者兼之，来完成课后任务。之后在课堂教学中，教师可以针对在线上教学时学生所遇到的问题进行解答和分析。通过线下—线上—线下交互式学习，在训练学生听力技巧的同时逐步培养学生自主学习以及协调—沟通的能力。

（三）中级阶段教学设计

过渡到中级阶段后，学生的日语听力技能水平有了质的提升。因此，该阶段可以针对一些较有难度的生活题材和工作题材来对学生进行听力的训练，从而进一步培养学生的听力技能，让学生体会听力材料所表达的内涵，培养学生用日语思维来思考问题的能力。该阶段对学生的要求不仅仅是能听懂材料中语言信息的意思，对其所要表达的意图也要有所理解，并且可以针对日常性的生活话题展开对话与交流。

该阶段的教学重难点是让学生体会听力材料中所表达的意图。基于这个教学目标，教学方式也应该有相应的转变，可以采用以工作项目为核心的项目驱动教学方式，从日常的拜访、外出旅行、日常业务等角度入手，寻求合适的教学听力材料。这个阶段对线上教学的要求更高，并且比初级阶段的占比数更大，一般认为要达到50%。对线上教学资源的选择，主要是以满足工作项目的要求为标准。学生可以通过研究式学习来展开学习，也就是要求学生在学习中结合科学的、探索式的活动来进行。详细地说就是指通过教师的指导，学生在日常生活和自然界中寻找一个自己感兴趣的话题展开研究，并在研究过程中进行自主学习，用获取到的知识再去解决话题中遇到的问题。学生在课堂之前就独立完成了一个项目的实践操作和运用，在课堂上由教师来进行组织和管理，并给予学生中肯的评分，一起针对线上所遇到的问题展开谈论并进行实际解决。这样，很好地结合了线上—线下教学方式，有利于督促学生进行实践活动，让其获得更加深刻和直观的体验，对学生的日语运用能力起到较好的提升作用，同时还可以加强学生的团队合作意识。

零起点商务日语专业教学中，采用传统课堂教学和网络教学两种模式具有很多的优势，不但可以避免采用单一的传统教学模式造成学生没有实践操作和运用的机会，还可以防止采用单一的网络教学方法造成学生没有教师的督促和引导而产生松懈、消极的学习态度。在这种混合的教学方式下，学生的学习动机、网络教学平台的稳定运行和师生之间的互动交流这三个条件共同决定了学生的学习效果。因此，想要获得较好的学习成效，就必然要将这三个条件进行协调，使得混合教学模式发挥最大作用。引入"互联网+"的日语教学模式，能帮助学生尽可能地将零碎时间充分利用起来进行学习，不受时间和地点限制地深入发展，"互联网+"运用到教学中，在给师生的教学带来很多资源的同时也给师生带来了新的问题。

第四节 翻转课堂模式与慕课在日语教学中的应用

一、翻转课堂模式在日语教学中的应用

随着国民经济的不断增长，科学技术的不断创新，高校教育改革发展得到了质的飞跃。翻转课堂作为一种高效的教学方法被广泛运用在高校日语教学中，弥补了传统日语教学模式、教学方式过于落后单一，学生日语学习基础水平低，注重教学结果而忽视教学过程等问题。现代高校日语专业教师要转变自身教学观念，结合学生实际学习需求和市场日语人才要求，有针对性地采用翻转课堂教学模式，丰富实践课堂教学内容，为学生营造出和谐愉悦的学习氛围，充分激发学生对日语学习的积极性和主动性。基于提高日语教学质量的目的，本节将进一步对翻转课堂模式在日语教学中的应用展开分析与探讨。

高校外语教学要能够跟上时代的发展。由于受到传统教学观念的影响，一些高校日语专业教师仍在沿用传统的教学模式，教师以自身为主导一味地向学生灌输日语专业知识和技能，忽视了学生实践能力的培养，导致学生缺乏创新意识和合作精神。对于此，高校日语教师必须充分发挥出翻转课堂模式的价值作用，将其与日语课堂教学有效结合在一起，科学创建出良好的教学情境，可以有效调动起学生的学习积极性，加强学生之间的互动交流学习，最大限度地挖掘学生的学习潜能，从而帮助教师实现日语课堂教学水平的全面提升。

（一）翻转课堂概述

大数据时代背景下，人们提出了很多新的技术和理念，课程与信息技术的融合程度也越来越强，因此，教学改革也要与当前的形势相适应。当前，无论是在国内还是国外的教改中，翻转课堂都非常流行，在教和学的发展中，其是种新的教学思路。

翻转课堂（也有译为颠倒课堂或颠倒教室的）起源于美国科罗拉多州落基山林地公园高中的两位化学教师乔恩·伯格曼和亚伦·山姆，他们将实时讲解和 PPT 演示相结合的视频上传到网络上引起世人的关注。2011 年，萨尔曼·可汗在 TED（Technology Entertainment Design，美国一家私有非营利机构）大会上的演讲报告"用视频重新创造教育"中提到：学生可以在晚上放学之后在家观看可汗学院的视频课程，在第二天课堂中做作业，这样教师和学生就可以帮助解决出现的问题，传统课堂中学生白天在学校上课，晚上回家做作业，这种课堂模式与传统的课堂模式正好相反，这就是"翻转课堂"名字的由来。引起教育者对翻转课堂关注的是由萨尔曼·可汗和他创立的汉

学院的推动，这使翻转课堂成为一种新的教学模式，引起了全世界教育领域的关注，并且在2011年被《环球邮报》评选为"影响课堂教学的重大技术变革"。翻转课堂的出现也为外语教学提供了一种新的教学方法。

翻转课堂就是在信息化环境中，学生在上课前观看教师提供的教学视频等学习资源，并在课堂上由师生共同完成作业答疑、协作探究和互动交流等活动的一种新型教学模式。翻转课堂与传统课堂相比，其优势在于将学习者置于一个以问题为主要线索的教学活动环境中。翻转课堂不以教学视频为核心，而是将探究性学习和基于项目学习带来的自主学习，以及对传统教学流程的颠覆和"以学生为本"的理念作为真正的意义所在。

（二）翻转课堂实践应用的重要意义

大学生的外语学习不同于中小学生，有更多的课外学习时间和更灵活的时间安排。大学生既有自主性又具有探索性，大学生的外语学习不适合填鸭式教学方法，应该以自主学习为主，让学生在研讨式教学中获得良好的发展，翻转课堂恰恰符合这种教学理念，从根本上改变了学习者的学习方式。

首先，翻转课堂的实践应用可以让学习者自己掌控学习节奏。在授课前，学习者可以根据自身情况，利用教学视频来合理安排和掌控自己的学习进程。学习者可以在完全轻松的氛围中完成这种课外或在家观看教学视频的过程。对于不会的、因分心而跟不上的部分可采取倒退重新观看的方式，避免在课堂集体教学中因不同原因而跟不上教学节奏。外语学习需要不断思考、不断记忆和不断巩固，这种方式让学习者可以自己掌握观看教学视频的节奏快慢，会的部分跳过或快进，思考的时候暂停，不明白的部分返回、反复观看，甚至还可以通过各种信息手段及时向外语教师或学习伙伴寻求帮助。

其次，翻转课堂的实践应用可以重新建构学习流程。翻转课堂颠覆了教师在课堂上讲课，学生在下面听课，课后完成教师布置作业的传统课堂教学模式。翻转课堂的实践应用是让学习者课前在家完成知识的学习，而将课堂转变成老师与学习者之间和学习者之间答疑解惑、知识运用等活动的互动场所。翻转课堂的实践应用对学生的学习过程进行了重构，教师能够提前了解学习者在学习中遇到的困难，并在课堂上给予有效的辅导，学习者之间的相互交流也更有助于促进知识的吸收内化，从而达到更好的教育效果。

翻转课堂的实践应用全面提升了外语课堂上的互动环节。课堂的互动具体体现在外语教师和学习者之间以及学习者之间。教师角色的转变是提升课堂互动的主要原因之一，外语教师由原来的内容呈现者转变为外语学习的指导者，使他们有更多的时间与学习者进行交流、沟通和答疑，并参与到每个学习小组中，对每个小组成员进行个别针对性指导。教师还有时间对学生作业的完成情况进行共性问题评论,组织学习者成立辅导小组,还可以举行小型讲座对学生所遇到的难题给予及时的指导。

当教师不再仅仅是内容的传递者时,也就有更多的时间和机会观察学习者之间的互动。学习者会在自主学习过程中形成自己的外语协作小组,彼此学习、彼此借鉴和彼此帮助,而不是单纯地依靠教师。教师也逐渐不再是知识的唯一传播者,这种改变是值得敬畏的。各自身份的转变,缩短了师生之间的距离,教师起到的作用是引导学习者进行学习,而不是单纯地发出指令;学习者的任务则是探究学习,也不是单纯地接受指令。

(三)翻转课堂模式在日语教学中应用的必要性分析

翻转课堂作为一种新型的教学模式,是基于信息技术辅助,专业教师结合教材内容开展的微课教学活动。在翻转课堂教学中,教师与学生之间的交流互动更加频繁,学生能够积极主动地参与到教师设计的各项教学活动中,共同去探究学习专业知识,完成教师布置的教学任务,学生在实践中能够培养自身的自主学习能力、应用能力和团队合作能力。

1. 有助于提升学生自主学习能力

在传统日语教学模式实施中,学生往往处于被动学习状态,缺乏在日语教学课堂上的学习主导权,要想满足自身的学习需求只能通过课外知识进行补充学习,长此以往学生容易在课堂上产生抵触的心理情绪。而日语教师通过在日语教学过程中高效地采用翻转课堂教学模式,将自身作为引导者,将学生变成课堂主导者。在教师提出问题后,学生以小组形式进行探究讨论,共同去总结出最佳的学习方法和问题解决方案,这样不仅能够提升学生的日语自主学习能力,还可以培养学生对问题的思考分析能力。

2. 有助于激发学生的学习兴趣

在翻转课堂教学中,日语教师引入应用了各种先进的信息化技术,这种新型教学模式能够有效增添课堂学习趣味,丰富日语课堂教学内容,对日语专业学生的学习起到积极的促进作用。比如,满足学生对日语学习的个性化发展,增强学生对日语学习的动机以及提供多种多样的课堂学习资源等。翻转课堂摆脱了传统教学模式时间与空间的限制,学生能够在各种渠道中获取最新的日语知识,这样不仅可以促使日语学习变得更加快捷方便,还可以最大限度地满足学生对日语学习的各种需求,促使学生形成终身学习的理念,保证学生对日语学习产生浓厚的兴趣,从而提升高校日语教学的综合水平。

3. 有助于培养学生的团队协作意识

经济市场中的日本投资企业特别注重强调员工之间的相互合作精神,高校日语专业教师要结合这一特点,有针对性地加强学生团队协作意识的培养,而翻转课堂教学模式的应用正是学生团队协作意识培养的重要途径。在翻转课堂日语教学中，教师可以根据教材内容和学生学习的实际需求，组织引导学生开展小组互动、小组讨论等学习活动，让学生在小组队伍中相互交流，对问题提出自身的观点和想法，这样有利于提升学生在日语学习过程中的团队协作配合能力和语言表达能力，促使学生在小组团队中构建良好的竞争与合作关系。

（四）翻转课堂模式在日语教学中的实践应用措施

1. 创新应用翻转课堂教学模式

基于翻转课堂教学模式，高校日语教师可以充分利用学校的网络资源，结合教材内容和学生日语学习需求，有针对性地设计制作精美的日语课堂教学视频，尽量保证视频内容的丰富有趣，能够有效地吸引学生在日语课堂中的注意力，实现翻转课堂的教学目标。日语专业教师之间要相互讨论，提供科学的日语视频教学方案，要注重不同学习层次的日语专业学生的学习情况，分别录制准备好不同难度的视频，这样可以保证不同学习层次的学生均可以通过视频学习掌握相关日语知识。教师可以根据学生的实际学习能力，将学生分成各个学习小组，小组成员之间开展讨论交流，共同探讨解决问题。这样一来能够最大限度地提升学生的日语学习综合能力，帮助教师顺利完成课堂教学任务。

2. 科学制订课堂教学方案

高校日语专业教师需要正确地认识到刚进入大学的学生在日语方面的学习能力是参差不齐的，教师在教学方案设计上必须坚持因材施教的教学理念，不能单一选择一种教学材料或者教学方法，不然会难以实现理想的日语教学效果。比如，针对不同日语学习基础水平的学生，日语专业教师可以通过将层次教学法与翻转课堂有效结合在一起，将翻转课堂中的教学视频设计成三个不同层次，分别是简单、适中以及困难。在视频教学中，日语教师要发挥出自身引导者身份的作用，科学指导学生运用正确的日语学习方法，让学生相互之间进行单词语调发音训练，纠正他人发音的不足之处，借鉴他人学习之所长，这样能够使学生相互学习。

3. 合理指导学生观看学习视频

在日语教学中，教师要高度重视学生学习过程中日语实践能力的培养，而不只是关注学生的最终考试成绩。在教学过程中，教师要合理指导学生观看视频，要求学生结合视频中教师提出的问题进行思考分析，要给予学生充足的课堂思考时间，让学生对视频内容进行反思与总结。教师可以让学生合理利用好视频暂停回放功能，记录好自身的疑惑，在视频观看后提出问题，让学生之间进行讨论和分析，使学生参与到实际问题解决活动中，从而提高学生的日语学习综合能力。翻转课堂模式下的日语教学是以学生交流探讨的方式进行的，学生自主学习是翻转课堂的核心内容，教师要着重培养学生的自主学习能力和分析解决问题的能力。

综上所述，高校要想培养出更多的日语专业复合型人才，全面提升学生的日语学习能力和素质，就需要引导广大日语专业教师科学合理地运用翻转课堂教学模式。基于翻转课堂教学模式，学生成为课堂学习主体，促使学生积极主动地参与到视频教学活动中，并在学习过程中形成良好的日语学习习惯，进而培养学生的团队合作精神和实践学习能力。

二、基于慕课的日语会话课程教学模式构建研究

慕课是以互联网平台为基础的大规模网络开放性课堂，是大学联盟、互联网平台为满足用户碎片化时间学习需要开设的远程网络课堂，具有群体化、个性化、时间化等特点。随着近年来我国高等教育改革的深化，基于慕课设计日语会话课程已成为提高高校日语专业学生日语应用水平的主要途径，下面将对此进行深入分析。

慕课是一种以信息网络作为教育媒介的群体性网络课程，它主要是利用信息技术把课堂教学、知识传授、学习任务、课后作业、教学问题、学生与教师间的互动交流、教师对学生的评价等步骤、环节紧密地组合在一起。群体性、开放性、远程性、自由选择性是慕课教学的主要特点，而目前我国高等素质教育的特征是面向世界、面向未来，注重大学生群体素质建设，因此，慕课教学的特征与我国高等教育特征高度吻合，二者在我国高等教育体系建设中相互联系、相互辅助，推动我国高等教育体系快速转型。

慕课兴起于 2010 年，其汇聚了世界上近百所顶尖大学的精品课程。2011 年美国斯坦福大学开发了网上在线学习系统 Udacity，当时受技术水平的限制，这款学习应用软件只能用于数学和计算机知识的学习，精品网络课程资源极为有限，功能较单一，覆盖用户数量较少。2012 年 4 月，哥伦比亚和普林斯顿大学联合推出了 Coursera 在线学习平台，主要以美国国内大学为主进行精品课程资源开发，供美国学习者使用。2012 年 5 月，哈佛大学和麻省理工大学共同研发了在线学习平台 edX，之后全球数百个高校加入其中，使 edX 在全球范围内快速普及。

（一）基于慕课的日语会话教学现状

从目前我国高等教育发展趋势来看，我国外语高等教育正处在历史变革的关键时期，大学生会话交流、语言应用能力的培养日益重要。日语专业会话课程通常是精品小班化授课模式，以 25 人左右的专业小班为课堂组织主体，时间设定为 90 分钟。虽然小班模式的日语会话课程设计能体现出课堂教学的系统性、完整性和持续性，但固定的教学方式会降低学生日语会话练习的兴趣，不利于学生形成完整的日语认知架构，而慕课教学这一新型教学形式的出现就改变了这种教学状态。

到目前为止，很多高校都将慕课作为英语教学的主要媒介，使用慕课作为英语教学工具的高校占高校总数的95%以上。以日语作为教学媒介的语言应用类课程在慕课领域有着广阔的发展空间，因此，根据学生日语学习的现实需求，以慕课为教学工具构建完善、科学的课堂教学模式已成为当务之急。

（二）基于慕课的日语会话课程教学模式构建的思路

在互联网情景中，虽然慕课具有传统教学模式不具备的优势，慕课的应用也会给高校传统日语会话教学模式带来影响，但慕课作为一种依托信息传媒工具发展形成的远程网络教育机制，其是在语言交互运用、对话情景塑造方面还有着一定的局限，不能完全取代传统的日语会话教学。为改变这一现状，有必要将慕课与传统日语课堂会话教学结合起来，各取所长。在发挥传统教学模式情景性、引导性的基础上，利用慕课软件整合线上教学资源，为学生塑造积极、活跃的课堂情景，进而构建完善的课堂教学体系。

在沿用传统教学方法的基础上，以慕课作为工具维度的教学模式调整，实质上是一种关于日语会话课程教学模式创新的尝试，这种创新性的尝试应基于互联网工具、教师、学生三者共同构建。互联网工具应该是对话素材、知识信息的来源，教师和学生可借助互联网工具搜索对话素材直接应用；教师应发挥"知识信息中转站"的作用，按照科学化的教学思路引导学生；学生应是知识信息的接受主体，在信息化情景中或与教师对话，或是借助慕课完成教学任务。值得注意的是，在慕课与传统教学方法相结合的日语会话教学模式的基础上，要注重教学任务的设置，即根据学生的日语会话水平科学合理地布置教学任务。

（三）基于慕课的日语会话课程教学模式构建的途径

1.充分利用创新工具，完善课堂组织架构

众所周知，日语会话课堂与普通语言类课程最大的不同在于日语会话课堂以语言实践为主，是学生与学生之间、教师与学生之间进行对话交流的互动实践，课程主要以对话或角色扮演的方式完成，有着明显的动态性特征。所以，创新性工具的使用要突出群体性教学理念，即教师应以慕课网络作为课堂教学媒介，借助网络以音视频的方式向学生传递知识信息，进而扩大学生的认知来源。此外，要根据学生群体的学习特点，突出对话素材，引导学生主动从素材练习开始，不断深化语言认知，形成较强的语言交流能力。

2.注重设置课堂教学目标，突出学生主体地位

日语会话教学是学生与教师互动交流的过程，是教师引导学生关注课堂知识的客观引导机制，教学目标的设置具有"双向性"特点，即教学目标不仅要体现课程目标，也要表现出教学情境目标，且目标的设置要尽可能细化，尽可能保持目标的引导性。

为了实现课堂教学目标，教师要注重学生主观能动性的发挥，一方面，教师要利用网络在课堂教学活动开始之前仔细搜集日语会话素材，设置课堂教学主题，让学生围绕教学主题展开交流探讨；另一方面，教师要根据学生学习的特点，利用慕课系统与学生进行对话、交流，让学生利用网络及时反馈学习成果，方便教师及时做出评价。

3. 积极创建慕课教学情景，塑造良好的教学氛围

日语会话课程教学取得良好效果的基础条件是教学情景的构建，优质的教学情景、良好的教学氛围可以让学生放松身心。第一，在教学过程中，教师要学会利用慕课工具选择一些与日语文化知识相关的问题或故事当作开场白，以具体事例对学生进行引导。第二，针对学生学习的特点，教师要利用慕课资源构建个性化课堂，结合学生的认知模式调动学生的兴趣，将学生作为课堂教学主体，将多种教学方法，如信息化教学方法、情景化教学方法、实践性教学方法等融入课堂实践当中。第三，教师要有目的、有选择地在课堂教学的不同环节设置教学问题，以问题为导向鼓励学生交流探讨。第四，在上课前或是上课后，教师最好用一些日文歌曲来活跃教学氛围，这样有助于学生在良好的氛围中形成自主性学习意识。

综上所述，基于慕课的日语会话课程课堂教学模式的构建，首先要了解慕课的教学特点及功能优势，然后结合学生日语学习特点，将传统形态的日语会话课程教学模式与慕课教学有机结合起来，最后通过设置教学目标、创新课堂情景等方法健全课堂组织体系，活跃课堂氛围，促进学生在日语会话实践中形成较强的语言应用能力。

第五节 "互联网+"时代协同教学创新方法在基础日语教学中的应用

基础日语教学常见的方法主要有翻译法、直接法和交际法等，这些方法各有所长，同时也存在着各自的不足之处。"互联网+"时代下，基础日语教学也同样面临协同创新教学模式的问题，本节从协同创新的视角为基础日语课程建立一种新的课程知识教学体系。

一、协同教学与日语教学改革

协同教学是现代思想理论下一种新的教育方式，特别是在当前"互联网+"新背景下，学生、学校和企业协同教学模式得到了新发展。基础日语课是一般大学日语专业大一、大二学生的主干课程，这一阶段的教学从听说入手，听说与读写并重，使学

生熟练掌握教材中的常用词汇、语法现象和惯用语句等，并适当地向学生介绍一些日本文化背景知识。

传统的教学活动会受到时空的限制，而协同教学在当前"互联网+"教育的背景下能够突破这种限制。人才培养的方式也发生了转变，传统的教学方式主要是进行知识的传授，协同教学注重能力素质的培养。在这一节中，笔者拟将协同创新模式在"互联网+"的背景下应用于基础日语的教学中，评价并且改进传统基础日语教学方案的实施、设计以及组织，从而形成新的协同创新知识体系，提出在"互联网+"的背景下，以协同教学理论作为指导的知识体系整体框架，并且针对教学实践活动，运用创新协同教学模式给出具体的方法和步骤。

（一）协同创新教学模式解决的问题

"互联网+"时代下，传统课程教学面临着一种新的课程形态，教师的教学资源和学生的学习环境都发生了巨大变化，冲击着教师的传统教学模式，这就要求教师在课程中应用新的协同教学模式，通过学生、学校和企业力量来解决教师个人不能解决的问题。具体有以下三个方面：

第一，解决传统教学模式问题。教材在传统的教学模式中处于中心地位，无论是对于学生还是教师来说，教材都是最主要的，这样就导致课堂教学内容与外界出现断层。除此之外，学校里的教师和学生与校外的企业技术人员和专家出现脱节也是一个现实问题。

第二，解决教学资源不齐全问题。传统教学资源的信息化能力较低、教学效率不高，区域联合、优势互补、资源共享等缺乏，没有构建教育教学资源信息化网络。因此传统教学资源需要加强对"互联网+"模式下教师传道、授业、解惑方法的研究与应用，需要完备的信息资源保障。

第三，解决静态化知识学习环境问题。在互联网新背景下，学生的学习环境是一个多元、个性和动态的知识学习环境。因此，需要学校和企业或社会机构协同开发符合学校人才培养和企业员工培训的"学校课程+企业课程"双线交织的课程、岗位、项目知识体系，重构专业教育知识体系，提供不同发展路径的个性化学习方法。

（二）新背景下基础日语课程改革的需求

基础日语课程是在日语学习初级阶段最为重要的一门课程。学生日语知识的主要来源就是日语基础课程，在多数高校的日语专业中，这门课程要开设三个学期，每周有七个课时。当前是在"互联网+"背景下的创新时代，需要培养创新型人才且能够适应信息化社会的发展需要。人才和知识是创新的关键，在企业中知识信息也是重要的资产，企业要想提高生产效率、决策水平、技术人员的创新能力、员工的执行力就要将知识信息管理好、运用好。如今，教学改革中需要重点推进的就是在传统课堂教学中应用互联网技术，使用创新的教学方法，与此同时，转变传统的教学观念、教学模式和方法，更新教学资源。

二、协同教学创新模式体系与实践

（一）基础日语课程协同教学模式的知识体系

课本在传统的基础日语课程教学中处于中心地位，在教学过程中教材是主线，教师讲课需要围绕着教材进行，传递的知识都来源于教材。对于学生来说，学习的也都是教材内容，要求对教材的内容进行记忆、背诵和理解。在课堂上，无论是教师还是学生都依赖于教材，教学活动是一成不变的，缺少了自主的主动创新。为了解决这一问题，课题组进行了研究讨论，针对学生的兴趣和课堂的特点，搜集整理了世界范围内基础日语的数字资源，通过对这些资源进行挖掘，不仅收获了一些基础知识，还发现了一些新的知识，通过整合形成研究成果，并且在教学资源知识体系中加入这些研究成果，将日语的文化背景知识和日语语言生活中的即时信息反映出来，在传统教学中不仅在对知识的传授中融入了智慧教育，还将课文中的所有知识内容都相互联系起来，引用互联网及时对新的知识进行更新，使教学资源一直是最新的，并且原本的纸质教学资源通过互联网技术变成具有创新性的数字教学资源。协同创新基础日语课程体系将语法、精读、听说等有机统一起来，对课程与课程之间的关联知识在保证基础的要求下进行研究。

教学方法在"互联网+"的背景下也需要创新。数字教学资源的完善是智慧教育中特别重视的，传统教学模式的知识体系被基础日语课程协同教学模式突破，跨时空教学模式得以实现。解决在互联网背景下单一课程学习的问题，需要把学生的学习兴趣充分调动起来，整合集中数字资源课程并且形成内在的知识体系，这样信息化技术教学的效果就会更好，不仅要对处于基础阶段的高校日语专业学生进行基础知识的培养，还要提升学生语言的实际应用能力。

所以，在"互联网+"时代协同教学知识体系中的主要问题就是构建基础日语课程知识体系。为了解决此问题，知识聚合应用模式被课题组创立，聚合服务模式被引入进来，数字教学资源会依据知识结构的不同对知识进行自动标引，任意的知识结构和碎片化的数字资源可以连接起来，使数字教学资源的价值得以提高。

（二）"互联网+"时代下基础日语课程协同教学模式

在新时代，学习活动框架、知识体系框架图和建设思路是基础日语课程教学模式的主要内容，使学生能够在多种形式且跨时空的语言环境中，实现使用日语进行交流这一教学目的，在协同资源知识体系中，实现语言能力的提升。以下是具体模式：

1. 协同过程。通过手动对成员账号进行添加，或者在专家库中挑选专业相关的专家加入项目，完成项目添加之后，将项目的任务分配下去。项目的组成人员在项目建设的过程中，讨论项目中的问题方式是互动研讨，项目负责人在讨论完成之后，对讨论形成的结果进行汇总，并且在平台上发布。分解需要编写项目的任务，并且将任务分配下去，与此同时，项目方案的编纂需要协调完成，资源参考模块可以为项目组成员提供参考资料，在项目过程中起到辅助作用，并且可以在平台上上传自己的资源，达到资源整合的目的。

2. 资源汇聚。根据项目研讨的各项主题实现数字教学的自动推荐和手动上传，为协同研讨提供资源保障。

3. 成果输出。在项目互动研讨和协同编纂过程中会产生许多成果。

4. 知识体系。知识结构体系和汇编成果是在项目协调编纂和互动研讨中形成的。知识关联、智能标引和自动分类与抽取也可以根据已经形成的知识结构同时进行，将相关的资源进行自动推送，项目、岗位、课程等知识库由此形成。

项目研讨是中心，校企协同是出发点，围绕着科研创新、课程设计、人才培养等项目，对课程综合开发以及应用信息化协同平台进行研讨。依据项目所要研究讨论的主题，整合推送数字教学资源，这项任务需要在协同活动之前完成，是重要的资源保障。协同活动形成的讨论成果需要用三种形式进行汇总，分别是知识结构、汇编和资源。有些项目会产生知识结构，这种数字资源的组织模式就要以知识聚合为内核，使知识结构和数字资源对接起来，形成知识体系库，后台系统在后期会作为有力的支撑，对资源的集成、用户角色的分配、项目的开发等进行完善的管理。

（三）协同教学创新模式实践

为验证新教学方法的有效性，本书以笔者所在学校的日语专业的基础日语课程为对象，对授课的3个班级82名学生进行协同教学模式创新方法教学。经一个学年的实践，对学生考试成绩和学生评价教学方法的评教成绩进行数据分析。采用笔者所在学校教务管理系统数据库中82条学生成绩记录及其评教数据（评教只选择教学方法一项），利用关联算法对学生成绩与教学方法的关联规则挖掘得到的结果进行研究。结果表明，学生成绩与教学方法的关联度和认可度都很高，36.59%的学生考试成绩优异且都认同新的教学方法有效，成绩中等和成绩优良的学生也占每一等级的多数。另外，学生的考试成绩等级与学生的评价教学方法的优劣具有很高的关联度。在规则中，考试成绩为优秀，对教学方法的评价为优的占比较大；考试成绩为及格，对教学方法的评价为合格的占比也较大。由此可以看出，学生对于某课程的学习成绩与教师所采用的教学方法成正比，三条频繁关联规则也同时说明了学生对教学方法的评价结果是客观、真实的，因此促进教师改进方法提高教学质量。

通过以上论述总结得出，"互联网+"背景下，在基础日语教学中使用协同教学创新方法，新的协同创新课程教学体系将企业资源和学校教学资源结合起来，主要是通过学校自己的教学资源结合传统教学体系和应用协同平台，并且将学校和企业的资源进行结合来完成的。跨时空、校企多向交流、信息来源多样化、信息资源实时开放是这一课程体系的特点。这一课程体系还可以改变传统课堂教学的封闭性，摆脱传统教学观念的束缚，增加学生的学习兴趣，对于高校其他课程改革起到良好的示范作用。互联网信息技术不断发展，在传统课堂中通过信息技术将协同创新教学模式引入进来，在传统的教学模式中，学生接受知识的方式是直接灌输，这一改革将会改变这种模式，推动传统教学向更好的方向发展。

第六章 多元实践型日语教学模式的创新应用

第一节 日语教师实践能力的发展途径

一、日语教师实践能力研究的意义

目前，创新型人才培养已成为高等教育的重要目标，实践教学是培养学生创新精神和实践能力的重要环节。学生的实践能力水平在一定程度上取决于教师的实践能力水平。作为教师的主要力量，青年教师的实践能力对学生的就业实践能力起着决定性的作用。然而，近年来许多高校在引进教师时，往往以较好的教育背景或较强的科研能力为硬性指标，缺乏实践经验；在评价和聘用机制中，仍然以学术成就来评价职称；在现有的评估项目中，对教师的要求还包括完成规定的教学和科学研究工作量；学校对教学质量的检查仅限于课堂教学活动。在青年教师实践能力的培养模式中。许多高校往往以教中学、学中教、以老带新为培养青年教师实践能力的主要手段，这使实际教学变得困难起来。国际化作为一种必然趋势和潮流，已成为现代社会最重要的特征之一，无疑已成为外语教师在专业实践能力发展中必须面对的一个当代视角。

实践能力是指在现实世界中有目的地探索和改革一切社会客观物质活动过程中所表现出来的能力和品质。教师的实践能力是教师完成各种教学任务的多种能力，是一种综合能力。日语教师的专业实践能力包括日语教育教学的实践能力、实践工作的实践能力和科学研究的实践能力。在《国家中长期教育改革和发展规划纲要（2010—2020年）》中，明确提出要开展多层次、广阔领域的教育交流与合作，提高我国教育国际化水平。从国际化的角度出发，探索提高日语教师专业实践能力的途径，是应对国际化趋势的必要考量，也是高校日语产业创新发展的重要课题。在国际化视野下探索日语教师专业实践能力的提升途径可以解决下述问题。

第一，可以解决目前日语教学目标、教学内容和教学方法与现实工作脱节、滞后的问题，通过行业、岗位培训可以增加日语教师赴企业实践锻炼的机会，增加行业实践经历、拓展专业知识领域。

第二，在日语教师教育教学实践能力提升的过程中，教师通过对日语教学理论、教学方法与多媒体运用的学习与实践，可以极大地提升日语课堂的教学效率与课堂教学的多样性，教师可以根据学生的水平和课程特点实施不同的教学模式，使得日语教学更趋向于科学化与国际化。

第三，教师的科学研究能力的培养可以帮助教师形成更加宽广的教学研究观，使他们认识到研究方式的多元化、研究方法的多元化，重视研究的情境性、可行性、可操作性与可用性。

第四，提升日语教师的实践能力是培养具有实践能力日语人才的先决定条件。纵观当今高校的日语教师团队构成，可以分为两大类：一类是来自高校日语专业的毕业生，这类教师具有较高的学历和日语理论知识，但因为均是从校门到校门、从课堂到课堂、从书本到书本，所以缺乏企业工作的实践经验，实践能力普遍欠缺，讲授课程内容缺少实践案例背景；另一类是来自企业的高级管理人员或拥有国外工作经历的海归人士，这类日语教师在来到高校之前虽然已经具有较强的实践能力，但是在来到高校后，因大部分时间和精力都投入教学工作中，很少有机会学习新技术、新理念，更没有时间和机会走上社会、走向企业锻炼，很难做到及时更新商务文化知识和理念。随着行业的不断发展，这类日语教师原有的一些实践知识也逐步老化，已无法适应新行业的要求，导致这类日语教师的实践能力日益下降。从当今日语教师团队构成现状可以看出，当今日语教师的实践能力普遍较差，亟待提高，是急需解决的课题。

二、日语专业就业市场分析

我国最大的职位搜索引擎——职友集网站为外语专业就业提供了形势分析数据。数据显示外语专业就业呈明显上升趋势，在外国语言文学类专业中英语专业排名第一，日语专业排名第三。以上数据客观、真实地彰显了外语专业就业形势的可喜性。但是，从对外语专业经验要求的就业形势分析来看，外语专业的应届生就业前景不容乐观，需求比率非常低，日语专业仅占2%，而对拥有0~2年工作经验人群的需求高达51%。各项数据明确表明，社会和企业对外语人才的需求取向是具有岗位经验和实践能力的外语人才。只有具有实践能力的日语教师才能培养出有实践能力的日语学生，这无疑是对日语教师的实践能力提出的高要求、高标准。应用型高校试图探索提升日语教师专业实践能力的方法，却苦于没有思路、没有办法、没有动力。

这就需要在国际化视野下对"日语教师专业实践能力内涵"进行理论研究，以期填补应用型高校日语教师专业实践能力的理论空白，还应该建立提升日语教师实践能力的保障机制、评价体系，在借鉴国内外提升教师实践能力经验的基础上，深入研究适应应用型高校日语教师专业实践能力提高的途径。本课题的研究能够激发日语教师提高专业实践能力的热情，为提高日语专业实践能力提供思路，为日语教学整体水平的提升提供帮助，具有广阔的应用前景。

三、国内外研究现状

与学术型、研究型大学相比，应用型高校的人才培养更加强调其实践性、应用性和技术性。日语专业学生进入岗位后，表现出的动手能力差、实践能力弱、与企业所需的应用型人才相差甚远等问题逐渐成了社会关注的焦点，日语应届生就业难问题也日益凸显。在日语教育教学改革中，大家深刻意识到日语专业学生实践能力的培养应从源头抓起，这个源头就是提高日语教师专业实践能力，即培养一支理论与实践双馨的日语教师团队。从国内的研究现状看，对于教师实践能力培养的研究主要集中在教育教学领域，而且对教师来说，尤其是日语教育教学实践能力、实际工作实践能力和科学研究实践能力，这三方面实践能力提升方面的研究更是少之又少。

综观国外高校对应用型院校教师的基本要求，美国、德国、俄罗斯、澳大利亚等国教育部门都明确指出，应用型院校的教师必须拥有所授课程对应的工作经验，澳大利亚甚至要求教师要有3~5年从事本行业工作的实践经验。国外高校在重视教师理论知识水平的同时，更加强调教师的实践能力。国外进行了众多相关课题的研究，各国优秀改革方案也不断被借鉴，提高教师实践教学能力越来越受到人们的关注和重视。然而，如何有针对性、有的放矢地提高日语教师专业实践教学能力，显著影响日语教师专业实践教学能力的因素究竟有哪些，如何构建日语教师专业实践教学能力的培养路径和方法等方面的研究？目前仍处于学术层面的争论之中，缺乏一个对日语教师专业实践能力提升的系统方案，具有操作性意义的创新性研究更是很少。这种状况很难适应国际化竞争中提高应用型高校日语教师实践教学能力及日语教师团队建设的发展需要。

四、提升途径与方式

日语教师实践能力发展途径的研究应以新的视角和思维方向，在国际化视野下从日语教育教学实践能力、实际工作实践能力和科学研究实践能力三大方面多维度进行探索，并在实践中给出具有操作意义的指导意见。现阶段的研究虽然还不能完整严密地建构起日语教师团队整体实践能力提升的理论和实践体系，但对其中一些重大现实问题的解决方略及规律性的认识，无疑会对日语教师专业实践能力的提高，逐步实现科学化、规范化起到理论提升和实践推进作用。

（一）日语教师专业实践能力的内涵研究

《国家中长期教育改革和发展规划纲要（2010—2020年）》中强调了"实践能力"这一问题。那么，实践能力的内涵特征是什么？马克思主义哲学认为实践能力是个体完成特定实践活动的水平和可能性。心理学将实践能力定义为保证个体顺利运用已有知识、技能去解决实际问题所必须具备的那些生理和心理特征，教育学给实践能力所下定义是个体解决实际问题的能力，然而，随着高校应用型日语人才培养方案中对日语教师实践能力的要求的提出，对日语教师专业实践能力的概念却至今还没有一个准确的界限。

（二）构建日语教师专业实践能力的培养途径

目前，提高应用型高校日语教师的实践教学能力越来越受到人们的关注和重视。笔者建议从以下几方面进行：第一，多渠道引进日语教师，实现日语教师团队结构多样化；第二，建立日语实习基地，"走出去"到企业、岗位进行实践锻炼；第三，"请进来"，邀请经验丰富的企业人员来校开讲座；第四，参与"大学生创新创业训练项目"，在实践中与学生共同进步；第五，研发校本教材或教辅资料。

（三）建立提升日语教师实践能力的保障机制

日语教师实践能力的培养和提升是一个系统工程，为了保证该工程的顺利执行，必须建立相应的保障机制，运用保障机制激励日语专业教师加强实践能力修养，保持高校日语教师队伍的稳定，使日语专业实践能力培养的成果能够在高校中发挥作用。

（四）建立提升日语教师专业实践能力的评价体系

国内一些高校已展开对日语教师实践能力指标体系的研究，但是至今没有一套完善且能有效推广的指标体系，与现实发展的结合也还有待进一步深化。笔者建议在国际化视野下在对日语教师专业实践能力的内涵界定的基础上，结合日语教师在各阶段实践教学的表现和成效，构建一套较为合理的日语教师专业实践能力的评价体系。

五、确定改革目标与关键问题

日语教师专业实践能力的根本特征是实践性，而语言是文化的载体，同时又是文化的一部分，语言不能脱离文化而存在。在商务往来过程中，若脱离语言目的国的商务文化知识，就无法准确理解和得体地运用日语。改革目标从社会和企业对日语专业人才的实际需求出发，在国际化视野下采取多维度分析模式，从日语教育教学实践能力、实际工作实践能力和科学研究实践能力三大方面，探索提升日语教师实践能力的途径。日语教学专业实践能力来自日语教学活动中，实际工作实践能力来自职场实践活动中，而科学研究实践能力来自具体的科学项目研究工作中，这三项能力必须是相辅相成、相互促进的。应该根据项目成员的实践能力构成的不同,对具体改革内容进行理论与实践研究。在理清日语教师专业实践能力内涵的理论基础上,构建提升日语教师专业实践能力的保障机制和评价体系,以期达到取长补短、有的放矢地探索适应应用型高校日语专业发展所需的日语教育教学实践能力、实际工作实践能力和科学研究实践能力三大实践能力提升和整合的方式。

第一,改革日语教学内容和教学模式,激励日语教师在实践中提高。高校教师对自身实践能力培养的重视不够、内在动力不足,这直接影响了其对这一研究目标的投入力度。唤起高校日语教师对提高自身实践能力的高度重视,变被动为主动,努力改革日语教学内容和教学模式,以期在教学实践中提高能力。

第二,日语教师的师资培养机制不健全,日语教师与同行业学术交流以及到企业实践的机会很少,阻碍了日语教师实践能力的提升。改革培训制度,推动日语教师到企业、岗位中实践,为提升日语教师实践能力提供场所。

第三,改革日语教师团队结构,采用多种渠道引进日语教师。从企业引进人才可以避免实践知识的老化,使学校教学跟得上行业发展需要,还可以对实践能力较弱的日语教师进行技能培训,促进日语教师整体实践能力的提高。

第四,改革考核日语教师专业实践能力的内容和方法。目前,高校教师的理论教学和学术科研考核体系比较健全,但是,教师实践教学能力考评体系却不系统或简单粗糙。因此,要在制度层面上建立有效的激励机制。激发日语教师实践能力提升的动力,保障日语教师实践水平的快速提高。

第二节　应用型商务日语人才培养模式

一、建构主义理论依据

伴随社会对应用型日语人才的需求,商务日语教学已逐步取替以语言为中心的传统日语教学,应用能力的获得和提高需要经过从简单到复杂的实践过程,但所有能力的养成都依赖真实操作情境,是不可能也是不合理的。模拟实践教学法是培养应用型人才的行之有效的教学方法,是课堂通往社会的高速通道。本节依据构建主义理论,探究模拟实践教学法在商务日语教学中作为培养应用型人才的重要意义及应用新模式,以期对商务日语教学改革起到借鉴作用。中日商贸关系的稳定发展,对两国经济的发展起到了推动作用,同时,社会对日语人才的要求也不断提高。随着投资领域的扩大和岗位的不断细化,过去单一的以语言为主的日语人才已经无法完全满足社会的需求,熟悉日本商务惯例、日本社会文化知识的应用型商务日语人才成为日语人才市场上的宠儿。因此，我国的日语教育也随之发生了新的变化，商务日语的实际应用价值不断提升，正在逐渐取代以语言为主的传统日语教学，慢慢占据我国本科日语教育的主体地位。如何培养市场所需、企业所需的应用型商务日语人才，如何全方位提升学生的应用能力等问题，是对商务日语教学提出的重大课题。

实践应用能力的获得和提高不是一朝一夕就能达到的，需要经过若干从单一到综合、从简单到复杂的实践过程逐步形成。目前，模拟实践教学法在计算机、大学英语、旅游管理等教学领域，取得众多令人满意的教学成效，但在商务日语教学中还处于探索的初级阶段。日语人才的培养目标随着商务环境日新月异的变化，不断发生变化，日语教育界越来越关注模拟实践教学法在商务日语教学领域中的应用。在此以构建主义理论为依据，探究模拟实践教学法在商务日语教学中对培养应用型商务日语人才的重要意义，探索模拟实践教学法在信息化时代下的应用新模式。

21世纪教学改革所面临的普遍问题是如何发挥学生在教学中的积极性、自主性和创造性，而且建构主义理论正是针对这一现实问题做出的回应。建构主义的先导让·皮亚杰是认知发展领域很有影响的一位心理学家，他认为知识是在主体与客体之间的相互作用过程中建构起来的。建构主义强调，知识不是对现实世界绝对正确地表述，而需在不断地发展和不同的情景中被重新建构。建构主义在学习和教学领域中受到杜威、维果斯基等人的影响。其中杜威强调教育就是经验的生长和经验的改造；维果斯基强调个体学习是在历史社会文化背景下进行的，社会可以对个体的学习和发展起到重要的支持和推进作用。当今的建构主义者反对学习中的抽象与概括，更强调具体的情境性。布鲁纳的发现学习以及认知心理学中的图式理论，都对建构主义产生了重要影响。

建构主义理论的内容非常丰富，其核心是以学生为中心。建构主义强调学生对所学知识的积极意义的积极探索、发现和建构。建构主义理论寻求理解个人和主体之间的意义和动机。人们被认为是能够积极创造和构建社会的合格的交际者。建构主义理论认为知识不是由教师获得的，而是由在某种情况下，即在某种社会和文化背景下的学习者，利用必要的学习材料获得的，在教师、同学或其他学习伙伴的帮助下，通过意义建构的手段获得的。因此建构主义理论将"情境""合作""对话"和"意义建构"作为学习环境的四个要素。建构主义强调，所获得的知识量取决于学习者根据自己的经验建构知识意义的能力，而不是学习者记忆和背诵教师所教内容的能力。

建构主义的核心问题之一是如何缩小学校学习与现实生活的差距。建构主义主张在教师的指导下以学习者为中心的学习，强调学习者作为认知主体的作用，而不忽视教师的作用。学生是信息处理的主体和意义的主动建构者，而不是外部刺激的被动接受者和灌输的对象，教师是意义建构的帮助者和促进者，而不是知识的传授者和灌输者。建构主义理论所要求的学习环境得到了当代信息技术成果的大力支持，日益与教师的教学实践相结合，成为深化国内外学校教学改革的指导思想。模拟实践教学方法符合建构主义理论，常常被应用学科专业采用，对于培养应用型人才是一种有效的教学方法。

二、模拟实践教学法的内涵与意义

模拟实践教学法是理论与实践相结合的教学方法之一，是结合所需专业背景与行业特色，在教学过程中为学生建立一个直观的、与实际类似的仿真工作场景。要求按照实际的工作内容和要求设计课题或案例，指导学生根据实际工作的操作程序和方式模拟职业岗位角色，引导学生在模拟实践操作过程中掌握专业知识，其重点是为了培养学生解决实际问题的能力。

商务日语虽说自20世纪80年代后期至90年代初就已经出现在国内高校，但目前，无论从知识跨度的横向还是深度的纵向来看，都存在许多不尽如人意的地方。大多数商务日语教学方向偏重于商务语言应用能力的培养，基本上以书面的教材为主，教学方法仍停留在教师讲解、学生被动接受的课堂教学模式。这种"填鸭式"教学模式不利于学生学习兴趣的培养，严重阻碍了师生之间的自主交流和实际应用能力的提高，导致学生毕业后无法立即进入职业角色中。

"纸上得来终觉浅，绝知此事要躬行"。这是南宋著名诗人陆游的诗句，意思是说书本上得到的知识总是肤浅的，如果想要彻底学懂学透，必须要亲力亲为、亲自实践。模拟实践教学法正符合21世纪对商务日语教学改革中发挥学习者积极性、自主性和创造性的要求，满足建构主义理论学习环境下的四大要素，是加强教学实践环节的一种有效教学手段。

第一，为培养跨文化商务交际能力的人才创造有效的模拟国际舞台。在商务日语教学中，为培养跨文化商务交际能力的人才创造有效的模拟国际舞台，即"情境"的设定，这是对模拟实践教学法的应用。要求商务日语学习环境中的情境必须有利于学生对所学商务日语内容的意义建构。商务日语教学设计既要考虑到教学目标的分析，还要考虑到有利于学生建构意义情境的创设问题是将情境的创建定位为教学设计的最重要的环节之一。

第二，有利于培养学生的协作精神。模拟实践教学法要求学生在协作下完成模拟情境中的任务或内容。协作活动贯穿学习过程的始终。协作有利于商务日语学习资料的采集、分析以及假设的提出与验证，并对培养学生的集团意识、提升沟通能力及评价学习成果直至意义的最终建构，均具有重要意义。

第三，有利于培养学生的会话能力。协作过程中不可缺少的重要环节就是"会话"。即借助语言来表达思维和进行交流沟通。模拟实践教学法对培养学生如何正确、合理、恰当地选择适当的日语词汇、日语语法、日语商务专业用语等具有重要意义。通过会话交流，整个学习团队可以共享每个成员的思维成果和智慧，是实现意义建构的重要手段之一。

第四，帮助学生积累商务实践经验。国际商务往来不仅需要丰富的专业知识，还需要实战的经验、敏锐的洞察力及灵活的策略能力。模拟实践教学法教学可以帮助学生积累商务实践经验，根据不同项目的具体要求和目标培养学生的商务思维能力，同时激发学生的创新思维能力，以达到"意义建构"，即帮助学生对所学内容反映出的事物性质、规律以及事物之间的内在关联实现较深刻的掌握和理解。

三、模拟实践教学法的应用新模式

商务日语教学的主要目的在于应用能力的培养，基于当前提倡的"产、学、研"三位一体的教学模式在条件上的不成熟，因此，若所有应用能力的养成都依赖真实操作情境，是不可能也是不合理的。模拟实践教学法在商务日语教学中的应用突破了学生参与商务日语实践活动的时间和空间的局限，是培养应用型商务日语人才的有效教学方法。

目前高校的课堂教育提倡课时的少而精。但是既要满足课时的尽量少，又要保证教学的质量和效果，势必要进行课堂延伸。在高速发展的信息化时代背景下，多媒体、互联网、移动通信等信息化工具与手段不断地发展和进步，因即时性、开放性和互动性等优势被广泛应用于外语教学之中，也为课堂延伸提供了条件。在此，借助信息化时代的工具和手段，以建构主义理论为依据，尝试探索商务日语教学中模拟实践教学法应用的新模式，就显得非常必要。

由于现有商务日语教学的条件有限，因此以课堂为平台的模拟实践教学还是占绝大部分。但在课堂时间有限的矛盾现实下，建议利用信息化工具与手段，将情景设定、资料收集、角色分配、情节训练等都安排在课外进行，只是将模拟实践、评价、反思等环节安排在课堂进行，这样不仅可以有效延伸课堂，还可以让学生以轻松的心态进行充分的准备，并在课堂上进行自信的展示。

模式一：建议把真实的商务案例引入模拟实践教学中，只有贴近生活、贴近现实，才能体现模拟实践教学的目的。首先，要求教师活用网络信息平台，选择具有普遍性、突出性、真实性、时效性的案例，可采取"微课"的形式向学生进行案例分析，让学生在课堂外就可以了解商务背景、商务惯例、经济市场动向等各项信息。其次，让学生分组进行正反面、政治、历史或社会、文化等多角度、多方位的讨论。最后，在课堂上以小组为单位进行辩论与反思。课堂上的反思过程非常重要，是教师和学生共同批判性地考察案例学习过程中的分析是否全面客观、考虑是否真实妥善、解决问题是否妥当，以及从中得到什么启迪等关键。为了尽可能有效地发挥课堂的延伸效果，师生之间的共同反思还可以通过网络平台进一步的思考,这些方式有助于学生研究性思维能力的提升。

模式二:建议借助各类网络软件设置虚拟模拟环境进行模拟实践教学。现在的大学生大多数是 90 后,对软件的使用兴趣远远大于书本。商务日语教学中可以采用网络模拟实践模式,让学生按照网络指令,进入软件中设定的如日本企业、银行、办公室、谈判会场等情景中去,根据设定的商务规则,进行各种仿真模拟操作,完成商务活动或任务。这个项目可以一人或多人同时参加。这种学习方法不仅趣味性很强,可控性也很高,教师可以随时通过网络了解学生的学习进展情况。兴趣是最好的老师,在情感驱动下学生能够主动地完成任务或学习内容,在玩中将书本知识内化为自身的智慧,有利于增强学生的自豪感和自信心,更好地实现课堂的有效延伸。

模式三:建议通过日本商务相关视频,自主想象商务情景,进行指定项目的日语商务情景模拟训练。教师为学生提供有针对性的商务视频,让学生在课后以小组的形式总结项目场景特点、语言用法、人员的座位安排以及会谈技巧等规则,并自由分配角色,围绕项目话题进行日语会话练习,之后进行课内检验。

商务情景模拟训练更强调学生的主体作用,给学生以身临其境的感觉,让每个学生在模拟商务情景中担任导演、演员等不同角色。商务情景模拟训练需要小组成员具有合作精神和丰富的想象力,还需要具备较强的协调、交流及商务思维能力和综合素质能力,但是因为模拟训练过程中人为的因素过多,要达到预期的教学效果,教师就要承担起正确指导、严格监督和有效协调的责任。

第三节 创新创业日语人才教育模式

一、创新创业教育的内涵

日语人才在日益频繁的中日交往、涉外商贸等活动中加速了中日两国国际化的进程,而日语创新创业人才则成为构建中日两国竞争优势的核心要素,日语教学模式的选定直接影响着创新创业日语人才的培养。本节以影响学习的情感因素为切入点,以艺术生日语学习为例,考虑艺术生情感和认知的特殊性,提出情感化微课模式,以期发挥信息化时代下微课的实践应用效果,探索指导艺术生日语创新创业人才教育的新思路。

创新创业教育有着十分丰富的内涵,并不是简单地创办企业。一项活动的设计与组织、一种解决问题的方法或路径构想、一个科学研究的立项起草与申请、一种新观点的提出以及特色教学模式的探索等都应当是创新创业教育的重要内容。因此它是一种理念，是一种创新，是素质教育的再拓展，旨在激发学生探索未知，并使创新意识、创新思维得以进步和发展，开发学生的潜能、拓展学生的个性和才能，提升学生的创造性。换而言之，创新创业教育的结果是让每位受教育者都要有创新创业的意识和能力，教师应该顺应市场需要，适时变革教学模式，从而促进学生全面发展。

二、艺术日语创新创业人才教育的意义

教育部《关于大力推进高等学校创新创业教育和大学生自主创业工作的意见》中指出"创新创业教育要面向全体学生，融入人才培养全过程"国家领导人强烈呼唤创新人才，指出："实施创新驱动发展战略，最根本的是要增强自主创新能力"。国家真正实现科教兴国战略任务，必须由创新型人才来推动。日语人才在日益频繁的中日两国交往、涉外商贸等活动中加速了中日两国贸易国际化的进程，而日语创新创业人才则成为构筑中日两国国际竞争优势的核心要素。

目前，日语创新创业教育进入重要转型期，呈现出国际化、个性化、多元化特点。日语创新创业人才的特色化教育模式探索已势在必行。艺术生长期浸染在艺术氛围中，具有特殊的情感认知性。如美术、设计与视觉传达专业善于通过视觉接收信息并表述信息；音乐、戏剧戏曲专业善于通过声音理解信息；表演、编导专业善于运用多种感官进行意义构建。艺术个性决定了艺术生更擅长和喜欢通过专业特长来展示自我，因此，改革以往日语教学枯燥单一的模式，将艺术语言与日语相结合，有助于艺术生日语学习积极性的提高。创造力存在于艺术与日语之中，不但能陶冶、升华人的思想境界，还能活跃、开拓人的思维。情感认知因素能够左右学习，并可以轻易地激发学习动机，是创新创业的动力源泉。在探索艺术日语创新创业人才教育新模式中，应从艺术生的情感和认知特殊性入手，利用信息化时代丰富的信息资源，寻求艺术院校日语教学的特色模式，这对艺术日语人才创新创业教育，开发艺术日语学生的就业、创业附加值具有现实意义。

三、信息化时代下产生的微课

自20世纪七八十年代以来，社会在以多媒体、互联网为代表的信息技术手段的发展和推动下，日益步入信息化时代。在信息化大环境中，各高校根据教学对象特征在教育理念、教学模式及媒介手段等众多方面采取各式教育改革。改革核心体现在教学模式的创新，更强调"以学生为本"，对学生创新创业能力的培养注入大量精力。信息化时代下，微型课程视频这种创新教学实践活动在全球范围内急速铺开。其代表性人物美国学者萨尔曼·可汗于2006年推出的微型课程视频，在美国基础教育领域风靡一

时。之后，在萨尔曼·可汗的基础上，美国化学教师乔纳森·伯格曼和亚伦·萨姆斯于2007年提出了"翻转课堂"教学模式。我国教育界对这种新型学习资源——微课也广泛关注，不断涌现出各类微课大赛，不仅有面向中小学教师的"微课大赛"，还有面向高校教师的"首届高校微课教学比赛"。当前国内外微课建设如火如荼，已成为教育信息化的新热点。

从微课的构成来看，核心内容是教学视频，其中包括很多与教学主题相关的辅助性教学资源。整个微课以严密的组织关系和特殊的呈现方式共同构建成一个半结构化、主题式的资源单元应用环境。微课可谓是信息化时代下的产物，是在传统教学模式的基础上活用信息时代的各项元素，将传统单一的资源类型中的教学课例、教学设计、教学反思等教学资源重新组合后发展起来的一种新型教学资源。

从微课的特征来看，主要表现在短、少、精上。微课的视频教学时间较短，一般为5~8分钟，最长10分钟，容易让学生在最佳状态下接受学习；微课教学内容较少，主题突出，有利于学生明确重点、难点和疑点内容；微课的教学内容更显精简，主要是为了突出课堂教学中某个知识点或是反映课堂中某个教学环节、教学主题的教与学的活动。根据艺术生的认知特点和学习规律，"短、少、精"的微课相对于传统的45分钟一节课的教学课例来说，更有利于偏爱新生事物的艺术生对日语教学的接受，只有在愿意的前提下，才能达到对艺术日语创新创业人才的教育。

四、情感化教育模式的必要性

心理语言学表明，心理现象存在于人类活动的所有领域中。心理活动的参与者不仅有诸如感觉、思维、记忆、想象力等这些智力性因素，还有诸如动机、兴趣、情绪、情感等这些非智力性因素。其中，智力性因素是认知活动的操作系统，主要承担着信息接收、加工和处理等各项任务。而非智力因素则是认知活动的动力系统，是认知活动的调节者和推动者。活动效果是由智力性因素和非智力性因素共同决定的。非智力性因素中的情绪和情感在认知活动中具有调节功能，能够对人类的行为和活动产生支配作用，并且引导和影响着行为的主要方向。情感是对客观事物的态度体现，伴随着认识活动过程而产生，同时对行为活动起着积极或消极作用。

当学习者处于良好情感状态时，大脑加工活动的范围将会拓宽，非常有利于唤起学习者的求知欲、好奇心和创造力，使大脑运转成一个有效学习的有机体。以轻松、乐观、愉快的积极情绪去学习可以让学习者神经放松、心情平静，更容易达到集中精力、增强记忆、激发创新创业思维的良好效果。反之，消极情感则会降低学习效果，对学习造成严重的阻碍作用。情感表现常常伴随着个体的观点和生活经历而转移，所以既可以发挥动力信号的积极作用，又能成为阻碍行为的消极因素。将情感因素纳入教学，渗透教育，已经成为当代教育发展的必然趋势，对提高学生的语言学习效果以及增强学生的创新创业能力具有重要意义。

五、情感化微课模式策略

让学习者，尤其是具有特殊认知性的艺术生在学习日语中获得积极情感，开拓创新创业思维是情感化微课模式的主要目标。情感化微课模式应积极关注学习者的大脑在加工学习信息时所获得的情感体验和感受，并根据人脑信息加工区域的特点，进行分阶段处理。首先，通过给日语学习者以赏心悦目的感官刺激，让产生即刻的积极情感反应，吸引日语学习者进入微课之中。学习是大脑支配下的一种行为，学习行为发生的同时伴随着情感体验的开始。其次，要促使日语学习者更顺利、高效高质地完成学习任务，达到学习过程中的良好情感体验。最后，通过激发日语学习者的思考活动，促使学习者在思考过程中产生积极情感，并进行深一层的反省、理解以及推理等活动，达到有效地启发思维的目的，这个环节是人类大脑信息加工的最高水平。前两步是无意识行为，是关于现阶段的情感体验和感受。而第三步则是有意识行为，是学习者在思考过程中产生的情感，是一个回忆过去、思考未来的过程，是长期的情感体验和感悟。在情感化微课模式下，建议部分学习者参与微课制作，利用艺术生擅长和喜欢的艺术语言来更有效地激发学习动机，促使创新创业动力源泉的形成与发展。

（一）策略一：愉悦的感官刺激

为给艺术生日语学习带来愉悦的感官刺激，让微课给予良好的第一印象，除去对教师语言、仪表等各方面的要求外，微课制作过程中应尽量满足场景整洁、视频拍摄美观等条件。建议采取多机位、多角度拍摄成组镜头，结合学生专业特点适当加入艺术元素，通过微课视频提供新鲜、丰富的视觉信息，使日语不再成为乏味的单一语言学习，保持学习者对画面形象的持续注意力。在场景拍摄过程中，建议采取中景、近景及特写的方式。人类大脑存在着一种向最简单结构发展的趋势，即尽可能简化观看的对象，当刺激方式呈简化状态时，视觉的感觉是愉悦的。中景、近景及特写方式能表现教学过程的局部，并突出主体，完全符合视觉的简化原则，满足学习者视觉审美的需求。微课中的镜头是画面语言的基本单位，建议根据自然长度适时切换镜头，即在学习者感兴趣和不再感兴趣的时候，适时地进入镜头或切换镜头。

（二）策略二：良好的情感体验

为保证学习行为的顺利持续进行，需要使日语学习者在微课学习过程中产生良好的情感体验。建议在进行微课教学流程设计前预测学习者可能的情感反应，充分考虑艺术生的认识特点，并认真思考如何设计各教学环节才能使学习者处于理想的情感体验中，才能达到理想的学习效果。设计各教学环节中的教学事件，引导学习者的情感在预期状态中转变,通过若干教学事件的设计,让学习者经历各式不同的中间情感状态,最终进入日语学习者的最佳情感状态,达到最佳的学习效果。

(三)策略三:有效地启发思维

有效地启发思维是在愉悦的感官刺激和良好情感体验的基础上,针对日语学习者的反思和思考活动来研究的相应策略。各种辅助学习活动,如在线练习、在线答疑以及在线讨论等方式均可以协助学习者完成和巩固对日语知识的理解与掌握,启发日语学习者的思维。笔者建议利用翻转课堂建立日语学习者与日语教师的学习共同体,采用面对面的方式通过学生展示或讨论解决与微课内容相关的知识难点,使日语学习变得更人性化、更轻松和温馨。要充分发挥艺术生的艺术个性,利用各自不同的艺术语言表达自己对知识点的领悟;甚至可以采取批判的手法让艺术生走向讲台对教师的日语微课内容进行艺术性评论,体现"以学生为本"的教育理念,在提高日语水平的同时,让教师和学生共同提高艺术素养,充分体现反思的力量,以达到有效地启发创新和创业思维的目的。

第四节 信息技术与日语教学模式的整合

一、思想观念的转变

伴随大数据时代的到来,新理念和新技术不断涌现,信息技术与课程的整合也日渐深化,与之相适应的教学改革也呼之欲出。翻转课堂作为国内外教育改革的新浪潮,为教与学的进一步发展拓展了新的教学思路。本节将在大数据时代的背景下,探究翻转课堂在外语教学中实践应用的意义及建议,以期为我国大学外语教学改革提供一些借鉴。翻转课堂实践应用于外语课堂教学之中,不论是对教师、对学生,还是对校方都是一种挑战,都需要在各方面做好充分的准备,才能使翻转课堂达到预期的效果。

首先要求教师转变思想观念,要实现从以教师为中心到以学生为中心的转变。传统教育模式更强调知识的系统性和传承。如今的教育应更加重视学生自主能力的培养,自我探索能力的挖掘。因此,要把教师灌输式转为学生建构式、把教师传授式转为学生探索式、把课堂授课式转为课内外活动式,教师必须从单纯的授业者转为学习的激励者和启发者。

其次要求学生转变思想观念,实现自主学习。让每个学生去感悟知识,让知识变为智慧,即创造力。我国的绝大多数学生已习惯于从教师那里获取知识,而不是自己探索知识。当今大学生应该从被动接受转为主动地学,主动地去获取知识。课前多学习、多钻研，课上主动参与到教学活动中去，主动发现问题、解决问题，才能实现学习的真正意义。

二、信息技术的支持

在实施翻转课堂的过程中，需要校方信息技术的大力支持。网络速度慢将直接制约开展网络教学，从教学视频的制作到学生网上观看教学视频也都需要校方计算机硬件和软件的支持。对于缺乏硬件条件的学生，学校还需提供相应的设备支持，这些都是校方要解决的问题。

教学视频的制作质量对于学习效果有着重要的影响，不同学科的设计也会有不同的风格。因此，实施翻转课堂教学模式的学校有必要给授课教师提供从前期的拍摄到后期的技术支持，并在教学视频制作过程中形成流程化方式，以便为后续教学视频提供宝贵经验。

三、外语教师能力的挑战

翻转课堂能否高效地应用于外语教学之中，外语教师占据了重要的地位。实施过程中，除了技术能力的提升外，课前、课堂和课后的准备工作同样不可忽视。外语教学不同于其他学科，外语本身不是母语，对外语教师来说更是一个挑战，因此需要外语教师更多地研究和学习，在不断地提高自身的语言水平的同时还要了解外国人的思维方式、处事方法及国外社会文化等知识。

教师平时要多和学生进行交流和沟通，及时了解学生的兴趣和需求，巧妙地将其需求融入教学设计中去。外语教师还要随时把国外先进的思想和理念带入课堂，更快地让学生了解各国家异文化的特征，使学生的思想也与时俱进，达到精神上升华的目的。

第五节 注重培养跨文化交际能力的日语教学新模式

一、现行日语课程的问题

日语教学作为综合大学众多外语院校教学团队的组成部分，迫切需要在跨文化交际的背景下构建新的教学模式，提高日语教学质量，加快培养日语人才。美国课程之父泰勒提出了课程框架的四个要素，即课程目标、课程内容、教学组织和教学评价。日语课程的目的是让学生掌握日语的基本语法知识，使他们具备日语的交际能力。然而，学校、教师和学生倾向于认为第二语言教育属于辅助学习，这导致了课程内容、教学组织和教学评价中的诸多问题。

（一）课程内涵

日语被教授给非日语专业的学生，学生把日语作为第二外语，而学生的第一外语大多是英语。从教科书的使用来看，大多数高校都使用2005年出版的《新标准日本语》。这本集日语教学与日本文化于一体的教科书是中国最具有影响力的古典教科书之一。然而，这本教科书的第一版已经出版13年了。虽然它已经被修改过很多次，但无论是单词还是会话场景都有些陈旧。有些高校用《大家的日语》教科书。相对来说，这本书忽略了语法结构，强调情景交流，这使学生在不理解语法的情况下很难联系上下文。

（二）教学组织

第一，不同高校的日语课程设置时间不同。有些高校有四个学期，有些高校有两个学期。此外，不同高校每周的学习时间也不一样。在教学过程中，高校日语课堂大多采用传统的教学方法，教师只注意解释单词、语法结构、课文等内容，即使他们采用了现代的辅助技术，也没有跑出"满堂灌"的常规技术。一些教师认为这不是一门学生的专业课程，可以边写边看，省略了与学生沟通和补充日本文化知识的环节，这就忽视了学生的主观能动性，导致他们的日语使用能力和学习第二外语的兴趣降低，从而对跨文化交际能力的培养产生负面影响。一般来说，在第一年或第一学期，学生对日本的学习更有激情，对日本和日本的文化也充满了好奇。随着单词和语法越来越难记住，学生逐渐对学习失去了兴趣，他们认为学习日语太难了，逐渐产生了恐惧，失去了学习的主动性，越来越多的学生有应付考试的心理。在这种情况下，日语教学的重点仍然是对日语词汇和语法的记忆，缺乏对日语的文化研究，这会降低教学质量，使学生缺乏日语跨文化交际意识。

第二，第二课堂的缺失也是日语教学组织中容易忽视的问题。教师倾向于课堂教学，而忽视了课后第二课堂的组织。众所周知，大学生有大量的课外时间。如何有效引导学生充分利用第二课堂学习是一个重要问题。由于高校政策、教育经费、时间成本等原因，许多高校没有开设与日本文化有关的第二课堂，如讲座、文化研讨会、辩论等活动，也没有播放日本电影和电视节目等，这使学生不可能在放学后有效地补充日本文化知识。

第三，由于语言和文化的限制，学生很难根据日语课本自学。日语教学严重依赖教师，因此，教师在日语教学的组织中发挥着关键作用。一方面，从目前的第二外语师资队伍来看，具有研究生学历的日本专业教师和日本外籍教师仍然相对较少，许多学校的日语专业没有日本外籍教师。一些在职的日本教师没有在日本生活和学习的经验，他们对日语的理解只是在语言层面。在跨文化交际中，日本文化的精髓和实践技巧是难以传达的。另一方面，中文仍然是目前大多数日本教师的主要教学方法。在学生日语知识积累到一定程度后，语文教学方法将使学生难以摆脱语言环境对语文的限制。在课堂上缺乏听和说日语的机会也会使学生倾向于学习"哑"日语，这不利于鼓励学生大胆交流，也不利于纠正学生的日语表达和日语发音。

（三）教学评价

日语学习的主要目的是实现学生与日本人之间顺畅的跨文化交流。学生对交际意愿和交际能力的自我感知是教学评价的一个重要方面。由于学生很少能接触到日语，因此学生用日语交流的意愿应该成为教学评估的重要组成部分。然而，在这个阶段，许多高校对日语教学的评价仍然基于学生的语法、词汇和课文的评价，缺乏学生对日语交际能力的自我评价，缺乏对日语文化理解能力和跨文化交际能力的评价。另外，在课堂教学的评价过程中，教师经常使用汉语教学评价方法，以使学生更容易接受，而不是在评价过程中使用日语。

二、跨文化交际的日语寒暄语文化背景

（一）崇尚和畏惧自然

例如，"天气不错呀"这样的寒暄语受日本气候的影响，由此可见，一个民族的语言中使用某一词汇的频率与民族的事物和生活密切相关。日本是一个位于亚洲大陆和太平洋之间的岛国。由于频繁的自然灾害和复杂的天气变化，日本人的日常生活也在很大程度上受到天气变化的影响，日本人自然会密切注意天气。因此，当人们在给人们的生活带来好处和便利的好天气里相遇，见面寒暄时，可以表达对敬畏自然的天气的问候，赞扬天气也等于赞扬对方的生活，这将使对方幸福，相反，则彼此担心，以此交流彼此的感情。

（二）注重礼节，保护个人隐私

例如"出去吗""去哪里呀"，人们经常回答"就到那里去"。这种问候语用于熟人之间，而且经常使用。事实上，受欧美文化的影响，日本人非常小心，不涉及他人的隐私。但是为什么日本人会问和回答这个问题？在《日本语新发现》中，池田摩耶子解释说，当日本人看到打扮得精致的熟人出门时，他们并不会说"你打扮得很漂亮"或"你今天真的很帅"。因为他们认为这样说是不礼貌的，而是委婉地告诉对方，你今天与平时有所不同，以体现出对对方的关注，于是说上一句"出去吗"。虽然日本人明白问这样的问题是不礼貌的，但对方也明白他们的话的意思，那就是注意到他今天和平时不一样了，对方关心自己，问的目的不是要知道我要去哪里。如果他不回答，就会造成对对方关心的无视，会使场面很尴尬。此时，日本人选择回答"到那里去"，这

就是中国人所说的"出去一下""随便走走"。这不仅回应了对方的问题，也保护了他们的隐私，这可以被称为一个完美的答案。

这种形式的问候及其深刻的心理活动，是注重礼仪、保护个人隐私和日本人对人和事物的细腻对待的最完美体现。

（三）重视群体意识

日本是最重视群体意识的国家，这在寒暄语里面也有所体现。"总给你添麻烦"是日语电话交流中最常见的问候语。在日本，当你打电话给一家公司或学校时，即使是第一次，对方也会说"总是给你添麻烦"。事实上，即使家庭主妇接到丈夫和同事的电话，她也经常说"总是给你添麻烦"，尽管她不知道打电话的人和她丈夫之间的关系。也就是说，对方给予丈夫很多关怀，丈夫得到很多帮助，并对对方的关怀表示诚挚的感谢，暗示对方是同一群体的内部人，从而向对方表达亲切感，反映了群体意识。

三、培养跨文化交际能力：日语教学模式的探索

日语和汉语在语义、语法结构、发音和文化方面各不相同。我们都知道，日本是一个注重礼仪的国家，人们之间的交往客气而有礼貌，基于这样的文化来源，日语表达在西方语言中缺乏平铺直叙。最典型的表达是日语的问候、敬语和含糊的表达。在日常生活中，日本人常用敬语和寒暄语，日本敬语和寒暄语是用来表达礼貌和保持人际关系的，因此，日本人的敬语和寒暄语都有丰富的层次和细腻的表达。双方在不同的时间、场合和对话中的亲密关系，甚至使用者的年龄和性别，都决定了敬语、寒暄语在使用上的差异，这对语言学习者来说很难掌握，必须通过一定的文化认知来理解和使用。

（一）加强文化导入，完善课程内容

跨文化交际在外语教学中主要包括文化介绍、移情水平和适应能力三个方面，文化的引入是核心环节。因此，日语教学应加强学生对日本历史、文化、习俗和社会背景的理解，以整合日语学习的语言环境和文化环境，加深学生对日本文化的理解。围绕文化介绍制订合理的教学大纲是提高学生日语学习质量的重要途径。日语教学应根据自身的专业需求制定合理的教学计划，并严格按照计划实施日语教学，使学生在合理的计划下能够强化指定知识。此外，日语教学还应该根据学生的实际需要，完善师生之间的沟通平台，快速识别学生的实际需要，为制订教学计划奠定良好的基础。日语教师应重视文化引进，将其作为培养学生跨文化交际能力的主要环节。因此，教师应向学生介绍日本文化知识、文化事实、文化发展历史，注重教授交际礼仪和文化，加强学生对日本文化的系统学习。通过文化比较，加强学生对日本交际文化的认识，找出中日交际文化的异同，使学生掌握正确的表达方式和流畅的交际语境。值得注意

的是，团体合作学习是一种有效的文化引进方式，它可以使学生提高主动性，拓展思维，加强对日本文化的探索和中日跨文化交流，提高日语学习效率。因此，日语教师应根据学生的日语水平和专业水平，将学生分组，明确学生在小组内的学习责任。在此基础上，日语教师应积极将不同的学习任务分配给不同的群体，注重日本文化和日语交际礼仪的教授，鼓励学生开展创新研究和学习，增强学生在群体内部和群体之间的交际和实践能力。

总之，日语学习具有很强的特殊性和复杂性。学生不仅面临日语表达的困难，而且母语的思维方式和交流规则也会影响他们的跨文化交流。具体来说，由于民族文化习惯和思维模式的影响，学生往往按照自己的思维方式来表达语言，造成日语表达错误。因此，日语课程的内容必须紧密围绕文化引进的过程。日语教学应拓展学生的日语思维，加深学生对日本文化和日语思维的理解，使学生能够运用日语思维组织语言，并按照日本文化习俗开展日语学习。

（二）开展翻转课堂，创新教学组织形式

翻转课堂模式关注学生学习的主体性，教师在课堂指导和课堂参与方面给予指导和帮助，以优化学生的课堂学习效果。因此，为了提高学生的日语学习质量，基于跨文化交际能力训练的日语教学也可以采取翻转课堂教学组织的形式。首先，日语教师要根据学生的兴趣和教学内容安排课后自学任务，让学生集体收集相关的日语知识资料，增强学生对日语教学内容（词汇、语法、课文）的独立思考能力。并且，日语教师应重视学生自主学习日本文化，鼓励学生利用网络技术收集日本文化信息，提高学生对日本文化的认识。此外，教师还应该提供视频和课件，指导学生在上课前了解日语的交流礼仪和交际技巧。

教师充分的课堂参与是提高教育质量的重要手段，对提高学生的交际能力具有重要意义。因此，日语教师应积极与学生沟通，包括问题辅导、课堂测验等，让学生认识到自身在词汇掌握、语法运用、文本阅读和翻译等方面的不足，并做出适当的改进和完善，为师生学习日语创造一个轻松的环境。在翻转式课堂教学组织中，培养文化兴趣是学生进行跨文化交流的基础。因此，日语教学应积极培养学生的文化兴趣。在教师的课堂参与中，应强调学生对日语礼仪的理解，如问候、称呼、感谢等。同时，教师应积极向学生讲解日本的大学、交通、购物、家庭、饮食等文化，提高学生对日本文化和基本行为的认识。此外，教师还可以适当地利用多媒体技术为学生播放日本电影和电视作品，或利用图片为学生讲解日本文化主题。

（三）完善以学生为主的教学评价体系

西方学者的研究表明，在当前教学质量评价的各种形式中，包括同伴评价、自我评价、专家评价、社会评价等，只有学生评价是最系统、最连续、最具可操作性的，

此外，从建构主义教学理论的角度来看，学生是认知的主体、教学的中心和知识意义的积极建构者。因此，在教学评估方面，高校应注意学生的自我评价，从交流意愿、交流机会、语言技能和非语言技巧等方面寻求从低到高、从简单到困难的突破，并探讨具有第二外语教学特点的教学评价体系。

  首先，教师可以开展情景教学，鼓励学生用日语进行深入的交流，使学生能够在交流中提高自己的交际能力，使所有学生都有机会参与跨文化日语学习，营造平等共存的日本文化氛围，通过学生的交流意愿来评价教学质量。其次，由于语言学习的困难，教师应积极鼓励学生在教学中利用课外时间学习日语，提高学生自主学习的意识，这对教学质量的提高具有重要意义。教师可以通过开展班会告诉学生自主学习的重要性，并评估自主学习意识在跨文化交际中的重要性。此外，对于一些难度较小的教学内容，教师可以让学生在小组合作中以游戏的形式进行学习，学生进行小组间评估，以激发学生自主学习的热情，使学生能够在更加轻松的课堂环境中享受日语学习的过程。最后，日语教师要引导学生树立正确的评价观念，改变学生应付期末考试题目的单一评价观念，以日语交际为日语学习的最终目标，以提高学生对跨文化交际的重视。教师尤其要加强学生非语言技能的学习，加深学生对日语交际中手势、姿势和面部表情的非语言内涵和含义的理解，使学生掌握日语交际中的非语言技能和礼仪，以促进学生与日本学生的交流，丰富日本的跨文化交流经验。

四、要加强非言语交际在日语教学中的作用

  日语教学不仅是为了向学生传授语言知识，更是为了培养学生运用日语进行交流的能力。非语言交际在人类交际过程中起着不可替代的作用。因此，日语教学不应只注重口头交流，也应重视非口头交流。在沟通过程中要了解对方的文化，尊重自己的文化，注意非语言元素在沟通中的作用，并准确地利用这些非语言元素来传达信息，以达到理想的沟通目的。海默斯是一位社会语言学者，他认为仅仅学习一种语言是不够的，还应该学习如何使用这种语言，掌握用这种语言进行交流的能力，也就是说，具有社会文化能力。学习外语的非语言要素可以培养这种社会和文化能力，其中包括语言使用国的历史、文化、传统、习俗、生活方式和生活习惯。

（一）课堂教学

1. 介绍非言语交际文化知识

  不同的文化对非言语交际有不同的理解，因此有必要引入和解释外国文化中非言语行为的不同表达、意义和功能。例如，"笑"是一种面部表情，"笑"一般代表幸福和快乐。然而，日本人的笑声却有不同的含义。日本人的笑声有时表示困惑、尴尬甚至愤怒。因此，在课堂教学中，教师在教授基本语言知识时，应注意在教科书中解释

非言语交际的文化知识，以表明其文化意义或使用中的文化习俗。日语教师要花一定的时间和精力观察、学习、模仿日本人的非语言交际行为，并合理地运用到教学中，相信这将使日语教学更加生动、自然、有趣。

2. 加强对比教学

每种文化对不同的非语言行为是否合适都有特定的标准。在课堂教学中，教师应尽力发现与教学内容相关的非言语交际行为，并指出差异。例如，人与人之间的距离、头部的动作、眼神的接触等都有显著差异。通过比较，学生将对非言语行为的文化差异有更全面的了解，这将有助于他们在跨文化交际中更有效地沟通，避免出现不适当的非言语行为。

3. 模拟特定的情境，以不同的角色表演

离开现场和环境的语言是不真实的。在课堂上，教师可以根据课文所涉及的文化背景知识，设定特定情境，如问候、购物、电话预订、机场问候等，以组织学生以不同的角色表演。这不仅能激活课堂气氛，而且能激发学生的积极性。最重要的是，中日非语言交流的差异会在这些场景中出现。表演结束后，教师应总结文化差异，引导学生从宏观的角度把握课文，并通过语言知识启发学生体验、思考和把握背后的文化因素。

（二）利用外教资源

外教应定期举办非语言交流讲座，让学生了解和掌握中日文化中非语言交流的细微差异，避免交流中的一些不必要的误解。

（三）通过现代化教学手段学习活的语言

高校应充分发挥学习软件、电影、电视等现代教学技术在日语教学中的作用。学生可以通过观看幻灯片、电影和电视在真实、自然、轻松和有趣的环境中学习和理解非语言行为。这种教学方法是使学生了解日本社会文化最有效的方法。

总之，非语言交际行为是人们日常交际中不可缺少的信息载体。作为日语教育者，教师应该正确认识非言语交际在日语教学中的重要性，不断改革传统的教育模式，为培养优秀的跨文化交际人才做出贡献。

五、在教学中培养跨文化交际能力

忽视跨文化意识的培养会导致学生缺乏跨文化意识；忽视语言背后的文化知识，会使学生缺乏对日本传统习惯、宗教信仰、生活方式、价值观的最基本的理解等。所以在课堂上有理解和使用语言的偏差，盲目传授语法知识也会使充满好奇心的学生感到无聊。培养跨文化交际能力不仅可以激发学生的学习兴趣，而且可以帮助学生了解日本的地方条件、风俗习惯，从而提高对日语的综合运用水平。

(一)制订合理的教学计划

因为日语是第二外语,所以大多数学校没有单独的日语课程。所有的听、说、读、写、译都在一个课程中完成。此外,现在的日本教科书倾向于教授语法,而很少有侧重于实践能力和跨文化交流的教科书。所以教师会在课堂上增加一些课本上没有的关于日本文化的知识。因此,学校在制订教学计划时必须充分考虑这些因素。教学计划的制定不应该片面、仓促,而应与学生的实际情况和教学目标密切相关,以求可行。因此,在制定教学计划时,应充分考虑教师在介绍语言和文化知识方面所花费的时间,同时,可以留出一些时间让学生表达他们的意见,以保证教师在教学中的倾向性。

(二)教师转变角色

根据罗杰斯的人文主义教育理论,学生是学习的主体,而教师在学习过程中起着主导作用。教师自身要不断巩固基础知识,把握时代脉搏,不断更新知识,在深厚的文化背景下发挥好指导作用。

首先,在每节课之前,让学生做好预习,提前了解文字背后的文化背景。这不仅激发了学生的学习热情,而且节省了课堂教学的时间,同时也能够培养学生对跨文化差异的认识。

其次,在授课时,教师必须放弃过去课堂教学的教学方法,进一步对授课内容进行处理,要把握重点和难点,注意化繁为简,使语言简洁明了。同时,要注意向培养跨文化交际能力的教学目的倾斜。由于日语语法较多,而且一般出现在教科书中较无序,所以教师也应注意归纳和总结,以帮助学生共同整理出知识点。

最后,教师的解释可以帮助学生理解。为了培养学生使用语言和跨文化交流的能力,应留出更多的课堂时间供学生讨论和练习。学生思想的碰撞能迸发出智慧的火花。教师可以灵活运用启发式教学方法,引导学生总结所学知识,讨论句子的翻译,并就语言背后的中日文化差异发表自己的看法。教师也可以是设计师,设定特定的背景,让学生可以在会话练习中扮演不同的角色。这些活动不仅激活了课堂气氛,而且锻炼了学生的语言能力和交际能力。

(三)文化导入

如果只依靠文字和语法背后的日本文化的学习,不足以培养跨文化交际能力。然而,目前的教科书中很少有专门介绍日本文化的章节,所以教师可以在课堂上增加一个介绍日本文化的章节,每周一次或每次课一次。上课前,学生可以根据话题去图书馆或通过互联网搜索信息,让学生在课堂上先发言,然后教师做补充和总结。教师可以充分利用多媒体教学设备,使课堂更加丰富多彩,还可以让学生更直观地理解日本文化,感受跨文化差异。例如,教师可以利用多媒体给学生讲述一下日本的概况。在跨文化交际的背景下,沟通双方要了解语言知识的重要性,相互倾听,能够观察对方的情绪变化，拉近彼此的距离，产生对对方的情绪反应。这是跨文化交际中不可缺少的技能，是学生跨文化交际水平的具体体现。而这些应体现在教学内容、教学组织和教学评价的各个方面。

在跨文化交际过程中，学生不仅要保持积极的思维，能够对对方的问题做出回应，而且要缓解意想不到的尴尬，提高跨文化交际的艺术性。教师除了要培养学生的沟通能力外，还需要注重人文素养的培养，使学生能将语言环境与人文环境融合。教师应根据学生的兴趣来介绍社会新闻，丰富教材的题材，根据学生的思想选择学习材料，进而引起学生对日本文化的共鸣，深化学生对日本文化和日语语言的学习。此外，教师还可以通过角色扮演和情景模拟来模拟学生的日语交际情境，加强学生的日语跨文化交际实践。

鉴于教师在日语教学中的弱势，学校应加强对日语教师的培养。一方面，要加大对教师队伍建设的投入。另一方面，要充分发挥老教师的"传递和引导"作用，提高日语教师挖掘中日文化的能力，使日籍教师能够发挥两国文化的作用，深入日语教学，增强学生的跨文化交际能力。

第七章 创新思维与日语教学

第一节 创新思维与创新教育

一、创新思维的概述

创新思维是指运用已有的知识和经验，经过独立思考，在教师的指导下或在自己的基础上学习新的理论，甚至产生自己独特的思想。只要学生能找到不同于书本和教师的解决方案和学习方法，只要学生可以用熟悉的方法解决实际问题，并有新的特点，就属于创新思维范畴。语言学习在某种程度上是比较枯燥的，它要求学生学习基本的词汇和语法知识，这需要一定时间的积累和实践，这就是培养学生"创新思维"的过程。

创新教学的重要工作是激发学生的潜能，教师必须根据学科教材的特点和现有知识水平，有效地开展不同形式的课堂教学，以及对学生进行技能培养，并教导学生运用有效的思维方法进行学习和思考。教育过程中教师可以制造问题、与学生共同解决问题，确保学生能够从彼此的经验中学习知识，激发学生的学习想法，鼓励学生独立思考和相互交谈，并且能够大胆发表自己的原创意见。

二、创新思维的特性

（一）思维的求实性

创新思维的求实性要求人们要善于发现社会需求中理想与现实的区别，从满足现实需求入手，拓展人们的思维空间，追求思维结果的实用性。

（二）思维的批判性

创新思维的批判性要求人们敢于用科学的怀疑论来对待自己和他人的原始知识，包括权威的言论。在古典概念中，世界被认为是由物质和能量组成的，而维纳认为世界是由能量、物质和信息组成的，尽管他的新思想和新理论最初被视为与保守派不同的激进言论，但是他最终创造了一个具有非凡生命力的控制论新课题，并最终发展了自己的观点和理论。批判思想也体现在大胆打破常规思想的锁链，敢于打破惯例，敢于开辟新的道路，进行独立思考。

（三）思维的连贯性

每一项创新似乎都是突然出现的，但其实不是。一个每天刻苦思考的人，愿意进行创造性思维，能够激活自身的潜意识，从而产生灵感。人们只有认真思考，才能善于思考，才能获得灵感，这就是思维的连贯性，也是教师在培养学生创新思维的过程中至关重要的一点。

（四）思维的灵活性

思维具有灵活性，在日语学习中，学生要善于巧妙灵活地改变思维方向、改变一些因素，并且运用最适当的方法，选择最佳的解决方案，从而有效地解决问题。

三、创新思维的形成

创造性问题解决方案比传统问题解决方案具有更为复杂的心理过程，因此在其活动中具有独特的思维过程和规律。准备阶段、酝酿阶段、开放阶段和验证阶段都与创新思维有关。

（一）准备阶段

这是一个从收集过去的数据，并且从别人那里积累知识资料和研究资料来解决类似问题的过程，然后围绕着要解决的问题再创建新的活动。

准备阶段的工作做得越完善、收集到的数据越丰富，就越有利于丰富思考方式，并且有利于发现和推测问题的关键，迅速理清思路、明确方向、解决问题。因此，在这一阶段，思想创造者应努力创造条件，收集综合信息，系统地准备计划项目。研究专业的知识领域，要求创造者必须有相当的知识储备。

（二）酝酿阶段

这是一个收集知识和经验的过程，并且思想创造者试图从这些知识和经验中找到解决问题的方法，进而深入分析这些知识，探索和设计一个具有创造性的方案。

在这个过程中，因为很难找到一个正确的答案，所以思想创造者从表面上看，没有明显的活动。这时候的思想创造者似乎处于冬眠状态，但智力活动并没有停止，总是在头脑中进行一种无意识的思考，当它被激励到一个特定的点，它就会回到意识领域，在这个过程中思想创造者处于一种稳定的无意识活动的思维活动状态，可能会产生新的想法。解决问题的时候，这种新的想法会解决原有的问题。

（三）开放阶段

在开放阶段，思想创造者会提出一种新思想、新概念，在经过充分思考后突然出现在头脑中,并进入一种突然启蒙状态,这种状态允许对问题进行流动解决。

在这一阶段,原本没有答案的问题,会意料之外地很快得到解决,似乎消除了头脑中的两难困境,"踏破铁鞋无觅处",思想创造者有了恍然大悟的感觉。这种现象被称为"灵感"或"洞察",许多科学家在创造过程中都经历过这种令人惊异的现象。

(四)验证阶段

这是一个理论和实践反复检验、补充的过程,思想创造者在获得解决问题的想法或假设后,会努力使之更加完善。

在这个阶段,思想创造者可以从理论和逻辑的角度去寻找思维的准确性,或者通过观察和实验来实现它,并得到创造者自己的结果。在验证期间,创造者可能需要拯救善和消除恶。这是否定—确认—否定的循环,通过不断地实践,人们可找到最合适的创新思维过程,具有更多的逻辑思维特征。

四、创新教育的内涵

人们要想研究创新教育的基本概念,首先要认识创新教育的内涵,在创新教育阶段,教师培养学生的创新精神和创新能力是教育实践的基本价值。创新教育的核心是普及素质教育,应对知识经济时代的挑战。在九年义务教育中,全面实施中小学生的素质教育;做关于如何培养创新意识、创新精神、创新能力的研究,是为了准确记录中学生的创造性和创新教育的意义。但是创新教育不只针对基础教育,只是创新教育的意义对基础教育作用最大,不过,在高等教育、职业教育和成人教育等非基础教育中也有着普遍的推动意义。高等教育是高级专业人才的培养方式,具有促进社会发展、推动高等教育创新等根本意义。高等教育中的创新教育是以人类的创新精神和创造力为基本价值的教育实践,对创新教育的影响极为深远重大。

创新教育是素质教育的重要组成部分,这是以人为基础的个人教育。创新教育是人性发展和知识经济时代的需要,以发掘者的创造力为核心,形成人类的创造力。以全面提高人才素质、不断培养人才为目标,构建传统教育改革、教育思维创新的新的教育模式。

由此可见,创新教育是基于教育课程引导人个性发展的教育方式,以人的创造力为推动力,以提高人们的素质为目的,全面实现创新教育改革。

第二节　创新思维方法

一、原型启发法

原型启发法是一种思维方法，其将已经感知和熟悉的事物与新的思维对象相联系，从它们相似的关系中获得灵感，从而解决问题。世界上的一切都是相互关联的，并且它们之间有共同点或相似点，这是一种创新的、实用的、有价值的思考未知事物的方法，被称为原型启发法。

原型启发法又称模拟仿真法，类比是将发明创造对象与某种事物进行比较，以获得有用的启示，为解决问题提供线索。著名哲学家康德认为："当理性没有可靠的推理方式时，类比往往引导我们走到前面去。"黑格尔进一步强调："类比方法在实证科学中必须占据很高的地位，科学家们已经取得了成果。重要的是，基于这个现代逻辑，我们认为类比是一种思考方式，当我们观察到两种或两种以上事物在许多属性上是相同的，因此它们在其它属性上是相同的。"例如，在雨天，人们讨厌来自地上的雨水。北京的一个四年级学生发明了一种充气雨衣，雨衣下面有一个气球，当雨衣充气时，雨水不会落在鞋子上，他的充气雨衣的概念是从他的鞋子里衍生出来的。由于澄清原型与待解决问题的相似性，创新思维活动形成了新的概念方案，这些例子在历史中也很常见。20世纪20年代，英国决定建造世界上第一个横跨泰晤士河的水下隧道，这是一个史无前例的项目。卡马德是负责建造电磁隧道的工程师，在隧道建造陷入困境时他非常着急。有一天，当他思考这件事的时候，他看到了一只小虫子，在橡树坚硬外壳的保护下还是爬进了大橡树。这种情况使他豁然开朗，他想挖水下隧道，可以仿照小虫子在树上钻洞的方法挖下水道，然后，他改变了传统的先开挖后支护的施工方法，首先在岩层中放置一根支撑柱，然后在支撑柱的保护下进行施工，消除了坍塌事故，使这个项目得以顺利进行。

类比建立在比较的基础上，但并不等同于比较，比较是比较两种或两种以上事物的异同，以便更清楚地了解比较其中涉及的两组事物的优缺点。通过比较发现相同或相似的点，在另一个对象或其它对象类比中创建一个对象的已知属性，以获得对后者的新理解，因此，类比也被称为模拟推理。例如，富兰克林发现闪电辐射和电辐射具有相同的现象和功能，由此得出最终结论：闪电就是电。

模拟不仅源于模拟方法，而且是模拟方法的具体应用，人们不仅能以模型的形式间接地研究客观事物的原型，还能通过模拟研究来揭示和掌握其本质和规律，模仿事物的特征和功能。根据一定的目的利用模拟手段，如仿生方法，进一步模拟类比中所涉及的事物的属性或功能，以达到创造的目的。模拟的本质是：它是一个由特殊到特殊的逻辑过程，当归纳推理无能为力时，就可以显示出它的能力；在探索和积累数据的过程中，就可以发现特殊事物两者之间的联系。而且，大多数的元素都是具体而生动的事物。因此，当使用这种方法时，特殊的事物可以被可视化。

（一）拟人类比模拟

人是万物之灵，经常把自身当作创造的理想模型。如制造机器人，让它模拟人的某些特点，赋予其人工智能和动作，以替代人去做那些难度大、强度高或具有危险性的工作。

（二）直接类比模拟

通过将自然现象与科技事件联系起来，按照实际物体进行比较，如鲁班从齿状草割破手指中得到启迪而模拟它的特性，发明了锯。

（三）因果类比模拟

有些事物加入某种成分即产生某种因果关系，以此可以推断出其它事物，从而发明新的事物。譬如，人们从和面加泡剂可使面包省料且体积增大中得到启迪，模拟创造了泡沫塑料、气泡混凝土、空心砖等。

（四）对称类比模拟

世界上存在着很多具有对称性的事物，当接触到单个情况时，有时可用对称类比而推断其它。如狄拉克从自由电子运动中得到正负对称两个能量解，大胆提出存在正电子的推测，验证结果表明他的推论是正确的。

（五）综合类比模拟

有时候难以取得一些科学数据，又需要精确度，就可以通过综合特征相似来进行类比，以保证工作的完成，如社会学的抽样调查、水文的室内模拟沙盘等。

（六）象征类比模拟

想要表达某种感情或者推断某种抽象概念时，可以用类比联想的方式。如桥梁（特别是赵州桥那样的石拱桥）被人们赋予了"虹"的象征；用风帆簇拥的造型设计，建成了悉尼歌剧院，以象征澳大利亚的这个港口城市的自由和开放。

二、分析借鉴法

分析借鉴法就是把一个统一的整体拆分为多个组成部分，把复杂的含义分解成简单的要素，并对相关的要素进行研究，通常人们讲的"解剖麻雀"就是运用分析的方法。分析方法指导人们使用或调用其它元素和属性，正如它们的名称所示——分析借鉴。结合分析报告，可以起到创造并兼有效吸收发明的作用。

分析活动一般存在于实践和理解的过程中，包括不同层次的各种活动。机械设备的分解、生物分解、分子分解和原子分解都是复杂的分析活动，出于各种目的，分析试验的类型可分为以下几个主要类型，即质量分析、结构分析、内部成分分析等。分析是理论分析的基础，理论分析的发展是分析事件与现象因果关系的基础，理论分析依赖于改进的实验分析。

认知活动的分析有两种类型。其一，为了理解第一阶段的分析，分析员使用了外围传感器。其二，分析员从客观事物中得到刺激，然后分解。这些刺激是由细节创造的，形成独特的情绪，反映事物的不同特征。它也是一种思想分析和理论分析，这是一种对分析的高度理解。

三、移植法

英国科学家贝弗里奇认为："决定一项研究的基本思想是来自应用或移植其它领域里发现的新原理或新技术。这种取得进展的方法称为研究中心'移植'法。这也许是科学中最有效、最简便的方法，也是应用性研究中运用最多的方法……在把新发现的原理或技术应用于不同的问题时，通常会取得一些新的知识。"移植的方法是指将一个部门的学科或技术发明和方法的理论和概念应用到其它部门和学科，以此进行对发明创造新方法的获取。

移植法包括五个基本组成部分。第一部分是供系，即提供移植的系统，如苗床、供体、移植的学科或技术体系等。第二部分是受系，即接受移植的系统，如大田受体、被移植的学科或技术体系等，"大田"就是"苗床"可能给出的因素的"接收单位"。第三部分是移植对象，指被移植的因素，如秧苗、移植物、被移植的概念、原理、方法、技术等。第四部分是共同因素，是与供系、受系密切联系的某些共同机制或因素。第五部分是移植手段，指进行移植用的工具、方法等。

按照移植的内容分类，移植法分为物理移植、方法移植、概念移植、原则移植和方式移植。综合局部移植和移植方式，移植对象的部分移植是移植对象的一个局部，移植到被移植对象的体内，例如，外科心脏移植手术，不仅是种局部移植，也是一种物理移植。

常用的方法是将对研究对象各组成部分的理解有机地结合起来，对整个对象产生统一的理解，其客观依据是事物的系统性和完整性，即物质世界与宇宙的统一。正确运用复杂的方法是移植成功的前提，两者在创造过程中是密不可分的，要考虑到移植对象的整体特征，并进行整合。整合就是要理解移植对象的整体本质，并结合不同的组织因素，探索引入对象整体的性质、特点和功能，必要时加强或削弱某些功能，使其产生新功能，以发现新产品。移植既不是模仿，也不是简单地模拟，移植法不仅改变了受者的数量，而且在移植过程中进行了质的飞跃，得出了新的概念和结论。通过对移植体的综合，揭示了移植体和受赠体等供体系统的本质，并在实践中采用最佳的方法和先进的工具，将移植体和受赠体结合起来，创造新事物，使其具有不同于供体和接受者的新特质和特征。1953年，英国生物学家克拉克和美国生物学家沃森利用X射线分析不同的核酸，提出了DNA或分子的结构模型。脱氧核糖核酸的发现将生物学推向了一个新的阶段，据统计，至少有6人因X射线技术获得诺贝尔奖，以促进更大的发现和发明。

四、集中发明法

在科学技术迅猛发展的今天，集体的发明和智慧越来越被人们所重视。中国有句俗话："三个兄弟一条心，门前泥土变黄金。"贝弗里奇认为，一个新设想可能由两三个人集中他们的知识或设想而产生，也许其中任何一个科学家都无法单独具备所有必要的知识，以达到这样的目标。

人类要立足于现有理论，按照传统逻辑进行思考，这些是任何正常智力的生物的生理能力，但人们往往忽视或忽略它们。如果人们多多观察，会发现一个天才的创造者和一个成功的发明家都喜欢邀请他人到自己天空广阔的想象世界中去旅行，并且在那里受到启发，然后回到现实生活。联想的信息和推动信息发展的知识在脑海中长期积累，成为一种思维方式和解决方法。针对目前存在的问题，结合所有人的思想，提出集体信息开发的方法。美国一家广告公司在1939年建议将其作为广告设计的一种方法，这种方法类似于"蛔虫法"。它的特点是从所有的优点中吸取经验，形成一个"集体大脑"，这个方法高效、快捷、计划性强，参与者有自己的优势，相互合作、互相激励。具体的合作方法可以根据实际需要和情况进行调整，并有更大的灵活性。这种方法不仅节省人力资源、物力资源、经济资源和时间资源，而且能够避免重复。

那么，人们如何才能进行集体发明呢？首先，界定集体主义的一般原则是能够有效地组织感兴趣的研究人员，在组织的过程中有三项基本原则。一是附加性原则，在集体组织中，大家共同提高。二是互补性原则，如知识的互补性、人格的互补性、能力的互补性等，集体发明是混合主义的开始。换句话说，具有不同专业知识和能力的人形成了一个创造性的集体，使内部知识更加丰富。三是灵活性原则。一个创造性的集体不是一个僵化不变的王国，它必须充满活力，集体选择的形式可以是暂时的或永久的，也可以是更广泛的联盟，结构也可以比较稳定，但是必须具有灵活的思想。

其次，研究人员必须自由讨论，并收集结果。形成集体后可以选一个人当协调员，让其记录辩论，从而使研究人员在一个平静愉快的气氛中交谈。在集体讨论中应当记住，不允许禁止他人表达自己的观点和提出建议，无论想法是好是坏，每个人都可以畅所欲言。这里的目的不是像往常一样寻求共同点，而是寻求不同的地方。当提出新想法、新想法和新方案时，必须对它们进行分类，并且及时评估其有效性。

五、聚焦发明法

聚焦发明基于丰富的想象力、强烈的好奇心、强烈的创新期望和冒险心理。团体对创新发挥着特殊的作用，团体知识越丰富，创新的机会就越大。所谓的聚焦发明方法是充分重视工会的作用，扩大网络化，它就像一个国际机场，有飞往世界各地的航班，还有从世界各地飞回来的。人们起飞，然后从四面八方飞回来，就像想象、灵感来自不同的方向，却停留在一个共同的焦点上，这些来自四面八方的灵感使问题能够更快更好地解决。

人们如何才能正确地使用发明的焦点？首先，人们必须清楚地说明研究项目在不久的将来将要实现的目标，这个目标越有用，集体越具有凝聚力。不要设定在所有领域都不可用的目标，这就需要人们全面、正确、清醒地评价和理解主观、客观的条件，经过探讨确定一个具有可行性的目标，针对这个目标，树立核心意识，把学习、工作和思考的活动围绕着这个核心意识展开。聚焦发明法强调，通过关联，所有参与者都被包括在问题的研究过程中，这有利于全面了解自己的智力，并通过链接激活思维。

这可以从咨询材料开始，提醒某人他们的经验和知识，或者把生活中的事情想象成原型等。与一个主题（焦点）交流的方式越多，关联就越多，也就越容易。从各个方面获得的信息越多，解决问题就越容易。

六、转熟为生法

"转熟为生"是一种形象的概括，这种方法之所以有创造功能，实际上是"还原机制"在起作用。"还原机制"是说人要最大限度地开发自己的想象力和创造力，必须带着陌生、好奇的眼光去看世界，即使最熟悉的事物也不例外。只有这样我们才不会"熟视无睹"，才能从最熟悉的事情中发现未知的因素。相对而言，儿童对客观世界的陌生和好奇要强于成人，但是随着年龄的增长、知识经验的丰富，他们本能的惊讶力和好奇心会逐渐减退或消失，儿童越大提问越少就是一个例子。如果不能重新回到事物的"原点"，在已有的知识经验的"框架"中，要有所发现、有所创造是件比较困难的事。

那么，在发展儿童的创新能力的过程中，怎样运用"转熟为生法"来激发和维持他们的惊诧力和好奇心呢？那就是让思维"陌生化""稚化"，并做到以下几点：

第一，有意识地创造一种认识事物的陌生感。把已经有所认识的对象当作并不认识的对象，重新当一回"小学生"，从头学起，这样我们也许会对问题有深入的认识。对那些哪怕习以为常的东西，也故意问一问自己："这个事物为什么只能这样而不能是那样的？"

第二，多一点天真。对任何事物都设法多问几个"为什么"，哪怕问得幼稚一点也无妨，这样就可以长久地保持好奇心和兴趣。许多有成就的人几十年攻一个课题而不感到单调，大概与此有关。

第三，尽可能使"心理年龄"年轻化。一般来说，儿童身上不存在"心理年龄"年轻化的问题，儿童生机勃勃、天真烂漫，生理及心理都在向前发展。但是，在现实生活中，的确有一些儿童"少年老成"，他们处理问题的"老道""周密"与年龄不符，缺乏童趣、童真，思维很容易"定式"，创新精神很少。对于这类儿童，教师要鼓励他们敢想敢干、"异想天开"，不必"前怕狼后怕虎"。

第四，多读童话、科幻小说。童话及科幻小说充满了想象力，儿童多读这些书籍能开拓思维，增强想象力，对探究事物保持极大的热情与兴趣。如果我们能灵活运用转熟为生法，利用"还原机制"去"稚化"我们的思维，那我们一定能对许多司空见惯的事物产生新的惊讶、新的好奇，从而产生新的体会和新的认识。

第三节　思维创新在日语教学中的应用

一、思维创新在日语教学中应用的意义

应用思维创新的日语教学，体现了日语的教学内容富有探索性和教学方法不断创新。而教学目标同时制约着日语教学内容和方式，联系着课堂中涉及的学生和教师，师生双方均以达成学习目标为出发点和最终归宿，教师展示所设置的学习目标，学生认同教师提出的目标，并且师生教与学步调一致，才能达成学校目标。

所谓日语教学中的思维创新就是教师和学生的主体地位发生了变化，传统的日语教学以教师为主体，而倡导思维创新教学的日语教学以学生为主体。在日语教学中，倡导思维创新能够逐步培养学生的主动性和积极性，提高学生的自主学习能力和探究能力。创新思维是学习日语的有力手段，是学生与现代日语教学不可或缺的纽带，能够激发学生学习日语的热情，增强学生的学习信心，这样才能提高整个日语教学的质量和水平。思维创新是新课标改革的理念和要求，而翻转课堂是符合新课标改革理念的创新式教学方式，丰富了日常的教学形式，并且优势明显，能够提升学生的学习能力和应用能力，促进学生在日语学习中的全面发展。

二、创新思维在日语教学中的应用策略

（一）创新日语教学模式和方法

将思维创新应用在日语教学中，对学生和教师前期的要求都比较高，教师需要转变观念，摒弃过去传统单一的教学模式，实施适应翻转课堂的教学方式，与时俱进、开拓创新，在保证教学质量的同时，推动新的教学方式——翻转课堂的稳步发展。在教学实践的基础上，实施创新思维和新的思维实践，以提高教学质量，分析日语课堂教学的效果，并对所有日语教学进行优化。例如，在学习大学日语课程的时候，在学习名词、名词助词、肯定词的时候，教师可以先举例子，如我是学生、爸爸是教师、教师是日本人等，然后让学生先进行自主翻译，学生可以根据这类句式，自己造句并且翻译，在学习名词、名词助词、否定词的时候，教师也可以先举例，如我不是二年级学生、我的父亲不是韩国人等，然后让学生翻译，教师可以允许学生进行独立的思维创新和自我反省，全面了解反省和创新的好处，这能够让学生清楚地认识到自己是课堂的主体，有助于提高学生在课堂上的参与度。同时，学校要充分认识到日语教学的重要性，充分发挥学生的自身优势，加强学生作为学习主体的学习的主动性和积极性，使学生真正热爱学习日语。在整个教学的过程中，教师还要发挥思维创新的优势，使课堂气氛变得活跃起来，从而将学生被动接受学习变为主动进行学习，让学生理解日语课堂学习的优点，让其掌握一定规律的日语学习思路，才更加有助于学生进行学习。

（二）提高日语教师素质

在整个日语教学过程中，日语教师的任务是传递知识和解决难题，从而帮助学生逐渐提升他们的能力。因此日语教师的心理素质和专业水平是十分重要的，日语教师素质和水平的提高是有助于提高学生的素质和文化水平的。为了不断优化学校日语教师的能力，学校需要从两个方面着手。一方面，日语教师在学校应该多学新知识，多锻炼思维创新能力，多和学生交流，真正理解和教授思维创新的内涵和方法。在翻转课堂的教学过程中，教师应该优先解决一些问题，特别是针对某些需要系统解决的、有针对性的问题，同时教师也可以整合学生的思想，转变传统课堂灌输知识的观念，打破传统的教育方式，充分发挥学生的主导地位；进一步优化全校日语教学的方法和模式，提高整个学校的日语教学质量和水平。另一方面，学校应该系统地培训日语教师，为了真正提高全校的教学质量，教师应该提高自己的素质和专业水平，并提高学生在实际学习过程中的积极性和主动性。

(三)树立新的教学理念

在整个日语教学过程中,教学观念起着非常重要的作用,因此需要建立一个新的教学观念,使日语教学能够形成一套科学合理的教育方案和措施,并应用教学理念,帮助学生更好地进行日语学习。此外,在教学过程中,教师应创新教学思维,让学生先自己对将要学习的知识进行探索,然后以集体学习的方式进行充分的讨论,进而提高日语教学质量。

(四)制订整体教学方案

良好的教育计划是学校进行教学的基础,因此如果日语教师想不断提高教学水平和质量,那么在持续学习的过程中,就需要制订一套完整的、科学的、合理的教学方案,使学生可以理解思维创新在学习过程中的重要性以及教学方案的重要性和积极意义,以加强它们之间的联系,这样才能正确地引导学生更好地学习。学生可以事先翻译课文,这样才能更好地理解课文。

通过对多种教学内容的分析,教师要做的第一件事就是理解课文的意义,只有这样才能解决学生在实际学习过程中面临的一些问题。在此基础上,教师也可以整合他们的想法,并且应用到实际教学中来,以丰富课堂的形式和内容,从而不断提高学生的学习水平,增强学生学习日语的信心。

综上所述,日语教学作为一种新型的教学方式早已广泛出现在学校教学的过程中,但是,在这一过程中,传统的日语教学方式不符合现代教学的要求,需要进一步改进。创新日语教学方法,提高日语教育质量和专业水平是现代教学发展的必然趋势。为了实现这一目标,教师要根据相关教学计划和概念设计教学方案和有关措施,以提高学生学习日语的积极性和主动性,让学生以热爱学习日语为目标,以充分发挥自身优势、优化日语教学效果、提高日语教学的整体效果为最终目的,进一步提高日语教学的质量和水平,更好地将思维创新的概念应用到日语教学当中。

第八章 思维创新在日语教学中的应用

第一节 "图示理论+合作学习法"教学思维在日语课堂中的尝试

传统的日语泛读教学过多地关注词汇和语法等语言知识，忽略了培养学生的篇章分析能力；采用教师为主的"一言堂"教学模式，禁锢了学生大脑，不利于其发散性思维、创新意识的培养，最终导致学生的阅读能力得不到真正提高。"图示理论+合作学习法"是泛读教学改革的有益尝试。

日语泛读课程是大学日语教学的重要部分，主要目标是培养学生的快速阅读能力，理解文章的深层含义，并能学以致用。但传统日语泛读教学普遍存在两个问题：第一，采用"自下而上"模式，只重视对词汇、语法等语言知识的学习，忽略了语言所承载的文化背景，不注重从整体上把握篇章，陷入"只见树木不见森林"的局面。第二，采用"教师一言堂"模式，学生缺乏主动参与阅读材料的语言环境，对文章的理解仅限于表面不能深入。以上都导致了学生的阅读能力得不到真正提高。突出学生在课堂中的主体地位，提高日语阅读能力是当今日语泛读教学改革的当务之急。"图示理论+合作学习法"是泛读教学改革的有益尝试。

一、"图示理论+合作学习法"

英国心理学家巴特利特指出"图式是知识的建筑块件"。读者对输入材料中信息的理解建立在他是否具有相关的背景知识与能否及时激活这些知识。根据图示理论，阅读理解是一个读者被激活的相关图式与阅读材料之间双向交流的过程。在此过程中无论是词、句还是对整个篇章的理解都不能仅依赖语言知识（语言图式）。读者的阅读能力由三种图式决定，即语言、内容、形式图式。语言图式指读者头脑中已储存的关于词汇和语法等方面的语言知识。内容图式指读者对阅读材料所涉及的主题或领域的熟悉程度。形式图式指读者对文章体裁的了解程度。

"合作学习法"是以学生为中心，以小组的形式为了共同目标进行的合作性学习。通过在小组中的共同努力、相互促进，最大限度地提高自己和他人的学习效果。它突破了传统教学的藩篱，对教师与学生的作用提出了新的要求。

二、"图示理论 + 合作学习法"与日语泛读教学

图示理论认为阅读是读者调动大脑中的相关图式对文章进行解码，并将文章信息与读者原有图式进行匹配的过程。因此在日语泛读教学中，教师必须为学生提供他们所缺乏的各种图式并激活已有图式来达到准确阅读的目的。但要掌握有效地激活图式的方法，必须调动学生的主观能动性，不要走教师独揽课堂的老路，而"合作学习法"是真正实现了以学生为主体的教学方法。

在"图示理论 + 合作学习法"模式中，教师以图示理论为基础分配任务，这使任务的布置不再具有盲目性，学生以小组合作的形式完成任务。在此过程中教师引导学生主动激活与构建大脑中的相关图示，教会他们如何将已有知识和新知识建立联系从而快速理解文章。该教学法不仅符合学生阅读的认知规律，还充分发挥了合作法的优势。

三、"图示理论 + 合作学习法"在日语泛读课堂教学中的实践

教师要合理分配任务，引导学生全方位地激活、构建、扩大、丰富大脑中的三种图式。

（一）实践对象

以某校日语专业2019级学生26人作为实践对象，称为实验班，实践时间为第四学期。由于该班人数较少，无法进行分班实验，所以采取与2012级日语班纵向对比的形式来验证实验效果。2018级同为26人，称为对照班，入学时录取分数线与实验班基本相当，入学成绩持平，该班在大二时采用的是传统的教学模式，所用教材同为高等教育出版社的《日语泛读教程》第二册。

（二）科学分组

综合学生的成绩、性格、学习态度等因素把实验班分成五组，四组5人，一组6人，组内有主持人、记录人、发言人。每组的任务不同，任务的完成需通过组内成员的积极合作。

（三）任务分配

学习任务是讲解阅读一篇文章。在小组发表的一周前，以图示理论为指导给5个小组分配任务。通过集体备课、查找资料、制作课件、上台发表的形式完成本组任务。

（四）具体任务分配与实施过程

1. 具体任务分配

第一组：激活与构建内容图式。内容图式是阅读的高级阶段，读者的背景知识越丰富就能越多地将注意力集中在高级阶段的信息处理上，才能更好地理解文章。这要求教师必须充实学生的文化背景知识，消除由文化差异引起的理解上的障碍，激发他们的想象力。该组的任务是查找与文章主题相关的资料、作者及作品简介，查找与日本便利店相关的资料，如便利店的数量、所售商品的种类与特征；实地考察中国的便利店，对比中日便利店的异同等。

第二组：进一步激活内容图式。让小组对文章标题、插图、注释、出处、文章开头句、结尾句等进行扫视来预测文章的大致内容。这样做的目的是引导学生激活头脑中已储存的相关图式，从而与阅读材料中的信息进行对比、验证和加工，对语篇形成初步理解。通过文章的标题、开头句、结尾句预测文章的内容，推测日本便利店实属方便的原因；说出文中的插图给你的感觉等。

第三组：激活与构建形式图式。不同体裁的文章在写作方法和结构等方面存在很大差异。引导学生调动头脑中的形式图式，从整体上把握文章的脉络和框架，必然能更快地理解文章的大意和段落间的逻辑关系。有关文章体裁的知识学生在汉语中早已习得，但在日语中未能被激活，此阶段的主要任务是激活学生已有的形式图式。如在进行说明文教学时要引导学生调用说明文图式，熟悉其结构、理解说明对象。根据文章体裁划分段落并总结段落大意（提示学生该文为说明性质的文章）；分析文章的说明顺序和说明方法；找出表明作者主要观点的段落等。

第四组：激活与构建语言图式。没有相应的语言图式就不能识别文章中的字词句，更谈不上对文章的理解，学习重点词汇、句型，分析长句、难句，讨论美文的最佳翻译都可以培养学生运用语言的能力。教师可让该组分析本句的结构与句意、讲解新短语。但任务下达前，需提供必要的线索来帮助学生激活该句的语言图式。例如，日语谓语在末尾，句末决定语义；修饰成分长，句子结构呈现出一种"头大尾小"的特点；中心词往往出现在一个句节的末尾等。

第五组：巩固与应用各种图式。利用新建立的图式对作者的观点、中心思想、文中佳句展开讨论，不但能进一步巩固和扩展学生的阅读图式，还能使他们把掌握的知识通过图式转化为技能，达到学以致用的目的。本小组需分析作者对文章持有的观点，对此观点是否同意并说明理由；总结文章的要旨及主题。此任务尤其培养了学生的理解与概括的综合能力。

2. 实施过程

按顺序小组代表演示课件，每组 8 分钟。讲解后若有疑问先让其他组解决，然后教师订正，引导学生就小组刚刚讲解中的难点问题展开讨论，平均8分钟。教师对整篇文章做最后总结，10分钟。此实施过程共90分钟。需强调的是各小组在接受自己任务的同时也要关注其它组的任务，做到心中有数。

（五）教师的实践评价活动

主要以肯定为主，对表现突出的小组和个人进行表扬；组织学生以集体评估的形式对活动回顾、反思，确认共同目标是否达成共10分钟。

（六）实验效果检测与评定

以期末小测的形式检测"图示理论＋合作学习法"模式的有效性，采用与对照班相同的题目。测试发现关联的、因果关系、作者的主张的问题的正确率都大幅度提高了，这表明学生对文章内容的整体理解能力及深层次的认知水平得到了提升；在"总结文章要旨"一题中，实验班的归纳概括能力更强，且语法错误较少；对照班用时50分钟完成测试，实验班为40分钟，阅读速度也在提升。此外，笔者通过学生座谈、课后反馈、学生评教等方式也了解到学生很喜欢现在的授课方式，感觉泛读课不再枯燥；认为自己的阅读能力提高了，能轻松看懂日语课外书了，甚至有人在读日本战国史、日本神话方面的书籍；认为自己在主动学习，不再依赖老师，很有成就感；师生间的交流多了，友谊加深了。

由此可见，"图示理论＋合作学习法"模式不仅达到了准确快速阅读的目的，提高了学生的综合阅读能力，也培养了学生的创新思维、阅读兴趣及师生感情。不过这一模式也存在一些问题，如教师分配的任务有时过多过重，学生不能顺利完成；能力较差的学生把组内任务留给他人的搭便车现象；发表及讨论时学生对时间的掌控不够等。要解决以上问题教师起着关键作用。首先教师要认真备课，使任务分配达到精、准、简的程度；其次做好指导者和调控者，让学生明确角色分工和个人责任，特别要强调小组长的职责；最后，及时提醒学生时间，把过于激烈或偏离主题的讨论拉回正轨。

激活已有图式、建立新图式达到对文章的理解是日语阅读的目的，而"合作学习法"提供了形式多样、注重培养交际能力与团队合作能力的教学手段。因此"图示理论和＋合作学习法"模式可以为大学日语泛读教学提供一个新的视角。

第二节 基于OBE理念的日语专业核心课程教学

随着我国教育教学改革的不断推进，教学中尤其是专业核心课程的教学中引入OBE理念以学生为主，使学生变被动接受式学习为主动探究式学习，可充分发挥教学活动的最大效应；结合"互联网＋"思维构建新型日语教学环境，既可满足不同层次学生的课程学习需求，又可提高其自主学习能力；多维动态学习评价模式，可提高学生的应用和实践能力，保证学生有效地获取学习成果。探索基于OBE理念的教学模式改革，对推动当前地方高校转型发展，提高应用型人才培养质量有着重要意义。

随着社会经济的发展，我国越来越需要的是应用型、复合型的人才。传统教师主动教、学生被动学的教育模式已经无法满足这种需求，新一轮的教学改革势在必行。社会需要创新，经济需要创新，教育更需要创新，如何能够真正做到"以学生为中心"，如何使现代教育更具实用性，是教育界学者共同关注的问题。

一、以成果产出为导向的OBE教育模式

OBE（Outcomes-based Education）教育理念是由美国首先提出来的，之后在美国、澳大利亚、英国、加拿大等国家成了教育改革的主流理念。OBE教育模式是指以成果产出为导向。通过预期学生所能获得的学习成果和能力，以结果导向进行反向设计教学体系来保证学生达到预期目标的教育模式，即学习产出驱动整个课程活动和学生学习产出评价的模式。

二、OBE教育理念下高校教育的特点

（一）以结果为导向，以学生为中心

在OBE教育理念下，主要围绕培养目标、社会需求、教学过程、教学评价、教学管理五大方面设计教学体系，即学生最终会取得什么学习成果、为什么取得、如何取得、如何检验学生是否已经取得了这些学习成果以及如何保证学生获得学习成果和能力。学生最终所取得的成果是评价人才培养是否成功，教育教学质量是否提升的重要标准。由此可见此种模式的核心便是要以学生为中心，因此教学设计、资源配置、教学评价等教学环节都要以学生为中心，都要为学生获得成果和能力提供支持。

（二）能力本位，个性化评定

OBE理念提倡教育应该提供学生适应未来生活的能力，因此，在现代社会，较之培养学生的记忆能力，更应该培养学生对事物理解的认知能力、创新批判性思维的能力、分析与解决开放问题的能力、组织与协同的能力等，并且根据每个学生的个体差异，教学可以采用分层次教学，并制定个性化的评定等级，适时进行评定，从而准确掌握学生的学习状态，对教学进行及时修正。

（三）自主学习、合作学习相结合

"互联网+"时代为学生自主学习带来了极大的便利性、快捷性。教师可以通过现代化手段为学生提供学习资源，助力学生达成学习目标，获得学习成果。教师还可以

给学生下达一些任务，鼓励学生通过团队小组合作的方式，相互交流、互相合作、共同探究，改变以往竞争学习的环境。

三、基于 OBE 理念的专业核心课程教学模式改革的必要性

核心课程是学生在专业学习中必须掌握的知识体系与能力结构的载体，是课程体系中具有核心地位和生成能力的课程。可以说核心课程的教学质量决定了人才培养的质量，核心课程的改革既是高校转型发展中的落脚点又是关键点，其教学改革对其他课程具有示范引领作用。在地方高校向应用型转型发展的背景下，传统教学模式已无法更好地满足培养当下社会所需人才的需要，专业核心课程的教学必须进行相应的改革调整。

以某学院日语专业核心课程中占重中之重地位的《综合日语》和《日语听力》课程为例，传统课程教学中存在以下问题：①传统日语核心课程教学以教师为中心，多为灌输式学习，教学形式较为单一；偏重基础知识点的讲解，注重学生应试能力，而忽略对学生批判性思维能力、跨文化交际能力的培养；知识讲授与创新实践相脱节，导致学生重知识、轻能力的倾向。②传统教学模式下学生获取知识的来源较单一，教学呈现扁平化，日语学习者对于知识的构建较为被动，搜集处理信息的能力，获取新知识，分析、解决开放问题的能力不强。③传统教学模式下评价主体一元化，评价内容、评价方式单一化、静态化，将学生与学生的关系多置于一种竞争的环境中，一定程度上限制了学生创新与应用能力的提高，由此可见改革势在必行。

四、基于 OBE 理念的日语专业核心课程教学改革与实践探索

首先明确日语专业学生毕业时预期达到的能力指标及毕业五年后应达到的能力目标，日语核心课程的教学内容、教学环节等的设计及课程的学习效果，即课程层面的学习产出要支撑学生毕业能力要求。在理论知识方面，预期学生能够掌握对象国的语言、文化、文学等相关知识；专业技能方面，熟练运用日语进行听、说、读、写、译，能够顺畅地与人沟通；个人素养和能力方面，能够具有国际视野，能够具有理解认知能力、跨文化交际能力、思辨能力、创新能力、自主学习与研究能力、团队合作能力等。基于 OBE 理念进行了如下改革与实践：

（一）以学生为中心，变灌输式为启发式教学模式

首先更新了教师观念，教师逐步改变了角色，变为主导。如《综合日语》课堂，改变原有单一的教学模式，通过研讨式、启发式教学，让学生真正成为学习的主人，引导学生主动参与日语课堂。改变既有的知识本位主义，实现了传统的知识本位向知识、能力、文化体验并重的多维目标的转变；重视表演式和探究式情境教学、跨文化

教学，以学习者为中心，将日语语言教学与日本节化教学相结合，逐步形成了"输入—互动—训练—输出"的教学范式，使学生的主体作用达到了最优化。通过任务式教学，以任务驱动的方式，将各个知识点导入教学过程中，培养学生思辨能力、创新能力、研究能力、小组合作学习能力等。

（二）有效利用现代化教育技术，助力学生达成学习目标

随着教育信息化的发展，出现了 MOOC、微课、翻转课堂等许多全新的教学形式。因此一方面我们利用在线开放课程实践翻转课堂、混合式教学等新型教学方式，进一步的推动日语核心课程教学模式的创新，给学生带来了更大的自主权，一定程度上实现了分层教学；另一方面建设丰富的数字教育资源，推进日语信息化教学建设与应用，拓宽学生获取知识的途径，使得日语核心课程的教学变得立体化。如日语听力课程中存在的语料来源有限、听力内容更新速度较慢的问题，教师选取日本具有权威性的 NHK 新闻、朝日视频新闻、读卖视频新闻以及深受大家喜爱且适合教学的日剧、日本动漫等，建设学习资源库，为学生搭建便捷的自主化学习平台，帮助学生较快捷地达成学习目标。

（三）构建多维动态学习评价模式

构建促进学生学习能力发展的，评价主体多元化、评价过程动态化、评价方式多样化的日语评价体系。制定个性化评定等级，学习评价改革以学生为中心，注重发挥学生学习的积极性和自主性，淡化教师评价主体地位，将学生本人、同学等纳入多元评价主体，充分利用诊断性、形成性和总结性评价的优势，采取定量与定性评价相结合的方式，动态、持续考查学生学习活动。根据学习评价和学习效果反馈，教师及时调整教学进度、教学方法等，保证教学质量持续提升。

导入 OBE 教育理念，以培养学生创新精神和实践应用能力为重点，以培养具有复合知识结构的应用型日语人才为目标，在我们日语专业核心课程中进行了一系列改革与创新实践，形成了"以生为主，以师为导，以问题为核心"的教学方式；运用"互联网+"思维构建了自主、探究、合作式的日语教学环境；采用了多维动态学习评价模式，在促进学生学习态度、自主学习能力及课堂教学效果提高等方面都产生了积极的作用。总而言之，基于 OBE 理念的教学模式改革，有利于更好地为社会输送应用型人才，是适合地方院校转型发展需要的可行之路。

第三节 新理念教学模式在日语教学中的应用

随着我国教育事业的不断发展与进步，各大高校对多语种教学的创新与应用也越

来越重视。在大学教学中创设日语课程，有助于全面培养大学生的专业知识与能力，提高大学生的综合素质水平。但是，我国高校的日语教学缺乏交流的语言环境，不利于学生学以致用，因此，在日语教学过程中引入新理念教学模式就显得尤为重要。本节旨在通过分析我国日语教学的现状，进一步的探究新理念教学模式在日语教学中的应用，为我国高校教育提供一些有利的经验借鉴。

目前我国高校的日语教学仍具有一定的局限性，在日语教学中普遍存在重理论、轻实践的现象，这极大地限制了学生主观能动性的发挥，不利于学生实践能力和表达能力的培养。目前，各高校日语教学过程中体现出的问题有：教学方式单一、教学内容枯燥；只注重知识的灌输，而不讲求实践能力的培养；教学以教师为主体，忽略了学生的主体性；学生的综合能力有待进一步地提高。这些问题严重阻碍了我国日语教学的创新发展，不利于学生日语专业能力的提高。由此可见，在日语教学过程中引入新理念教学模式对我国日语教学的发展有着十分重要的意义。

在日语教学过程中引入新理念教学模式，有助于丰富日语的教学方式，增强日语的教学效果；还有助于激发学生的学习兴趣，提高学生的综合素质与知识能力，促进学生掌握更加专业、全面的日语语言能力。

一、积极导入情境教学法，加强日语教学的趣味性

大学日语教学要摒弃传统教学过程中只注重知识的传授而不注重学生实际能力培养的教学模式，要尊重学生的主体性，注重学生综合能力的培养。日语教学不能只停留在传授机械语言知识的层面，而是要深入研究日语的语言文化背景，培养学生的思维探究能力和语言应用能力。日语教学既有自身的特殊性，也与汉语教学有着紧密的联系，在教学过程中，教师要注重日语教程与生活实际的结合，积极导入情境教学法让学生从单一的教材中解脱出来，冲破日语课堂的局限，通过自主学习、自主探究，不断创新思维、开阔视野，提高学生的自主学习能力和交流实践能力。新理念教学模式强调学生的主体性，教师应通过学生学习兴趣的培养，激发学生的语言潜能，引导学生掌握日语的语言文化内涵和语言交流技巧，使学生通过自主探究形成对知识的自我理解，有助于学生学以致用，将学习的日语语言知识技能应用到具体的生活实践当中。

二、积极创新日语教学方法，合理利用多媒体进行教学

多媒体是现代化教学的主要设备，合理利用多媒体设备使之更好地服务于日语教学工作，是创新日语教学方法、提高日语课堂效率的重要途径。多媒体信息技术的不断进步，为大学教育提供了更多、更好的教学辅助，图文并茂、声像俱全的多媒体教学有助于提供给学生直观的感受，寓教于乐，可以使日语的语言教学内容变得更加具

体、生动，便于学生理解和掌握。比如，使用日语音频教学资源，可以让学生听到规范、标准的日语，既可以纠正学生的语音语调，也可以让学生感受日语应用的语言环境，有利于提高日语教学的有效性。

利用多媒体进行日语教学，充分发挥了学生的主观能动性，打破了传统教学单一、僵化的教学模式，更容易激发学生的学习兴趣，因此，大学日语教师要结合现代多媒体信息技术的特征，不断创新日语教学方式，拓展教学思路，提高教育教学的质量和水平，使日语教学更加人性化、趣味化。

三、充分发挥日语网络教学的优势，合理利用网络教学资源

在大学日语教学过程中，教师应该合理的地利用网络教学资源，充分发挥日语网络教学的优势，激发学生学习日语的积极性、主动性和参与性。利用网络资源进行日语教学，突破了教学资源的局限，对日语的教学方法、教学内容具有很强的参考性和指导性，能够使学生接触到更多的时代信息，有利于全面提高学生的综合素质与能力。与此同时，利用网络在线交流等功能，可以加强学生与国内外日语教师及其他日语学习者的交流互动，从而有效锻炼学生的日语表达能力。

综上所述，语言交流是提高学生日语交际能力的有效途径，日语教师要注重学生日语的训练，积极创造日语交流环境，利用网络交流的平台强化学生日语的锻炼，不断提高学生日语的交流实践能力。

日语教学是促进跨文化交流的重要前提，全面提高学生的日语表达能力是高校日语教学的重要任务。高校日语教学应该立足于我国社会文化发展的实际需求，将理论教学与交流实践相结合，加强学生日语实践能力和应用能力的培养，不断促进学生综合素质能力的发展。总之，高校日语教学不仅要为学生打好日语语言的理论知识基础，还要注重学生语言表达能力的培养，为促进我国社会文化的交流与发展奠定坚实的基础。

第四节 创新教育在大学日语教学中的应用

倡导"以学习者为中心"的教学理念，创新语言、文化、专业三者有机结合的教学目标，引入学习者参与的"设计型学习"的教学设计，采用集传统教学手段、多媒体、网络和移动学习为一体的教学手段，把课堂实践与课外实践结合起来，进行"寝室与课堂教学活动"相结合的实践模式探索。坚持教师自我评价、学生评价、教师团体评价三位一体的评价主体来进行，形成性评价和终结性评价相结合的双评价体系。

创新教育在大学日语教学中的应用包括以下六个方面：

一、教学理念的创新

长期以来外语教学都被认为是以教师的"教"为主，学习者"学"为辅的一个教学过程。大学日语也不例外，是以教师为主体的填鸭式教学模式，教师是教学过程的主角，学习者只能被动听讲，缺少主动参与的过程与激情，教学效果不太理想。引入创新教育必然对这一以教师主体的教学理念进行彻底颠覆，教师的职责从主角演变成配角。倡导"以学习者为中心的"教学模式成为一种必然。这一教学理念是1995年由语言学家 Nunan 提出的，目的是"缩小学习过程和课堂指导之间的距离"，培养有自主学习能力的主动学习者，让学习者成为学习的真正主体，充分调动学习者的主观能动性，一切教学设计、课堂活动、实践活动等都必须以学习者为中心来进行设计和指导。尊重学习者的能动性，开发学习者的创造性思维，引导他们在学习中的不断挑战和进行创新，是"以学习者为中心"的教学理念的具体体现。但"构建'以学生为中心'的教学模式，教师必须要有一个正确的角色定位，在整个外语教学实践中，教师仍然起着不可替代的作用。"

二、教学目标的创新

传统的大学日语的教学目标都只定位于语言本身，比如具体指达到公外四级水平等。但是，创新教育必然带来教学目标的创新。要培养创新型复合人才，教学目标也必然改革和创新。大学日语的总的教学目标应该是在让学习者掌握日语语言信息的同时，了解目标语语言国的文化，并和自己的专业相结合，让语言、文化、专业三者形成一个有机整体。学习者走上社会用日语进行交流的相关的工作时，对目标语言国文化的渗透，可以使与相关人员交流和从事相关工作更加顺畅。

三、教学设计的创新

大部分教学设计都是教师根据学习者的程度、学习项目、学习目标来进行的。但近几年，在国外出现了一种新的设计方式——有学习者参与的设计型学习。一切都应该围绕"以学习者为中心"的理念来进行，因为教学设计不只是怎么教的设计活动，更应该是怎么学的设计活动。设计型学习强调学生参与到设计项目中有意义地学习科学知识和设计技能。因而为复杂环境中的学习提供了有效的方法，尤其适应知识时代的学习诉求。这是教学设计方式的一种创新。同时也为培养学习者的主观能动性和创新能力及合作能力提供了更为切实的有利条件，使课堂活动成为创新实践的前沿阵地，在学习者和教师共同参与的教学设计中，既能使教师更清楚地了解不同学习者的学习需求和学习状态以及存在的困难，从而更能给设计内容和课堂组织活动给予精准定位；又能让学习者通过主动参与教学设计，在该设计学习过程中巩固和丰富了所学知识；同时启发他们思考，在不断解决问题中有利于创新思维和创新能力的培养。为信息时代中培养学习者研究型学习方式创造了良好条件。

四、教学手段的创新

传统的教学手段以教材讲授为主、教具展示为辅，配合课堂问答和讨论来展开。近年来多媒体应用的日益普及，在教学中引入多媒体已经是主流。但多媒体教学也需要有的放矢。使用多媒体进行教学，必须以现代教学思想、教学理论做指导，构建师生间的互动平台，实现师生间的双向交流，而不是单一的人机交流。大学日语是一门外语，教学手段更应该比一般的学科更灵活，传统的互动手段必不可少。与此同时，利用多媒体技术手段的优势，展示一些学习者感兴趣的日本动漫场景，既能激发学习兴趣，又能让学习者直观地模仿场景中的对话语气，还原体会地道的日语。网络的兴起也为日语教学手段的创新提供了契机；运用网络进行互动也是一个非常有趣的创新。此外，近年来5G的兴起，移动学习也逐渐成为一个新鲜的话题，正带来一场教育技术的革命。作为知识媒体的一种，手机等移动设备提供了一种前所未有的以及大大扩展人的知识存储和传播能力的媒体工具。未来的教育系统将注定是基于移动设备的一种系统。

五、教学实践的创新

教学实践是检验教学效果和巩固所学知识的最佳途径。传统的教学实践分为课堂实践和课外实践两种形式。大学日语课堂实践活动中尊重学习者主体意识和创造力，组织双人对话、小组讨论、演讲等传统实践活动。在课外实践活动中，可多组织翻译大赛、日本动漫配音比赛、日本节化之旅等形式多样的课外实践活动。但课堂实践活动和课外实践经常会有一定程度的脱节。为把课堂教学实践和课外教学实践有机结合起来，探索"寝室与课堂教学活动"相结合的教学实践模式显得尤为重要。以寝室为单位进行各项听、说、读的实践活动，不仅可以激发学习者学习外语的兴趣，加强日常生活中目标语言的使用频率，解决"哑巴日语"的难题；还可以因教师到寝室指导而拉近师生的关系，有利于教学目标的实施，客观上提高了教学效果。

六、教学评价的创新

科学、公正、客观地评价大学日语的教学效果是改善教学方式和提高教学质量的前提条件。应该坚持两点：坚持形成性评价和终结性评价相结合的双评价体系，坚持教师自我评价、学生评价、教师团体评价相结合的三位一体的评价主体。形成性评价是对学习过程的评价，根据不同的学习项目，可设定不同的评价内容。由教师评价自己的教学效果，学生自我评价所学的内容，教师团体评价教学方法和效果，并根据这些评价结果来讨论如何改善教学方法，提高教学效果。终结性评价是对学习效果的最终评价。在评价过程中应重形成性评价，轻终结性评价。

综上所述，在大学日语教学中，注重创新意识、创新思维和创新能力的培养，一切"以学习者为中心"，把教学目标定位于语言、文化、专业三者有机统一的系统学习，引入学习者主动参与的"设计型学习"的教学设计，采用集传统教学手段、多媒体、网络和5G移动学习为一体的教学手段，把课堂实践与课外实践相结合起来，进行"寝室与课堂教学活动"相结合的实践模式探索，坚持教师自我评价、学生评价、教师团体评价相结合的三位一体的评价主体来进行形成性评价和终结性评价相结合的双评价体系。

第五节　OPI 在日语教学中的应用

本节分析 OPI 评价体系的测试流程与评估标准，结合日语课堂教学实际，提出一种基于 OPI 评价体系的日语教学与测验的整体设计方案，探讨其在课堂活动中的应用与实践。

多年来，我国的日语教学致力于培养日语基础好、专业素养高、实践能力强的复合型、国际化人才，对内深化教学改革，不断完善"日语+"方向人才培养模式；对外积极拓宽国际视野，先后与日本知名高校建立友好校际交流关系。如何提高学生的日语会话能力并进行有效评价，一直是困扰日语教师的一大难题，虽然旨在培养日语交际能力的各种任务型教学法已相继应用在课堂教学中，但仍需要更加科学系统化的日语能力评价方式以及教学活动设计。

一、OPI 日语能力评价体系

OPI 发展概况：OPI（Oral Proficieny Interview），即外语面谈日语能力测试，由全美外语教育协会（ACTFL）与美国教育测试中心（ETS）联合开发，是目前全世界公认的最准确可信的日语能力评价体系。1990年3月，ACTFL 与日本语言学综合教育企业合作，首次举办旨在培养日语 OPI 测试员的研究会，将 OPI 的理论研究介绍至日本并引起广泛关注。

OPI 测试流程与评估标准：在 OPI 测试过程中，通过 ATFL 资质认证的测试员采取一对一的面谈方式，谈话内容全程录音，所需时间基于被试者的语言水平略有差异，通常为30分钟左右。测试过程中测试员既要致力于展开自然流畅的会话对被试者进行访问，还要不间断地对被试者所展示的语言水平进行客观全面的评估。

OPI重视实践交流能力，在测试过程中通过循序渐进式的会话交流，逐步引导被试者进行语言输出，整个流程包括"热身""摸底""探顶""结束"四个阶段。其中在"摸底"和"探顶"的过程中运用"会话"和"任务"两种模式来进行测试："会话"模式要求被试者针对实际问题做出真实具体的回答；"任务"模式通过设定虚拟情境，要求被试者与测试员分饰不同角色来共同完成会话。通过现实与虚拟情境的交替转换，测试员可以多角度地考查被试者的应答策略、语言表述的准确性、语言类型以及谈论话题的深度与广度，从而全面、客观地评估其语言运用能力。在整个测试过程中，测试员都将倾力营造轻松愉悦的交流氛围，并在充满挑战的"探顶"阶段后通过回归难度适中的问题来帮助被试者及时克服焦虑和沮丧情绪，重拾交际自信，调动被试者继续进行外语学习与交际实践的积极性。

OPI对日语能力进行科学有效判定，最重要的考查依据是被试者在遵守目标语言文化习惯的前提下能够多大程度地完成交际功能与任务，具体的评估标准分为"完成任务的综合能力与素质""社会场景与话题领域""谈话类型"和"准确度"四个要素。其中，"准确度"主要包括"语法""词汇""发音""社会语言学能力""语用能力"和"流畅度"六个方面。

OPI的评价量表分为四级十等，囊括了初级、中级、高级和超级的所有水平级别，在此基础上，又将除超级外的初、中、高三等级再次细分为高、中、低三个亚级别。通常认为能够有理有据地阐明个人观点，通过逻辑推理能够谈论具体或抽象话题，可以应对正式及非正式的场合即为超级；能够灵活运用过去、现在和将来时态详细地描绘与叙述，可以应对复杂的场合即为高级；能够自由提问以及回答问题，能够掌控面对面的简单会话，在目标语言文化习惯下具有维持基本生存的语言能力即为中级；主要依赖于死记硬背的单词、词组与句子，没有灵活造句的能力，不具备赖以生存的基本语言能力即为初级。

二、OPI在日语教学中的应用与实践

传统的日语教学主要以讲解单词和语法为中心，重视语言输入，忽视语言输出，课堂教学形式单调乏味，教学目标模糊，考试形式单一，对学生的语言交际能力缺乏客观而全面的评价。而OPI日语能力评价体系具备一系列高效规范的测试流程，评价标准科学合理，可以综合评估被试者真实的日语交际能力，也可以为构建以培养应用型人才为目标的教学体系提供参考。同时，其评价范围囊括了语言交际能力的所有等

级，测试结果可为任意阶段的日语教学效果考核提供有意义的依据。

转变教师角色定位，建立以学生为中心的会话课堂。为了突出课堂教学活动中学生的主体地位，教师应借鉴OPI测试员的角色意识，活用多种教学手段充分调动学生的日语表达积极性，引导学生集中精力置身于日语情境中，勇敢挑战更高水平的交际任务。为了突破教室环境的局限，教师可以通过展示真实场景图片或视频片段，要求学生努力用日语进行详细描述，引导学生展开丰富联想，进入会话角色完成交际任务。同时，教师可在关键环节给予提示，以提升学生的日语输出质量。图片或视频内容由浅入深，从个人到社会，循序渐进。教师通过启发式提问，引导学生进行发散性思维，从而完成由具体到抽象的话题讨论。通过分组访谈、发表演讲、组织辩论等多种形式引导学生拓展思维，具备宽广视野和宏观意识，能够在听取他人意见的同时，使用日语就广泛的话题充分阐述自己的独立见解。

通常人们在使用外语进行交际时，会本能地回避挑战高难度的复杂表达，甚至会选择放弃充分主张个人意见的努力，仅用简单常用的语言进行最低层次的交际。因此，教师在引导学生进行语言输出时，可借鉴OPI测试员的提问技巧，以平等、尊重、自然的态度引导学生积极使用日语进行表达，提出的问题要清晰、明确、有意义，具有开放性和层次性。关注学生在会话过程中的表现和反应，敏感地察觉学生的情绪变化，不随意打断学生的谈话，在倾听、欣赏中给予学生积极的回应，表现出情感的共鸣，及时消除学生的焦虑情绪，适时展开追问，形成合作探究式的互动。

完善课堂教学设计，激发和保护学生的语言学习积极性教学设计是每个教师在上课之前必须要做的一件事情。设计是一个重要的环节，是一个不断改进、渐趋完善的过程。如果不进行教学设计，就不能很好地、有效地组织教学，就不能将自己的思想完全地传授给学生。OPI的整个测试流程结构科学完整，既能客观有效地评估被试者真实的日语能力，又能激发和保护其语言学习的积极性，可以为完善日语课堂教学过程设计提供有价值的参考。

首先进入正式教学前的"热身"阶段，教师通过寒暄和简单的提问导入，引领学生进入日语语言环境。在第二阶段的"摸底"演练中，教师通过设计熟悉的话题开展会话练习，使学生充分展示自己完全掌控的语言能力，并为下阶段挑战更高难度的会话任务奠定基础，建立自信。第三阶段的"探顶"过程，教师通过示范性语言输入，鼓励学生突破日语表达局限，充分发挥日语潜能，勇敢尝试全新语境下的交际任务，以期获得目标日语交际能力。同时创设虚拟情境交际任务，要求学生分组进行角色扮演完成会话，巩固与扩充新获得的语言能力。可以先请学生分组展示情景会话，再播放相同任务情境设置下的日语母语者进行的会话交际范例视频，通过反复对照，使学生独立发现、分析并修正交际出现失误的环节，并共同总结完成本项交际任务的基本会话结构。在最后的"结束"阶段，教师引导学生回归相对常见的话题，降低语速和语言难度，营造宽松和谐的交流氛围，帮助学生重塑自信，消除由紧张并充满挑战的会话训练所带来的焦躁沮丧感，享受合作探索式学习所带来的乐趣，体验目标达成所带来的成就感和喜悦。

合理引入 OPI 各项语言能力评估要素，突出实践交际功能在阶段性的日语考核中，当学生能够将所学单词、句型和语法学以致用，通常考查成绩即为合格。但是现实生活中要求的日语交际能力和特定教学场景下的日语表达效果往往存在一定的偏差。这主要是因为在实际的交际过程中，会话的展开往往不会按照教材规定的情节发展。这就要求学生在使用日语进行日常交际时要有随机应变的临场反应能力。突破课堂教学的局限性，客观而全面地掌握学生真实的日语交际能力，分析学生表达不畅的原因及提出对策，可以确立日语能力提升的具体目标和方案。

日语人才培养具有适应行业需要、注重培养实践能力和文化交际能力等特点。传统的教学评价内容多偏重书本知识，忽视对实践能力、创新精神的考查，评价方法仍以纸笔考试为主，忽视评价者积极的反馈与被评价者积极的认同，评价结果反馈的反思、导向作用得不到充分发挥。而 OPI 评价为传统评价的改进提供了参考。

笔者曾就日语会话能力的自我评价及学习目标向学生进行问卷调查，结果表明：绝大多数学生对自己的会话能力认知都停留在"发音不标准""词汇最匮乏""语法不通"等方面；对于目标定位，则大多集中在"能与日本人熟练会话""能够从事日语方面的相关工作"。可见，学生对自身的日语水平以及具体的学习目标并没有充分明确的理解与认识。导入 OPI 日语能力等级判定标准，可以全面客观地把握学生日语表达的优缺点，为学生在各个阶段的日语能力评价提供科学具体的参考，设计比单纯打分更细化与个性化的改进方案，并以此为基础，确定各阶段的教学目标。

随着中日贸易的快速发展，对于日语人才语用能力的要求也越来越高，使得传统的日语教学模式亟待改变。本节尝试在日语课程教学中引入 OPI 评价体系，提出评价指标的具体实施方案，并结合课堂教学的实际进行应用实践，取得一定的效果。但在细节方面还需进一步完善，使其真正实现应用型日语人才的培养目标。

第六节　体验式教学模式在高校日语教学中的应用

随着经济全球化的不断发展，外语教学显得尤为重要。一直以来我国与日本在经济、政治、文化方面的交流十分密切。而语言作为交流的工具和媒介，在中日关系的发展中发挥着重要作用。我国部分高校开设日语教学时间较久，但是由于受传统教学模式的影响，教学知识点更新较慢、教学内容陈旧、学生参与度不高，使日语教学并没有起到相应的效果。为了改变日语教学的窘境，部分高校纷纷改变教学模式，在体验式教学模式下，师生互动意识增强，教学效果明显，在很大程度上提高了学生日语学习的水平。

一、体验式教学模式的内涵

体验式教学起源于德国，它是由著名的教育学家杜威在一次户外体验培训中提出来的。杜威倡导学校的教学要确立学生的主体意识，让学生成为教学的主体，体验式教学模式主要指的是教师在原有教学理论的指导下，采用一种较为独特的教学方法，根据教学内容创设教学情境，帮助学生完成相应的教学任务，并以实践的形式来检验知识体系的正确性，让学生做到知行合一，进而加深学生对教学内容的理解。体验式教学模式对教师教学提出了严格的要求，教师在进行体验式教学模式时需要做到以下几点：①要根据教学具体内容以及学生的实际情况设计课堂，使情景模式更加符合教学内容，更加贴近生活实际。②教师要学会利用互联网多媒体技术等进行辅助教学，通过网络教学平台调动学生的学习积极性，增强学生对知识内容的感官体验。③教师要积极转变自身角色，由课堂的主导者转变为课堂的引导者，充分发挥学生的主体作用，正确引导学生参与到课堂教学中，并将学习的理论知识正确应用到社会实践中，真正做到理论与实践相结合。

体验式教学模式对高校日语教学具有积极的作用。学生在大学阶段首次接触日语，要想在较短的时间内熟练掌握一门外国语言，仅依靠课堂理论授课是远远不够的，需要学生充分利用课余时间和精力去练习。体验式教学模式将理论学习与实践教学充分结合，根据日语教学内容创设不同的教学情境，让学生在了解日本历史文化与传统的基础上学习日语，加深对日语知识的认识和理解。此外，体验式教学模式也为学生提供了更多锻炼机会，学生通过体验式教学模式加强了与教师和同学的互动，进而无形之中提升了自身的日语水平。

二、体验式教学模式在高校日语教学中的应用

（一）转变教师角色，创建体验式课堂教学

高校日语教学应当积极转变教学理念，摆脱"以教师为主"的传统教学模式，树立"以学生为主"的教学理念，充分发挥学生的主体作用，让学生积极地参与到教学活动中。教师在教授日语课程时可以将学生分成小组，然后根据课程内容给每个小组安排学习任务，让小组成员团结协作，汇集小组智慧，然后在课堂上向大家展示小组的学习情况。这种小组讨论式学习方法不仅可以提高学生的学习兴趣，还可以加强学生与教师之间的沟通，让教师能够清楚地明白学生的薄弱环节以及学生对相关问题的看法，进而给予相应的指导，在日语教学的过程中教师应当学会创设符合学习内容的

情境，为学生构筑相应的场景，让学生能够在情景中学习到日语的具体用法，进而掌握相应的日语学习技巧。

（二）积极拓展课外实践课堂

语言学习仅依靠课堂教学是远远不够的，要想让学生能够在有限的时间内熟练地掌握日语知识，就应当积极拓展课外实践课堂。例如，高校教师可以带学生积极参加与日本的交流活动，让学生在相关活动中锻炼自己的日语表达能力，通过参加不同的中日交流活动增进学生对日本历史文化、国情的认识，进而提升学生的日语学习能力。此外，教师还可以组织学生到相关日企实习，让学生充分体验日本企业的工作环境和模式，为学生学习、应用日语提供便利条件。

（三）加强与日本高校的沟通与交流

语言环境对语言学习至关重要，高校要想提高学生的日语学习水平，需要不断改革体验式教学模式，加强与日本高校的沟通和交流。高校可以与日本的高校合作相关项目，让日本学生与中国学生共同参与、相互协作。学生在与日本学生的合作交流中，可以提高日语表达能力。高校可以与日本高校彼此合作，互派留学生到各自学校学习深造。高校派学生到日本高校学习，让学生在说日语的环境下学习日语，加深对日语的理解，增加说日语的机会。在这样真实的语言环境下，学生有更多的机会使用日语交流，进而使日语水平更上一层楼。

在日语学习中，文化交际能力的培养至关重要。高校要想提高日语教学水平，应当积极转变教学模式，努力构建体验式教学模式，为学生学习日语创设情境，让学生在真切的环境下感知日语的魅力。

参考文献

[1] 马宵月. 创新日语教学模式 培养现代日语人才：评《日语教学法》[J]. 山西财经大学学报，2021，43(9)：131.

[2] 刘思辰. 基于PBL教学法的高校日语教学模式改革创新：评《国际化视野中的专业日语教学改革与发展研究》[J]. 热带作物学报，2021，42(7)：2188.

[3] 梁可盈. 基于学科核心素养的日语线上翻转课堂教学模式创新探究[J]. 中学课程辅导(教师教育)，2021(2)：65-66.

[4] 陈新妍. 小语种复合人才培养目标下数据挖掘在创新日语口译词汇教学模式中的应用[J]. 科教导刊(上旬刊)，2020(4)：101-105.

[5] 刘娇. 构建"3D元素课堂"：基于《职场日语》课程教学模式的创新[J]. 教育现代化，2019，6(A0)：211-212.

[6] 邓娟娟. 新时期高职日语课程教学模式改革与创新的分析[J]. 山西青年，2019(21)：173-174.

[7] 黄燕，刘晓春. 基于慕课条件下日语公选课教学模式创新研究[J]. 科学咨询(科技·管理)，2019(7)：63-64.

[8] 陈静. 浅析高校日语听力课教学模式的改革与创新[J]. 创新创业理论研究与实践，2018，1(23)：72-73.

[9] 李光泽. 日语专业教学改革模式创新的研究：以高级日语课程教学改革为例[J]. 内蒙古农业大学学报(社会科学版)，2018，20(5)：49-52.

[10] 朱欣雨. 当代我国日语人才培养目标及教学模式创新探索：评《日语教学研究》[J]. 外语电化教学，2018(3)：104.

[11] 郭妍. 浅谈高职日语课程教学模式改革与创新[J]. 广东蚕业，2018，52(5)：94-95.

[12] 刘子璇. 以培养学生应用能力为导向的高级日语课程教学模式研究[J]. 开封教育学院学报，2017，37(12)：82-83.

[13] 谢亚兰，唐德权. 协同教学创新模式在基础日语教学中的研究与应用[J]. 时代教育，2017(23)：16.

[14] 徐娇玲. 浅析高校日语听力课教学模式的改革与创新[J]. 湖北函授大学学报，

2017,30(20):155-156+159.

[15] 黄丹.翻转式学习模式下综合日语教学模式创新与实践[J].知识文库,2017(11):245.

[16] 刘笑辉.应用型本科日语专业实践教学模式创新探析:以"地球村·日本馆"的利用为例[J].山西青年,2017(8):256.

[17] 王孔炼.高校二外日语教学创新教学模式探讨[J].考试周刊,2016(88):78.

[18] 冶文玲,郑毅乐,赵付立.日语教学模式改革创新路径探索[J].开封教育学院学报,2015,35(3):92-93.

[19] 鲍永辉.独立学院日语精读课课堂教学模式创新研究[J].现代交际,2015(2):163.

[20] 王华.基础日语课程教学模式探索与创新[J].才智,2014(26):133.

[21] 肖蓉.浅析二外日语教学模式的改革与创新[J].哈尔滨职业技术学院学报,2014(5):84-85.

[22] 姜洋.试论高校日语教学模式的创新[J].科教导刊(上旬刊),2014(03):177-179.

[23] 卢茂君,李凝.兼具创新和改革两方面功能和双重作用的日语专业(财经方向)教学模式探索[J].教育教学论坛,2013(20):30-32.

[24] 杨智英.浅析日语教学模式的改革与创新[J].神州,2013(8):145.